教育部人文社会科学青年基金项目（07JC790041）资助
浙江省高校人文社科重点研究基地"标准化与知识产权管理"资助

青年学术丛书·经济

YOUTH ACADEMIC SERIES-ECONOMY

收入分配对经济发展方式的影响：
理论与实证

段先盛 著

人民出版社

目　　录

前　言

中国改革正处于关键时期。合理调节收入分配和加快转变经济发展方式是其中急需解决的两大问题。一方面,就收入的规模分配而言,如果目前农村和城镇家庭收入差距以及各省农村和城镇家庭收入增长速度不平衡的趋势持续下去,基尼系数将会急剧扩大。就收入的功能性分配而言,已有研究均表明,近年来,劳动收入占比不断下降。就国民收入分配格局而言,白重恩和钱震杰的研究发现,1996 年以来,居民部门在全国可支配收入中的占比逐年下降,而企业和政府部门占比则逐年上升。[①] 国际经验表明,收入分配状况恶化会对社会公正提出严重挑战,导致社会冲突增加,并可能影响未来经济增长。另一方面,改革开放以来,中国经济虽一直保持高速增长,但这一高速增长主要是过多地投入物质资源的结果,是投资与净出口拉动的结果,是第二产业带动的结果。这种增长方式是存在问题的,也是不可持续的。基于此,党的十七大作出了加快经济发展方式转变的战略决策。

本书试图关注的是,为什么中国收入分配和经济发展方式都出现问题?这是一种必然还是一种偶然?而如果两者存在必然性的话,合理调节收入分配和加快经济发展方式转变就必须协同考虑和有机结合起来。

理论上,从经济发展方式是经济增长方式的广化和深化来说[②],经济发展

[①]　白重恩、钱震杰:《谁在挤占居民的收入——中国国民收入分配格局分析》,《中国社会科学》2009 年第 5 期。

[②]　前者注重经济增长与经济结构(包括需求结构、产业结构和投入结构)之间关系的转变,而后者则侧重于改变资源使用方式和提高效率。比如,人们探讨最多的粗放型和集约型经济增长方式,就是根据索洛—斯旺(Solow-Swan)新古典增长模型,以全要素生产率(TFP)的高低作为判断标准划分的。显然,改变资源使用方式和提高效率有赖于投入结构的转变。因此,前者包含后者。而且,前者进一步考虑到了经济增长过程中的经济结构运行和演变的整体性、动态性和阶段性。

方式决定着经济增长的实现方式和实现过程,进而决定了经济增长各因素的贡献率,也即决定了引起经济增长各要素的报酬分配,即收入的一次分配。对此,20世纪80年代,菲尔茨(Fields)在他的重要著作《贫困、不均等和发展》中区分了三种发展类型及其对收入分配的影响:第一类是现代化部门扩大化的增长类型,在这种类型中,增长过程中的洛伦兹曲线总是交叉,收入分配在早期阶段可能首先恶化,然后改善;第二类是现代化部门富裕化的增长类型,这种类型的增长会导致相对较不均等的收入分配,洛伦兹曲线会向下移动;第三类是传统部门富裕化的增长类型,就这种类型而言,增长将导致相对较均等的收入分配,洛伦兹曲线将统一地向上移动。[1]

费景汉和拉尼斯分析增长方式在二元经济结构转型过程中对收入分配的影响时,具体解释了中国台湾地区低收入差距和高经济增长并存的原因,认为只要能够分析经济在转型式增长过程中的行为,并把该行为与分配结果联系起来,就能够接着分析发展中国家的"不平等历史",并得出一些相关的政策结论。[2]

从机制上来说,收入分配的状况对经济发展方式也存在反馈作用,它决定着经济社会的需求结构和生产要素结构,进而决定了经济社会的产业结构和投入结构,从而影响着经济发展方式。

因此,可以认为收入分配和经济发展方式存在相互影响是必然的。如果注意到这一点,那么,世界经济发展史所显现的,在类似发展水平上,低收入差距和低经济增长共存、低收入差距和高经济增长共存、高收入差距和低经济增长共存,以及高收入差距和高经济增长共存等情形,就可以得到解释。这些不同情形都只不过是收入分配和经济发展方式相互影响的外在表现形式。

考察收入分配对经济发展方式的影响,这无疑属于发展经济学的范畴。发展经济学的主要任务是探索发展中国家摆脱贫困的可能性,其最终目标是

---

① Fields, G. S., *Poverty, Inequity and development*, Cambridge University Press, 1980., p. 108.

② 费景汉、古斯塔夫·拉尼斯:《增长和发展:演进的观点》,洪银兴、郑江淮译,商务印书馆2004年版,第385页。

为当今发展中国家寻找进入可持续发展的途径，进而实现缓解贫困的近期目标和赶上发达国家的远期目标。显然，摆脱贫困不应单单是宏观上的人均收入水平的提高，而应是各阶层人民的生活水平的提升，因此，发展在收入分配上必须体现公平公正，保证社会和谐。伴随人民生活水平提升的社会进步没有整个经济社会的经济增长是不行的。也就是说，经济增长是人民生活水平提高的必要条件，关键是以怎样的方式实现经济增长。本书是在将经济发展方式界定为经济增长过程的需求结构、投入结构和产业结构基础上，来研究收入分配对经济发展方式的影响的。

在现代宏观经济学理论中，消费、投资和净出口通常被认为是拉动经济增长的"三驾马车"，而在发展经济学中，根据这三种需求在经济增长中的贡献率不同则可以归纳为不同的经济发展方式，显然，协调的需求结构才能保证经济增长的可持续性，这是一方面。另一方面，经济增长通常表现为国家财政收入、企业收入和居民收入的不断提高，在这一过程中，无论是居民与政府和企业之间的收入分配，还是居民间的收入分配都会发生变化。显然，由于需求结构和收入分配都与经济增长存在关联，因此从理论上可以猜测需求结构和收入分配也会存在关联。在本书中，探究收入分配对需求结构的影响将作为第一个内容。这一内容是以居民间收入分配对居民消费水平和消费结构的影响为着重点加以展开，并从总体上研究国民收入分配格局、劳动收入占比、城乡内部收入分配和城乡居民收入差距对三大需求的影响来设计的。

本书的第二个内容是探究收入分配对投入结构的影响。从长期来看，经济增长是一个产品和服务的生产过程，在这一过程中，各种投入要素之间的协调即投入结构对持续性经济增长来说至关重要。为了加快转变经济发展方式，推动产业结构优化升级以及为未来的经济增长提供持续发展的动力，中国应该提高自主创新能力，建设创新型国家，"这是国家发展战略的核心，是提高综合国力的关键"。基于无论是创新的供给还是创新的需求，均会受到收入分配的影响的思考，本书首先探究了收入和收入分配对自主创新的影响。其次从家庭或个人的角度来看，不同的个人和家庭由于其收入不同，其消费结构会存在差异，同一消费品的数量也会不同，收入分配会影响劳动者个人及其背后的家庭对教育文化、医疗保健和食品的消费，从而影响劳动者的物质和精神素质。也就是说，收入分配会影响经济增长过程的另一重要要素即劳动者素质，这是本书在研究收入分配对投入结构影响时，所关注的第二个内容。

本书的第三个内容是探究收入分配对产业结构的影响。在市场经济中，如果收入分配有利于社会上大多数人收入水平的不断提高，那么社会的有效需求将会带动消费层次的升级，即低档次产品的有效需求减少，而对更高档次的产品的需求则会增加，进而促使企业向不断升级的生产方式转变，一国的产业结构也将随之不断向高级的方向转变，最终引起整个社会的经济发展方式转变。反之，如果收入分配引起社会上大多数人收入水平增长缓慢或停滞不前甚至下降，那么相应的社会有效需求带动消费层次的升级速度也会缓慢或停滞不前甚至后退，即低档次产品的有效需求不但不减少，而且可能增加，其结果是企业继续原来的生产方式甚至向低级的生产方式转变，一国的产业结构也就随之不变或者向低劣的方向转变，最终导致整个社会的经济发展方式难以转变。就中国的经济增长而言，虽然国内生产总值（GDP）从1978年的3645.2亿元上升到2008年的300670亿元，年均增长率约为9.8%，但从产业结构的角度来说，这主要是第二产业带动的结果。其中，收入分配在产业结构变迁中所起的作用值得思考。

在探究了收入分配对需求结构、投入结构和产业结构的影响后，本书从政治经济学的角度尝试解释我国收入分配和经济发展方式何以都出现问题，并运用经济机制理论，探讨了改善收入分配和加快经济发展方式转变的适宜性政策及其构建。

本书围绕收入分配对经济发展方式的影响这一主线，对以上问题进行了分析、探究，试图为解决收入分配和经济发展方式问题提供一些思路，探讨一些适宜性的制度保障。

段 先 盛

2011年春于杭州中国计量学院

第一章 引 论

第一节 概念界定

本书围绕收入分配对经济发展方式的影响这个主题展开,会涉及许多概念,其中有些概念在学术界还存在争论,尚未统一,有些概念存在多种含义。为了便于分析,本书将可能涉及的相关概念和衡量标准,在本节加以明确说明。

一、收入分配

经济学家通常喜欢区分衡量收入分配的两种主要尺度:收入的"个人的"或"规模的"分配和收入的"功能的"或"按要素份额的"分配。

(一)收入按规模的分配

收入的"个人的"或"规模的"分配是经济学家最常使用的尺度。它简单地涉及个人或家庭及他们所获得的全部收入,而获得收入所通过的途径则不予考虑。重要的是个人收入的多少,而不管这些收入是否单一地来自职业还是同时有其他来源,诸如利润、利息、租金、馈赠或继承。而且,收入的地区(城市或乡村)和行业来源(如农业、制造业、商业、服务业)也被忽略。假如,X 先生和 Y 先生都获得相等的个人收入,他们就会被归为同一类,而不管事实上 X 先生可能是医生,他一天要工作 15 小时,而 Y 先生则根本不干活,他靠从继承的遗产中收取利息。

在此基础上,经济学家和统计学家对整个社会按个人收入的升序排列人口,然后再把所有人口分成不同的组别或级别。一种通常的做法是,根据收入水平的升序,把人口划分成连续的五等份或十等份。然后,再确定各个收入组别所获得的全部国民收入的比例。

(二)洛伦茨曲线

分析个人收入统计数据的另一通常做法是构造所谓的洛伦茨曲线。洛伦茨曲线表示收入获得者占总人口的百分比和他们在某一期间内,比方说一年,实际获得的收入占总收入的百分比之间确切的数量关系。

洛伦茨曲线 OCD 在远离对角线 OD(完全均等的情况)的方向上弯屈度越大,不均等的程度也就越大。当洛伦茨曲线与底部水平横轴和右边垂直纵轴重合时,则表示一种完全不均等的极端状况(意即一个人获得全部的国民收入而其余的所有人均一无所有)。由于没有一个国家在收入分配方面存在完全均等或完全不均等的情况,不同国家的洛伦茨曲线将会落在图 1-1 的对角线 OD 下方的某处。不均等程度越严重,洛伦茨曲线弯曲得越厉害,越接近底部的水平横轴。

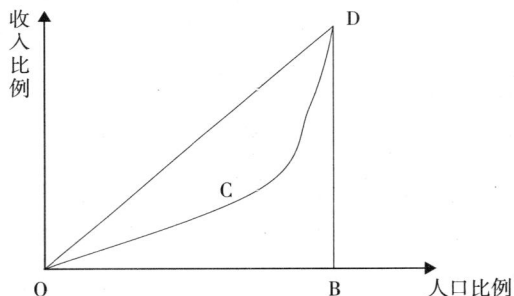

图 1-1　洛伦茨曲线

(三)基尼系数和衡量不均等的总指标

通过计算对角线 OD 和洛伦茨曲线 OCD 所围面积与洛伦茨曲线所在三角形 OBD 的面积的比率,可以得到一个非常简便的衡量收入相对不均等程度的指标。在图 1-1 中,这个比率是对角线 OD 和洛伦茨曲线 OCD 所围面积除以三角形 OBD 的面积。该比率通常被简称为基尼系数。

基尼系数是衡量不均等程度的总尺度,其变化区间是从 0(完全均等)到

1(完全不均等)。实际情况中,收入分配高度不均等的国家的基尼系数通常在 0.5 至 0.7 之间,而收入分配较为均等的国家,其基尼系数在 0.20 至 0.35之间。

(四)功能分配

经济学家通常使用的第二种衡量收入分配的尺度是收入的"功能的"或"按要素份额的"分配。它试图说明每种生产要素(土地、劳力和资本)所得的收入占国民收入的份额。这种方法不是把个人看成独立的实体而是将"劳动的"所得当做一个总体,与利息、租金和利率(即对土地和金融、实物资本的回报)形式的分配在国民收入中所占的份额进行比较。尽管有些人可能从上述所有这些来源获得了收入,但这无碍于功能分配的分析。围绕收入的功能分配这个概念的理论性著作堆积如山,它们都试图根据一种要素对生产的贡献来解释这种生产要素的收入。假定供给和需求确定每种生产要素的单位价格,在生产要素有效使用(最小成本)的假设前提下,当这些生产要素的单位价格乘以使用数量时,我们可以得到每种要素的总报酬。例如,假定劳动力的供给和需求确定它的市场工资水平,用这个工资水平乘以就业者总数,我们可以得到工资的总支付量,有时也被称为工资总收入。

假定只有两种生产要素:资本和劳动力,由于在短期内资本是一种既定不变的要素,劳动力是唯一可变的要素,在竞争市场下,劳动力的边际产品将确定劳动力的需求量,其含义是,新增的工人将持续被雇佣,直到他们的边际产品等于他们的实际工资。而根据边际产品递减原理,对劳动力的需求将会是受雇人数的递减函数。这样就会得到一条负斜率的劳动力需求曲线。它和传统的新古典理论中的向上倾斜的劳动力供给曲线相交,均衡工资水平将被确定为劳动力工资,均衡的劳动量则为就业水平,国民总产出(等于国民总收入)也就由总生产函数得到。从要素收入分配的角度来看,国民收入将会被分成两部分:一部分以工资形式归工人所有;另一部分作为资本家的利润被保留,也即对资本家所有者的回报。因此,在一个规模报酬不变的(即所有投入加倍,产出亦加倍的情况)市场经济中,要素价格由要素的供给和需求确定。各种要素成分结合在一起总是会把国民总产品分配殆尽。收入按照功能进行分配:劳动力获得工资,地主获得租金,资本家获得利润。这是一种既简洁又合乎逻辑的理论,因为每种要素各自唯一地根据其对国民产出的贡献获得报酬,既没有多得报酬,也没有少取报酬。事实上,这个收入分配模型是刘易斯认为的现代化部门的增长是以资本家新增利润再投资为基础的理论的核心。遗憾的是,由于没有把诸如确定这些要素价格的非市场力量,如雇主与工会之间的集体性的讨价还价的作用、垄断者和富有的土地所有者从其个人利益出发操纵资本、土地和产出的力量等考虑在内,这种功能分配理论的意义大打了折扣。

(五)居民、政府和企业间的收入分配

在经济社会的总收入中,除了居民收入占其中的一部分外,其余收入被政府和企业占有,在分析新一轮经济增长时,居民、政府和企业间的收入分配就显得很重要,因为在这种分配中,政府收入的一部分会通过转移支付转移到低收入阶层和需要救济的困难群体,从而会部分地改变经济社会初次分配的状况。此外,政府收入中的一部分作为未来政府消费会对经济增长产生作用并对居民消费产生影响,作为投资也会对经济增长产生影响,最终将会影响到经济发展方式,而企业收入作为私人投资即整个经济社会投资的主要组成部分,无疑会影响经济发展方式,并影响新一轮收入分配格局。需要指出的是,居民、政府和企业间的收入分配对于像中国这样处于转型经济阶段,政府调控经济且经济增长有既定目标的国家来说,尤其有必要加以分析。

二、经济增长方式及其分类

从本质上讲,经济增长方式是一个方法论的概念,探讨的是不同经济增长的特征及其与经济增长质量的关系,即经济增长实现的路径。目前,学术界对经济增长方式的分类至少包括以下四种:集约型与粗放型经济增长方式、投资拉动型与消费拉动型经济增长方式、政府主导型与市场主导型经济增长方式、发展型与欠发展型经济增长方式。

(一)集约型与粗放型经济增长方式

集约型与粗放型经济增长方式是从经济增长的成本或投入要素的角度来划分的。粗放型经济增长方式是指主要依靠增加市场要素的投入,即增加投资、扩大厂房和增加机器设备、增加劳动投入来增加国民财富的一种经济增长方式,这种经济增长方式又被称为外延型经济增长方式。集约型经济增长方式是指在适度的生产要素投入的基础上,主要通过采用新技术、新工艺,提高机器设备和人力资源使用效率来增加国民财富的一种经济增长方式。集约和粗放是一对动态和相对的概念,在不同的社会历史条件和不同时期,其含义和评判标准会有所不同。

(二)投资拉动型与消费拉动型经济增长方式

投资拉动型与消费拉动型经济增长方式是从经济增长过程中引起经济增长的需求方面的差异来定义的。投资拉动型经济增长方式是指经济增长主要依靠投资拉动,消费拉动型经济增长方式是指经济增长主要依靠消费拉动。经济史表明,以投资为主来实现经济增长具有不可持续性,而消费拉动型的经济增长才具有持续性。

(三)政府主导型与市场主导型经济增长方式

政府主导型与市场主导型经济增长方式依据在经济增长过程中推动经济增长发生的主导力量来区分。政府主导型经济增长方式是一国或地区的经济增长主要与这一国家政府行政力量的运用密切相关,是一种政府强干预型经济形态下的经济增长。市场主导型经济增长是指一个国家或地区的经济增长是市场本身的力量作用的结果,是一种市场主导型经济形态下的经济增长,在这种经济增长方式下,政府干预市场的方式是间接的,采取一种市场经济形态下常见的宏观调控方式。

(四)发展型与欠发展型经济增长方式

发展型与欠发展型经济增长方式是从一国或地区经济增长的可持续与否来定义的。发展型经济增长方式就是指这种经济增长方式下的经济增长具有可持续性,抽象地来说,就是既能满足当代需要又不会损害子孙后代需要的发展,是一种和谐、理性和安全的经济增长方式。欠发展型经济增长方式是指这种经济增长方式下的经济增长具有不可持续性,在这种经济增长的背后是生态环境遭到破坏并且得不到很好的治理、社会福利越来越受到侵害、社会公平正义受到践踏,这种经济增长方式只有表面上的经济增长数量的扩大而无质量的提高。

三、经济发展方式

经济发展方式这一概念是在党的十七大上,针对现阶段中国经济增长过程中出现的问题,需要加以转变实现经济增长的手段、措施和具体方法提出来的。具体来说,就是促进经济增长由主要依靠投资、出口拉动向依靠消费、投资、出口协调拉动转变,由主要依靠第二产业带动向依靠第一、第二、第三产业协同带动转变,由主要依靠增加物质资源消耗向主要依靠科技进步、劳动者素质提高、管理创新转变。因此,经济发展方式可以分为需求结构协调型和失调型经济发展方式、产业结构协调型和失调型经济发展方式、投入结构协调型和失调型经济发展方式三类。

由此可以看出,经济发展方式概念是经济增长方式概念的广化和深化。前者侧重于资源使用方式和效率,只注重了投入结构方面,后者则注重经济增长与经济结构(包括需求结构、产业结构和投入结构)之间的关系,进一步考虑到了经济增长过程中的经济结构运行和演变的整体性、动态性和阶段性。此外,政府主导型与市场主导型经济增长方式的划分实际上只能归结为导致经济社会出现某种经济增长方式的原因,而不是经济增长方式本身。发展型与欠发展型经济增长方式实际上只是不同经济增长方式所产生的一种效果。

如果没有特别说明,本书的经济增长方式与经济发展方式同义。

第二节　为何同时关注收入分配和经济增长方式

——基于收入分配和经济增长之间关系的复杂性

收入分配对经济发展方式的影响无疑属于发展经济学的范畴。发展经济学的主要任务是探索发展中国家摆脱贫困的可能性,其最终目标是为当今发展中国家寻找实现可持续发展的途径,进而实现缓解贫困的近期目标和赶上发达国家的远期目标。摆脱贫困不应单单是宏观上的人均收入水平的提高,而应是各阶层人民的生活水平的提升,发展在收入分配上必须体现公平公正,保证社会和谐。当然,伴随人民生活水平提升的社会进步没有整个经济社会的经济增长是不行的,经济增长是人民生活水平提高的必要条件。长期以来,虽然经济学家们对收入分配和经济增长之间存在着互动关系没有异议,但对这种关系的性质却争论不休。本节将在概述收入分配和经济增长关系的已有研究和分歧所在的基础上,指出收入分配和经济增长各种关系的背后实际上反映的是收入分配和各种经济发展方式的关系。

一、收入分配对经济增长影响的理论研究综述

就收入分配对经济增长的影响来说,主要存在两种对立的观点。一种观点认为,收入分配的不平等有利于经济增长。卡尔多(Kaldor)强调的是收入分配对资本积累和经济增长的影响,其理由是富人的边际储蓄倾向高于穷人,这样一来,根据 GDP 增长率与国民总储蓄呈正相关的假设,收入分配越不平等,就意味着更高的储蓄率和投资率,从而导致更高的增长率。① 盖勒(Galor)和梯斯顿(Tsiddon)认为,为了开始新的工业活动和促进技术创新,需要财富的分化。此外,高度多样化产品需求的现代经济,需要一定程度的职业分化,而为了避免高质量劳动力的供给过剩,需要收入分配不平等。② 米尔利斯(Mirrlees)指出,在存在道德风险的情形下,当产出依赖于无法观察得到的员工努力时,与所取得的绩效不相关的不变工资机制会妨碍员工努力的积极性,而根据绩效所建立的工资激励机制,会提高工人努力的程度,从而使产出最大化。③ 帕特里奇(Partridge)对美国各州基尼系数与十年实际人均收入增长之间关系的实证研究表明,在初期收入越不平等的州,在随后越是会经历更高的经济增长。同时,中层收入人口所占据的收入份额越大,经济增长的速度就越快。④ 李(Hongyi Li)和邹(Heng-fu Zou)的研究表明,更平等的收入分配

① Kaldor,G.,"Capital Accumulation and Economic Growth", in Lutz. eds.,*Theory of Capital*,1961,Macmillin.

② Galor, O. and Tsiddon, D. "Technological Progress, Mobility, and Economic Growth", *American Economic Review*,1997,Vol. 87,No. 1,pp. 363 – 382.

③ Mirrlees,J.,"An Exploration in The Theory of Optimum Income Taxation", *Review of Economic Studies*, 1971,Vol. 38,No. 1,pp. 175 – 225.

④ Partridge,Mark D.,"Is Inequality Harmful for Growth? Comment", *American Economic Review*, 1997,Vol. 87,No. 3,pp. 1019 – 1032.

会通过多数投票导致更高的资本税收率和更低的经济增长，反之，收入分配不平等有助于促进更快的经济增长。[①] 福布斯（Forbes）的研究表明，就短期和中期而言，国内收入不平等水平与随后的经济增长之间具有显著的正向关系。[②] 另一种观点认为，收入分配不平等会妨碍经济增长。其理由有三：一是在民主制度下，要求再分配的呼声会高涨，高额累进税率会趋向于提高，这会削弱富人投资和资本积累的积极性，从而降低经济增长率。贝纳布（Benabu）认为，即使在只有少数富人精英才能投票的非民主制度下，不会有再分配的要求，收入分配不平等的负面影响也会通过公众不满和社会动荡表现出来。此外，富人精英为防止失去政治权力还会减少甚至阻止大众教育，从而造成人力资本积累率低下，进而导致低的经济增长率。[③] 二是从社会的角度来说，收入分配的极端不平等所导致的社会动荡和分裂，不仅会妨碍为实现经济增长的改革计划和经济稳定计划无法实施，而且还会削弱私人投资意愿，降低生产要素的积累。同时，高度不平等的社会会造成富人与穷人的分隔，降低社会资本的积累，而持续的不平等和社会排斥的恶性循环，还会形成贫穷的代际传递，人力资本积累率的进一步恶化，最终引起经济增长率的进一步下降。三是当收入分配不平等与资本市场不完善结合在一起时，会减少投资者的投资机会，降低借贷者的投资积极性。这是因为当信用市场不完善时，个人的借贷能力取决于高收入和可用的担保抵押品，显然低收入人群会处于劣势。从这个意义上说，收入分配不平等会对总投资和经济增长产生负面影响。佩尔森（Persson）和塔贝里尼（Tabellini）对九个属于经济合作与发展组织（OECD）的民主国家的实证研究表明，收入不平等有害于经济增长。[④] 阿勒西纳（Alesina）和罗德里克（Rodrik）的研究也表明，收入不平等对经济增长有负面的影响，因为财富和收

① Li, Hongyi and Zou, Heng-fu, "Income Inequality is not Harmful for Growth: Theory and Evidence", *Review of Development Economics*, 1998, Vol. 2, No. 1, pp. 318 – 334.

② Forbes, K. J., "A Reassessment of the Relationship between Inequality and Growth", *American Economic Review*, 2000, Vol. 90, No. 3, pp. 869 – 887.

③ Benabu, R., "Inequality and Growth", *NBER Working Paper*, 1996, No. 5658.

④ Persson Torsten and Tabellini Raudo, "Is Inequality Harmful for Growth?", *American Economic Review*, 1994, Vol. 84, No. 3, pp. 600 – 621.

入分配不平等程度越高,税率就会越高,经济增长就会越低。①

二、经济增长对收入分配影响的理论研究综述

就经济增长对收入分配的影响来说,也存在两种相反的观点。一种观点认为,经济增长会导致收入分配不平等。原因有四:一是储蓄率高的高收入者能够积累更多的财富,从而能得到收入增长中的更大份额,这种情形下的收入分配不平等会随着更高的经济增长率而加剧。二是更高的经济增长率是与更大的资本投入相关联的,从而导致收入增长中的更大份额会被资本所有者所占有。三是作为经济增长获得加速的因素之一的新技术,所带来的收入增长只会为数量有限的新技术掌握者和新技术引入者所拥有。四是根据库兹涅茨的倒"U"型假设,在低收入的二元经济社会,更高的经济增长通常与扩大的收入分配不平等相伴随。

另一种观点认为,经济增长不一定会引起收入分配不平等。戴宁格(Deininger)和斯奎尔(Squire)的研究表明,经济增长本身会对收入分配产生系统的负面影响的担忧是没有根据的。②

需要指出的是,在已有的研究经济增长对收入分配不平等影响的文献中,有很大一部分集中在对库兹涅茨的倒"U"型假设的验证上,但得出的结论则是大相径庭。加尔布莱斯(Galbraith)和库姆(Kum)的研究支持了库兹涅茨的倒"U"型假设③,但山下(Yamashita)对最富裕国家的研究表明,在高收入阶段,经济增长不是与收入分配趋于平等相伴随的④。

---

① Alesina, A. and Rodrik, D., "Distributive Politics and Economic Growth", *Journal of Quarterly Economics*, 1994, Vol. 109, No. 2, pp. 465-490.

② Deininger Klaus and Squire Lyn, "Economic Growth and Income Inequality:Reexamining the Links", *Finance and Development*, 1997, Vol. 34, No. 1, pp. 38-41.

③ Galbraith, James K. and Kum Hyunsub, "Inequality and Economic Growth:A GLobal View Based on Measures of Pay", *Cesifo Economic Studies*, 2003, Vol. 49, No. 4, pp. 527-556.

④ Yamashita Michili, "Impacts of Income Inequality on Economic Growth", *ESRI Discussion Paper Series*, 2004, No. 114.

三、传统观点的局限

实际上,发展中国家的经济发展进程在很大程度上表明,较高的收入分配均等事实上可能是经济自我持续增长的条件。

首先,大量最新的发展中国家的经济发展史验证了这样一个事实:与现在的发达国家的历史经验不同,当代第三世界国家的富人却不见得节俭或有把他们收入的大部分储蓄投入当地经济的欲望。相反,地主、商界领袖、政客和其他权贵阶层以在进口奢侈品、金饰、珠宝、豪宅和海外旅游上挥金如土而著称,或者又以资本逃逸的方式为其储蓄在海外寻找安全的避风港而出名。这种储蓄和投资不会增加一个国家的生产资源,它们对这些资源起到的是一个实质性的消耗作用。因为这种收入是从那些普通的、缺乏教育的和非熟练的工人的血汗中榨取的。简而言之,富人和穷人相比并不必然地把其收入中相当大的部分用于储蓄和投资(在真正经济学意义上的国内生产性储蓄和投资)。因此,以大规模和日益扩大的收入不均等为基础的增长战略,可能只不过是发展中国家的权贵阶层为了巩固其既得利益和维持现状而设计的,以牺牲平民大众利益为代价的机会主义神话。这些战略或许称之为"反发展战略"要恰当一些。

其次,中低收入阶层较低的收入水平和生活水平,会导致他们恶劣的健康、营养和教育状况。这些影响劳动力素质的因素均会降低中低收入阶层人群的劳动生产率并由此而直接和间接地妨碍经济增长。因此,旨在提高中低收入阶层的收入水平战略,不仅会为他们提供物质福利,而且对于整个经济社会的劳动生产率和收入都会有所贡献。

再次,提高中低收入阶层的收入水平将会刺激当地的生产,如食品和服装之类日用必需品需求的总体增加,而不像高收入阶层倾向于把他们增加的收入的大部分消费在进口奢侈品上,从而无助于刺激当地的生产。与此同时,当地产品需求的增加意味着对当地的就业和投资产生一个更大的激励,从而为经济迅速增长创造了条件,并且使得更广泛的人参与到这种增长中来。

最后,通过减少大量贫困人口而实现较为均等的收入分配,对发展过程中广泛参与的公众会形成一种强大的物质和心理激励,从而刺激经济健康发展。相反,广泛的收入分配不平等和众多的绝对贫困人口会对经济活动构成强大的物质和心理阻碍,甚至可能演变成令那些经济上受挫、政治上激进的民众尤其是那些受过良好教育的人,最终走向对抗社会进步的反面。

因此,可以得出这样的结论,即促进经济的迅速增长、减少贫困和收入分配不均等并不是相互冲突的。正如世界银行在其 1990 年的研究报告所指出的,现有对收入分配不平等政策的讨论通常都集中在增长与收入分配不平等两者的相互替换上,但是许多国家的发展经验表明,这并不是一种不可避免的替换,恰恰相反,如果实行适当的政策,低收入阶层便能参与到经济增长中来并对之作出贡献,这样,收入分配趋于平等和经济持续增长就会相辅相成。

四、二元经济的发展过程和洛伦茨曲线的移动及发展类型

细究以上关于收入分配和经济增长关系文献的论述,可以发现,在这些文献所论述的收入分配和经济增长关系的背后,蕴涵了收入分配和不同类型经济发展方式的关系。比如,在经济增长过程中,收入分配不平等加剧的本质可能是投资拉动型经济增长的结果,或者是政府主导型经济增长的结果,抑或是粗放型经济增长方式的结果。而在经济增长过程中,如果伴随的是收入分配的更加均等,那么可能隐藏在其背后的是协调型经济增长方式。实际上,菲尔茨在他重要的著作《贫困、不均等和发展》中,阐述了如何运用洛伦茨曲线去分析刘易斯提出的二元经济社会(大部分发展中国家都具有二元经济结构特征)发展过程中的三种局限。他区分了三种发展类型①:

一是现代化部门扩大化的增长类型。在这种类型中,在维持恒定工资的同时,两部门经济通过扩大现代化部门规模方式来发展。它大致对应着西方发达国家的历史发展模式,在不太严格的意义上,也包括日本、韩国和中国台

---

① Fields, G. S., *Poverty, Inequity and development*, Cambridge University Press, 1980, p. 108.

湾地区。

二是现代化部门富裕化的增长类型。在这种类型中,经济有所增长,但这种增长局限于现代化部门中数量有限的人,而传统部门工人的数量和工资却保持不变。这是许多拉美和非洲国家所经历过的情况。

三是传统部门富裕化的增长类型。在这种类型中,增长的所有好处被传统部门的工人均等地分享,而在现代化部门却很少或没有增长。

结合以上三种特殊的情况,菲尔茨运用洛伦茨曲线说明了以下观点的合理性(与刚才列举的次序相反):

在传统部门富裕化的类型中,增长导致较高的收入和相对较均等的收入分配,以及较少的贫困。在图1-1中,传统部门富裕化的增长表现为使洛伦茨曲线OCD统一地向上移动,向代表完全均等的对角线OD靠拢。

在现代化部门富裕化的增长类型中,增长导致较高的收入、相对较不均等收入分配和贫困状况保持不变。在图1-1中,现代部门富裕化的增长使洛伦茨曲线OCD向下移动并远离完全均等的对角线OD。

最后,在刘易斯式的现代化部门扩大化增长类型中,绝对收入上升而绝对贫困较少,但是洛伦茨曲线将总是交叉,以至不可能毫不含糊地指出相对不均等的变化情况,它可能得到改善,也可能恶化。菲尔茨指出,在经济发展的早期阶段,收入分配可能首先恶化,然后改善。交叉的洛伦茨曲线如图1-2所示。

对于图1-2中交叉的洛伦茨曲线,有如下的解释:留在传统部门中的穷人的收入没有变化,但是现在这些收入在变大了的总收入中只能占有一个更小的比例,所以新的洛伦茨曲线L2在收入分配阶梯的低端处落到旧的洛伦茨曲线L1以下。每个现代化部门的工人获得和以前相等的绝对收入,但是现在最富裕的收入组别所获得的份额变小了,所以在收入分配阶梯的高端,新的洛伦茨曲线落到旧的洛伦茨曲线的上方。因此,在收入分配的中部,新旧洛伦茨曲线必定相交。结果,我们难以准确无误地作出福利判断,到底相对不均等程度是否发生了变化。

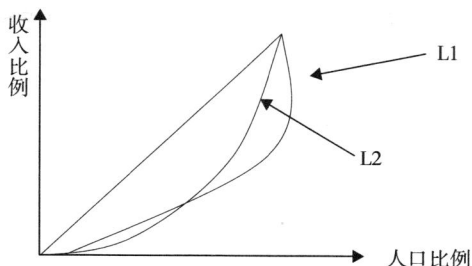

图 1-2 交叉的洛伦茨曲线

五、启示:寻找收入分配得以改善的经济增长

如果将收入分配和经济发展方式一同加以考虑,意味着一个国家或地区的经济发展的侧重点要重新取向,不能一味迷恋国民生产总值增长率的最大化而是要面对较广泛的社会目标,诸如消除贫困,减少过分的收入不均等。20世纪 90 年代以来,这种必要性已被第三世界国家所广泛认同。观念的改变是决定性的,而观念如何落实为行动也是决定性的。当然,这里面还包括由于发展战略的重新取向而引发的政治、制度和权力结构问题,以及由于收入分配和经济发展方式之间相互影响而形成的路径依赖。而且,经济学本身对于发展中国家如何成长或实施什么投资战略才能使增长率最大化等问题并没有太多公认的理论。经济学家之间关于发展道路和严密的经济战略对于消除或大幅减少贫困的有效性仍存在着相当大的分歧。显而易见,在那些有一大堆现成理论可资参考的发达国家,人们对收入分配的决定因素尚且一知半解,至于不发达国家的情形就更无从谈起了。对发展中国家而言,大部分的理论可能都无多大实际意义。

尽管人们认识到,迅速的经济增长不会自动地解决贫困和收入分配不平等问题,不过它实际上始终是针对减少贫困和提高人民生活水平的发展计划的核心内容。而且作为发展目标,迅速的经济增长和较均等的收入分配并不必然相斥。现在的抉择不是在更快的增长和更大的均等之间的抉择,而是发展中国家对希望追求的经济增长类型的抉择——是一种主要利于富人的还是一种能被全社会均享的增长类型,即能够促进收入分配均等的经济发展方式。

因此,发展的主要目标,是创造一种理想的,特别强调人民能够共享经济发展成果的,综合而基础广泛的收入增长模式。这样一个目标要求采取与那种只着眼于以国内生产总值增长率最大化为导向而不顾分配结果的做法完全不同的战略。

第三节　本书的结构

在党的十七大报告中,之前所提出的转变经济增长方式理念为加快转变经济发展方式理念所取代。具体来说,就是要坚持走中国特色新型工业化道路,坚持扩大国内需求特别是消费需求的方针,促进经济增长由主要依靠投资、出口拉动向依靠消费、投资、出口协调拉动转变,由主要依靠第二产业带动向依靠第一、第二、第三产业协同带动转变,由主要依靠增加物质资源消耗向主要依靠科技进步、劳动者素质提高、管理创新转变。由此可以看出,经济发展方式概念是经济增长方式概念的广化和深化。

基于以上的论述,本书从以下三个方面展开研究收入分配对经济发展方式的影响研究:一是收入分配对需求结构的影响,这里的需求结构是指拉动经济增长的居民消费、政府消费、投资、出口在国内生产总值中的比重结构;二是收入分配对产业结构的影响,这里的产业结构是指第一、第二、第三产业增加值在国内生产总值中的比重结构;三是收入分配对投入结构的影响,即收入分配对物质资源消耗、科技进步、劳动者素质提高、管理创新转变的影响。

本书包括第一章引论共分为十章。第二章从政府与经济社会协调与否的角度,基于制度安排的视角,提出了一个分析经济发展方式的总体框架,探讨了中国计划经济体制下和在由计划经济体制向市场经济体制转型的过程中,经济发展方式的形成及其中的经验总结,为分析制度安排之一的收入分配对经济发展方式的影响作一个铺垫。

居民部门的收入分配已成为人们关注的热点,也是我国解决收入分配问题最需着力解决的领域,因为居民部门的收入分配从根本上影响居民的消费水平和消费结构的提升,进而影响到在经济增长过程中如何真正实现依靠内需拉动的可持续发展目标,即如何从根本上解决我国经济增长过程中日益突出的内需不足问题。为此,本书第三章以收入阶层为切入点,运用层次分析法分别从统计分析和计量经济分析的角度探讨了我国城乡居民收入分配、城镇居民内部收入分配和农村居民内部收入分配对经济社会的总平均消费倾向,即总体消费水平的影响,第四章则研究了我国城乡居民收入分配、城镇居民内部收入分配和农村居民内部收入分配对经济社会的消费结构的影响。

考虑到无论是消费水平还是消费结构只是整个经济社会的总体需求结构的一部分,为此,本书在第五章安排了我国总体收入分配对总体需求结构影响的分析。这里的总体收入分配既包括居民部门的收入分配,也包括反映劳动收入份额和资本收入份额的要素收入分配即功能收入分配,还包括反映在整个国民收入分配中,居民部门收入所占份额、政府部门所占份额以及企业部门所占份额,也即国民收入分配格局。具体来说,第五章主要分析居民部门的收入分配、要素收入分配和国民收入分配格局在经济增长过程中,如何影响居民消费、政府消费、投资和出口在国内生产总值所占的比重即需求结构。

第三、四、五章构成了本书分析收入分配对经济发展方式影响的第一部分,即收入分配对经济增长过程中的需求结构拉动的影响。

从第六章开始,本书转入收入分配对经济增长过程中的投入结构影响的分析,构成了本书分析收入分配对经济发展方式影响的第二部分。第六章主要分析了居民间收入分配、要素收入分配和国民收入分配格局对投入结构的一个重要组成部分——自主创新的影响,并以我国的三大专利生产为例进行了计量经济分析。第七章将重点放在居民收入分配、要素收入分配和国民收入分配格局对投入结构的另一个重要组成部分——劳动者素质的影响。

第八章属于收入分配对经济发展方式影响的第三部分,即收入分配对经济增长过程中的产业结构变迁的影响分析。在这一章中,运用里昂惕夫(Leontief)的多部门投入—产出分析方法和乔根森(Johansen)的多部门实用一般生产函数,在分析中间生产和最终需求对产业结构变迁影响的基础上,通过分析包括居民收入分配、要素收入分配和国民收入分配格局在内的收入分配对最终需求的影响,来间接研究收入分配对产业结构变迁的影响。

第九章探讨了我国现阶段收入分配和经济发展方式出现问题的原因。对这一问题的回答,是从政府与社会和市场协调的角度切入的,并从信念层次、组织层次和操作层次三个层次解释了我国收入差距不断拉大和经济发展方式不协调的状况。

在第九章的基础上,第十章首先从收入分配制度的内生演化性角度,分析了按劳分配制度在我国的现实困境,并运用经济机制设计理论解释了按劳分配为何没有起到遏制收入分配恶化的缘由,提出了改善收入分配的一些政策建议;其次通过对世界一些其他国家和地区转变经济发展方式的经济史回顾,运用经济机制设计理论,从适宜性的角度对加快转变经济方式的一些可能的制度安排进行了评析,并就在我国经济增长过程中,如何实现需求结构协调、产业结构协调和投入结构协调提出了一些具体的政策建议。

第二章 中国转变经济发展方式的历程回顾及总结

——政府与市场协调的视角

在政策层次上的制度安排规定了政府和市场作用空间的前提下,政府和市场会分别通过组织层次和自组织层次上的制度安排来影响操作层次上的企业和家庭的行为方式,即经济发展方式的微观基础。政府和市场对经济发展方式的影响绩效取决于二者在作用空间上的分配和协调程度。排斥市场致使中国在计划经济体制下经济发展方式僵化,而转型以来经济发展方式发生缓慢转变则是政府和市场逐渐协调的结果。加快转变经济发展方式,取决于如何通过试错式改革达到政府和市场协调的帕累托改进。

第一节 经济发展方式形成和转变的分析框架

从内涵上说,转变经济发展方式是转变经济增长方式的广化和深化。在这种意义上,如果我们关注一下新中国成立以来的经济史的话,就可以发现中国一直受到经济发展方式转变的困扰。"1949年中华人民共和国成立以后,采用苏联式的'社会主义工业化路线',更是把投资驱动增长的做法推到了极端。"①这种属于"赶超战略"的传统经济发展方式,虽然在毛泽东的《论十大关系》提出后有过短暂的纠正,但由于主导思想没有实质性改变,一直持续到改革开放之初。

---

① 吴敬琏:《当代中国经济改革》,上海远东出版社2004年版,第105页。

　　从改革开放至今,党和政府针对传统经济发展方式的弊端采取了许多政策和措施加以纠正。1981 年正式提出"走出一条速度比较实在、经济效益比较好、人民可以得到更多实惠的新路子"的方针;"九五"时期,党和政府就提出了要实现经济发展方式从粗放型向集约型转变这一战略思想;"十五"时期,强调对经济结构进行战略性调整,提高经济增长的科技进步效益和结构优化效益,重视资源和环境问题。在"十一五"规划中更是提出了促进经济发展与人口、资源、环境相协调。虽然如此,中国经济发展方式转变速度仍然极其缓慢。其原因何在?

　　对于中国经济发展方式难以转变的惯性,我国许多学者曾进行了多方面的论证。以孙冶方为代表的经济学家比较早地注意到了计划经济体制下的经济发展方式转变问题,提出要注重内涵增长经济核算,提高经济效率。[1] 但事实表明,在完全排除市场的政府主导的体制即计划经济体制下,修修补补是无法完成经济发展方式转变的,这也是导致东欧剧变和苏联解体的主要原因。

　　林毅夫、蔡昉和李周最早探讨了改革开放后的中国经济发展模式,认为中国经济处于比较优势战略下的发展模式[2];张军提出了中国经济高速增长过程中"过度工业化"的问题[3];吴敬琏在《中国增长模式抉择》一书中,通过对新中国成立以来的经济增长模式的历史分析和实证分析,得出了中国的增长模式仍未摆脱"旧型工业化"道路的结论[4];刘世锦则概括为"低价竞争模式"[5];而中国经济增长前沿课题组则归纳为"低价工业化增长模式"[6]。这些文献的一个共同点是,都对政府的制度安排在经济发展方式转变的影响给予了关注,只不过其中的作用机制并不十分清晰。

---

　　[1]　孙冶方:《孙冶方选集》,山西人民出版社 1984 年版,第 117—146 页。
　　[2]　林毅夫、蔡昉、李周:《中国的奇迹》,上海人民出版社、上海三联书店 2002 年版,第 28—66 页。
　　[3]　张军:《资本形成、工业化与经济增长:中国的转轨特征》,《经济研究》2002 年第 5 期。
　　[4]　吴敬琏:《中国增长模式抉择》,上海远东出版社 2006 年版,第 116 页。
　　[5]　刘世锦:《增长模式、转型压力与战略选择》,《经济学动态》2005 年第 9 期。
　　[6]　中国经济增长前沿课题组:《经济增长、结构调整的累积效应与资本形成》,《经济研究》2003 年第 8 期。

从世界范围看,东亚经济发展模式是一种政府干预的范围很大、但市场机制仍起作用的体制,这是金融危机后,东亚经济迅速恢复增长,并继续保持高速增长的主要原因。[1] 而一些采取"进口替代工业化政策"(政府的一种制度安排)的发展中国家迄今一直依赖初级产品生产和出口,则是一个负面的例子。[2] 因此,在速水佑次郎看来,市场和政府的适宜结合是经济发展方式转变成功的主要原因。[3]

至此,我们可以得出结论,现代经济社会中的市场和政府的关系影响着经济发展方式转变。当然,其中的作用机制则需要仔细加以探讨。

一个国家的经济发展方式表面看来是宏观层面的问题,实质上是微观领域——企业和家庭行为方式的综合表现。但企业和家庭并不是经济社会中仅有的行为主体,其行为方式是它们与其他行为主体交互作用的结果。

市场和政府的关系就体现在国家在政策层次的制度安排的具体内容上,如图2－1中所示的市场作用空间和政府作用空间。就中国来说,宪法中关于经济体制的规定,实际上就是承认市场存在作用空间,而党的历年有关经济体制改革的决定则可视为市场作用空间和政府作用空间的调整。市场和政府之间的关系可以从制度安排来界定,如图2－2、图2－3表示。其中,$M = M_I \cup M_{II}$。

图2－2、图2－3中,M为某一经济社会所有制度的全体集合,其意思是指国家的正式制度安排和市场中非正式制度安排所构成的集合,用二维平面中的一个矩形来示意,如图2－2。而国家的正式制度安排和市场中非正式制度安排的边界则用 M 中的一条封闭曲线 Γ 来描述,如图2－3。封闭曲线 Γ 的内部记为 M_I,表示市场的作用空间,封闭曲线 Γ 的外部记为 M_{II},表示政府的作用空间,则有 $M_I \cup M_{II} = M$。需要补充的是,现实中的制度由于随着经济社

① 速水佑次郎:《发展经济学——从贫困到富裕》,李周译,社会科学文献出版社2003年版,第245页。
② 速水佑次郎:《发展经济学——从贫困到富裕》,李周译,社会科学文献出版社2003年版,第267页。
③ 速水佑次郎:《发展经济学——从贫困到富裕》,李周译,社会科学文献出版社2003年版,第240页。

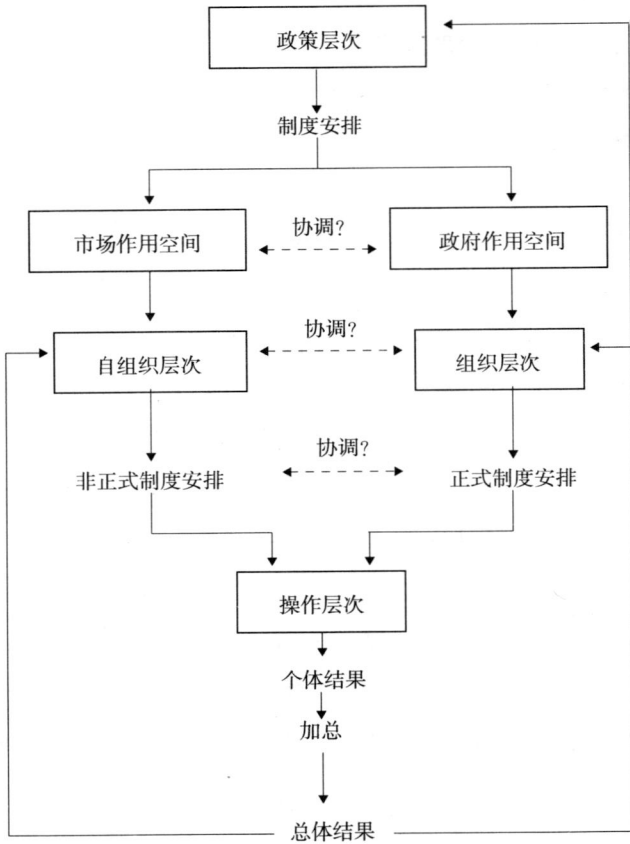

图 2-1   政府、市场与企业和家庭之间的相互作用

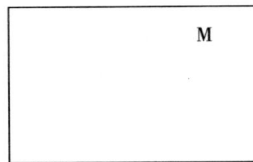

图 2-2   所有制度的集合

会的演变会发生变迁,从而会引起图 2-3 中的封闭曲线 Γ 发生移动,因而 M_I 和 M_{II} 也会随之发生变化。也就是说,随着经济社会的演化,市场和政府的作

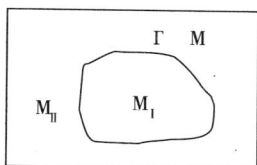

图2-3　政府和市场的作用空间及其关系

用空间也会发生改变。

由图2-1还可以看出,企业和家庭这些行为主体在操作层次上的选择范围是由组织层次和自发层次上的制度安排决定的。当然,操作层次的决策单位也会制定和实施自己的制度安排,但从宏观的角度来说,起决定作用的还是组织层次和自发层次上的制度安排,因为它们从本质上规定了操作层次的制度安排。就企业而言,组织层次和自发层次的制度安排规定了企业的生产可能性边界的选择,预算约束的选择即生产要素使用的选择,从而规定了企业的生产方式。就家庭而言,组织层次和自发层次的制度安排规定了家庭的收入来源和消费选择。

图2-1所要说明的是,包括国家权力机关、国家行政机关、企业和家庭等在内的各种行为主体的交互作用构成了经济发展方式形成和演变的微观基础。其中,制度安排及其变迁被视为各行为主体的联系纽带,因为占主导地位的现有制度安排无疑界定了行为主体的行为选择集,即行为方式。同时,行为主体的行为方式反过来又影响制度安排。也就是说,当经济社会环境的变化积聚到一定程度时,制度安排也必然会发生变迁(无论是强制性的还是诱致性的),这种制度安排和行为主体行为方式之间的相互作用无疑属于经济社会的演化,而经济发展方式只不过是其中的一种外在表现形式,因为"经济制度和行为模式可以解释为很多个人决策的产物或者说是结果"①。具体而言,无论是计划体制的经济发展方式还是转型过程中的经济发展方式,都可由此展开分析,而其绩效如何则取决于政策层次上的市场作用空间和政府作用空

---

① H.培顿·扬:《个人策略与社会结构——制度的演化理论》,王勇译,上海三联书店、上海人民出版社2004年版,第3—4页。

间划分是否协调、经济社会的组织层次和自组织层次是否协调、组织层次上的正式制度安排和自组织层次上的非正式制度安排是否协调。

第二节　计划经济体制和经济发展方式僵化

新中国成立后,从1953年起开始建立了社会主义计划经济体制。这是全国性政策层次上一项最重要的制度安排。同时,党和国家还制定了国家的长期发展战略、中期计划(五年计划)和短期计划(年度计划)。在地方性政策层次上,各级地方党委和地方权力机关制定地方的长期发展战略、中期计划(五年计划)和短期计划(年度计划)。这些发展战略、中期计划和短期计划也是政策层次上重要的制度安排。当然,全国的长期发展战略、中期计划(五年计划)和短期计划(年度计划)对地方的长期发展战略、中期计划(五年计划)和短期计划(年度计划)起着指导作用。这些可以视为经济发展方式形成和演变的制度环境。

首先,社会主义计划体制既是企业所面临的政策层次上的制度安排,又从本质上决定了这种体制下的企业必然是一个政府行政领导下的生产部门,即按国家计划生产的,而不是按典型的新古典生产函数生产的一个部门。因此,计划经济体制从本质上排斥市场制度,不允许市场制度的存在,即图2-3中的 $M_I = \Phi$(空集)。也就是说,所有企业的生产方式都将被动地服从于整个国家的发展战略,并不具有灵活变动性。而一个国家发展战略的选取主要受两个因素的影响,一个是经济社会所处的初始条件,另一个是经济社会所处的国际环境。就初始条件而言,旧中国留下的是经济落后所形成的烂摊子,以及重工业发展滞后、轻工业发展较快的经济结构失调,因此通过发挥社会主义制度的优越性,迅速赶上发达国家,实现国家富强成为党和民众的强烈信念,高速增长成为整个社会内在扩张的动力。[1]　就国际环境而言,冷战格局的形成、朝鲜战争和西方国家对中国的封锁禁运都对新中国的安全和统一构成了威胁。

---

[1]　经济社会作为一个复杂系统,其演化除了受系统本身的结构影响外,初始条件和外部环境也是重要因素。

正是这种初始条件和国际环境决定了刚刚获得新生的中国走上了优先发展重工业的社会主义工业化道路。这无疑是新中国企业进行生产、经营时,在政策层次上的最为重要的制度安排。

政策层次上的这种制度安排可以通过整个国家的生产可能性曲线及其移动来描述,如图2-4所示。图2-4中,PPF_1表示第1时期的整个社会的生产可能性边界,PPF_2表示第2时期的整个社会的生产可能性边界。很明显,从第1时期到第2时期,经济发生了增长。而前面的讨论表明,社会主义计划体制下的政策层次的制度安排结果必然是选择社会无差异曲线W_1。

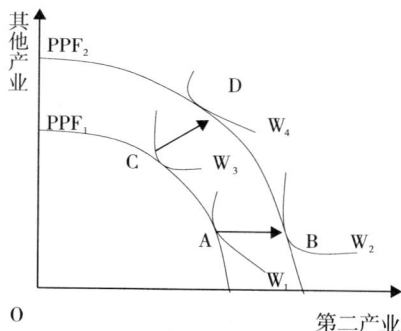

图2-4 第二产业产出和其他产业产出的生产可能性

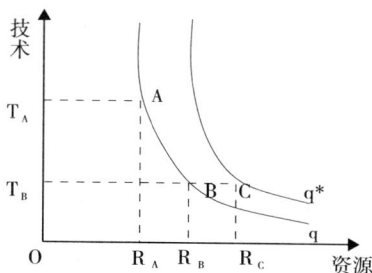

图2-5 企业生产的资源和技术组合

这样一来,第1时期社会选择的最优计划产出组合是PPF_1与W_1的相切点A,即第二产业的产出和其他产业的产出相比所占比重偏大。

其次,经过中央政府和各级地方政府的制度安排(组织层次),最后由企业(操作层次)来分担和完成这些计划产出,其结果是第二产业类型的企业数量众多,比重大。同样,在第 2 时期社会无差异曲线将必然是 W_2,社会选择的最优计划产出组合是 PPF_2 与 W_2 的相切点 B。这样一来,从 A 到 B 的经济增长主要是依靠第二产业带动,从而解释了与优先发展重工业的社会主义工业化道路相对应的经济发展方式表现为产业结构不协调型的经济增长方式。

再次,对处于社会主义计划经济体制下的企业而言,其利益动机是努力争取更轻松的计划任务,即产出量相对要小,当然这需要同组织层次的政府讨价还价才能达到。[①] 假设代表性企业的计划产出被给定为 q,其等产量曲线如图 2-5 所示,生产要素为技术和资源(包括劳动资源和物质资本),这里隐含地假定技术和资源存在着相互替代。[②] 对应着计划产量 q,代表性企业的生产点将会是 B 点,其技术含量为 T_B,资源消耗量为 R_B。同产量点 A(即 $T_A > T_B$)相比,资源消耗大($R_B > R_A$),因而属于一种典型的资源消耗型生产。

原因在于:其一,虽然从人均的角度看,中国自然资源缺乏,但从总量的角度看,自然资源还是相当大的,这决定了企业偏好于资源密集型生产方式。[③] 其二,中国劳动力人口虽然素质不高,但数量众多,这决定了企业偏好于劳动密集型生产方式。其三,本身的技术落后,国外的技术封锁,以及开发技术的昂贵性和耗时性,人力资本的缺乏,决定了企业只能选择资源替代技术的生产方式。其四,社会主义计划经济体制下的软预算约束,决定了企业为了更轻松地完成计划产出,投入品供应要求相对要多,即企业并不存在预算线。[④] 同

---

① 雅诺什·科尔奈:《社会主义体制——共产主义政治经济学》,张安译,中央编译出版社 2007 年版,第 115 页。

② 经济史上的一个例子是,19 世纪上半期,美国创新活动的目的都是在用充裕的自然资源替代稀缺的劳动力资源和资本。参见内森·罗森伯格:《探索黑箱——技术、经济学和历史》,王文勇、吕睿译,商务印书馆 2004 年版,第 139 页。

③ 需要指出的是,一个国家或地区的人均资源量并不构成企业资源选择时的约束,真正约束企业资源选择的是企业能够从经济社会中获得的资源能力和代价。

④ 从图 2-5 中还可以看出,以企业现有的资源和技术,其最优产出应是 q^*($q^* > q$)即 C 点,因而存在资源浪费现象,即 $R_C > R_B$。

时,国内资源的计划配置和讨价还价的协调机制,则使企业可以轻易得到所需要的资源。① 与这种企业生产方式相对应,经济增长呈现出主要依靠增加物质资源消耗来实现的特点,在经济发展方式上就表现为投入结构不协调。

最后,组织层次上的制度安排影响可以通过整个国家的投资—消费比例来描述。处于政策层次和组织层次制度安排的决策层认为,实现快速增长的主要手段就是进行大规模的投资②,投资比例越大,增长速度就越快,而只有减少消费(家庭的消费选择由配给制来强制规定),才能有更多的资金用于投资。这样一来,处于操作层次的企业,其生产和规模的扩大必须按这个制度安排来进行。与此相对应,经济增长主要依靠投资来拉动,经济发展方式也就表现为需求结构不协调型。

以上的分析表明,只要计划经济体制这一制度安排存在,固有的经济发展方式就不可能发生根本性转变,也即经济发展方式为僵化。原因就在于,社会主义计划经济体制本质是一种排斥市场的体制,经济增长是一种强制性增长,是政府完全主导经济的结果。

第三节　转型以来经济发展方式的
转变、问题和措施

中国三十多年的改革开放过程,也是政策层次和组织层次上的制度安排不断发生变化的过程,其演进过程按政府和市场的关系可以粗略分为以下两个阶段:政府干预为主,市场调节为辅阶段(1978—1992 年),以及政府干预和市场主导的磨合阶段。③ 需要强调的是,无论是第一阶段还是第二阶段,实现高速经济增长仍然是党和政府的首要目标,也是党和政府的承诺,政策层次和

---

① 为了保证完成国家的计划指标,企业对资源需求量的要求必须被满足。

② 参照经济增长理论来说,这是一种哈罗德—多马模型,在这一模型中只有一个生产要素,那就是资本。

③ 从经济的角度来说,转型完成的标志应是政府干预和市场主导的真正协调,即达到宏观经济稳定化和微观经济自由化。

组织层次上的国家和地方的发展战略、十年规划、五年计划、年度计划等就是这一体现。也就是说,政府干预和市场都只不过是实现这一目标的手段。

一、第一阶段的经济发展方式(1978—1992 年)

在政策层次上,第一阶段最重要的制度安排是从允许市场的存在到发展商品经济,①允许和鼓励乡镇企业、外资企业、私营企业、个体企业的存在和发展。组织层次上最重要的制度安排是各项改革的展开。②

以上制度安排的一个结果是引导企业将生产和社会需求衔接起来,而各项改革所带来的城乡居民的收入大幅度提高,③以及过去长期累积的消费品短缺等因素共同作用下的旺盛的消费需求的释放,无疑为企业的生产扩大提供良好的契机。而就人口众多的中国而言,每一种产品的潜在需求都是巨大的,很容易吸引许多企业进入,投资上容易出现林毅夫所指出的"潮涌现象"④,即企业产出及其增长是由消费需求拉动的。这种消费拉动型的经济增长又带来了家庭收入新一轮增长,进而带来新一轮消费需求,从而形成了一个正反馈过程。图 2-6 明显地显示了这一点,即消费在 1978—1992 年的经济增长中的贡献率最大。但企业的投入结构则由于所有制性质不同有所差别。就国有企业而言,其生产要素通过计划分配和市场购买两种途径获得。对于计划分配下的要素投入和计划产出,仍可采用图 2-4、图 2-5 来分析。也就是说,与国有企业这种生产方式相对应,其产出增长仍呈现出主要依靠增加物

---

① 1982 年,党的十二大提出要"正确贯彻计划经济为主,市场调节为辅的原则";1984 年,党的十二届三中全会上,认为"社会主义经济,是在公有制基础上的有计划的商品经济,商品经济的充分发展,是社会经济发展不可逾越的阶段,是实现我国经济现代化的必要条件"。

② 这些改革主要包括价格改革、国有企业改革、财政税收体制改革、对外开放、金融体制改革、农村家庭承包责任制,等等。

③ 仅仅在 1979—1980 年间,国家将农产品收购价格提高了 30.8%,农民得到了 277 亿元的好处。在城市,通过扩大就业和提高职工工资,1980 年全国工资总额达到 773 亿元,比 1978 年增长 35.8%。参见武力、温锐:《1949 年以来中国工业化的"轻、重"之辨》,《经济研究》2006 年第 9 期。

④ 林毅夫:《潮涌现象与发展中国家宏观经济理论的重新构建》,《经济研究》2007 年第 1 期。

质资源消耗来实现的特点。当然,由于存在计划外市场,国有企业的资源利用效率会提高,因为节省下来的资源可以用来生产计划外产出。

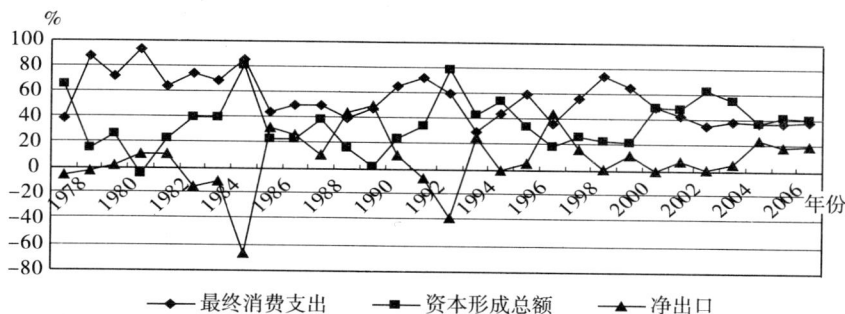

图 2-6　1978—2007 年三大需求对 GDP 增长的贡献率的演化路径

数据来源:根据《中国统计年鉴》(2008 年)相关数据计算得到。

就乡镇企业、外资企业、私营企业、个体企业这些真正的市场主体而言,其生产要素的获取只能通过计划外的市场途径。其生产要素的使用原则则取决于组织层次的制度安排:其一,随着改革开放,中国众多的低素质劳动力流动的限制性逐渐解除,形成了价格低廉的劳动力供给局面。这样一来,这些以市场为导向的企业将偏好于选择技术含量低的劳动密集型生产方式。其二,政策层次上的资源产权不清晰这一制度安排,必然导致各级地方政府在组织层次上最终拥有资源处置权。① 当这一制度安排与地方政府承担本地区高速经济增长这一组织层次上的制度安排②结合在一起时,企业对资源的使用价格必是低廉的。因为本地区企业数量增加,生产扩大无疑会短时期内促进本地区的经济增长。这样一来,企业将偏好于选择技术含量低的自然资源密集型生产方式。

---

　　①　就体制转型中的中国的资源制度而言,水、土地、矿山、森林、草原、湿地、海洋等国土资源的所有权只有全民所有和集体所有两种形式。这种国土资源的全民所有和集体所有,同国有企业的国有资产一样也存在产权不清晰,进而产生了委托—代理问题。这样一来,国土资源的市场价格机制失去了本来的作用,从而为廉价甚至无偿使用资源提供了制度温床。

　　②　"财政大包干"这一制度安排使地方政府能从高速增长中获得更多的地方财政收入。同时,地方经济增长速度也是考核只对上负责,不对下负责的地方政府政绩的一项主要指标。

综合以上分析,可以得出结论,无论是国有企业,还是乡镇企业、外资企业、私营企业、个体企业这些以市场为导向的企业,其产出及其增长主要依靠劳动和物质资源投入,从而在宏观上表现为经济增长主要依靠增加物质资源消耗来实现,在经济发展方式上就表现为投入结构不协调型的经济发展方式。更进一步,由于这一阶段企业的产出导向是社会需求,致使社会无差异曲线不再是计划经济体制下的政策层次和组织层次上的制度安排,而是操作层次上的消费主体家庭,以及作为生产主体的企业,此时社会无差异曲线如图 2 - 4 中的 W_3,这样一来,其与 PPF_1 相切点为 C 点,而不再是原先的 A 点。同样,在第 2 时期社会无差异曲线将必然是 W_4,社会选择的最优计划产出组合是 PPF_2 与 W_4 的相切点 D,而不再是原先的 B 点。当然,从第 1 时期到第 2 时期,经济发生了增长。其特点是,产业结构开始向均衡方向发展(见图 2 - 7 中的 1978—1992 年的各产业贡献率的演变趋势)。

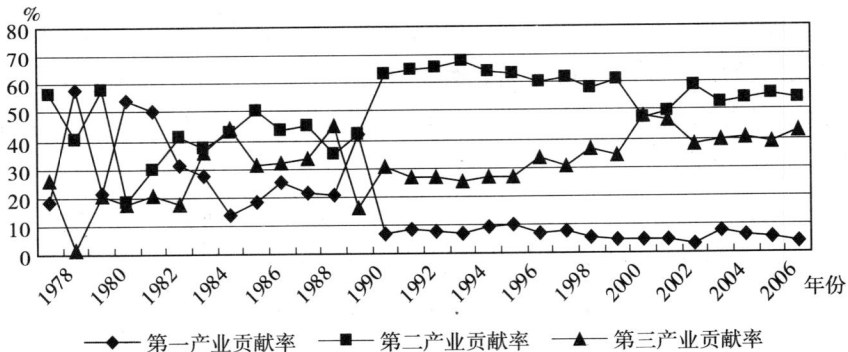

图 2 - 7   1978—2007 年三大产业对 GDP 增长的贡献率的演化路径
数据来源:根据《中国统计年鉴》(各年)计算得到。

以上的分析表明,改革开放以来的第一阶段(1978—1992 年)的经济发展方式主要是投入结构呈现出不协调的经济增长方式,是要素市场不完善的必然结果,而产业结构和需求结构已开始呈现出协调态势,说明在制度安排的变迁中发生了帕累托改进,体现了市场配置资源、促进效率的作用。

二、第二阶段的经济发展方式（1993—2007 年）

这一阶段最引人注目的制度安排，是在政策层次上建立和完善社会主义市场经济体制，在组织层次上整体推进各项改革，加大已有改革深度。无疑，这些制度安排对操作层次上的家庭和企业必将产生巨大的影响。

其一，国有企业大规模的转制和"减员增效"，导致大批职工下岗，收入剧减，再加上滞后的社会保障体系，致使这类人群的消费需求受到较大抑制。

其二，政府对农副产品价格的控制，国家预算对农业的投入的长期不足，以及农村日益增加的不合理的税费负担导致农村家庭的农业收入增长缓慢。同时，缺乏工资调整标准、工资保障和社会保障又使从农村转移到城市的工人工资水平低下，非农业收入的增长速度远远低于经济增长速度。

其三，合理调节收入差距的制度安排的缺乏，致使中国出现了一个低收入阶层过大的倒"丁字型"社会结构①。

以上三点表明，新的制度安排下，相当一部分家庭的收入水平增长落后于GDP 的增长。这就预示着要像第一阶段那样依靠旺盛的消费需求来拉动经济增长将面临困难。意即要继续保持经济高速增长，除了投资驱动和出口拉动之外，别无他法。而组织层次上的以 GDP 为主的政绩考核机制和财政分权体制两种制度安排则使地方政府在发展地方经济方面具有主动性，这种主动性由于地方政府可以对土地、自然资源、税收、基础设施建设进行直接干预的隐性制度安排而成为现实。1993—1995 年经济增长和 2001—2007 年两个时期的经济增长可以由此得到解释。其中，1993—1995 年和 2001—2004 年的经济增长主要依靠投资驱动，而 2005—2007 年的经济增长则呈现出了投资和净出口需求双驱动的现象（见图 2－6）。

另外，从图 2－6 还可看出，在 1996—2000 年这一时期的经济增长主要是由消费需求拉动的。② 与此相对应的是，这一时期的经济增长率明显偏低。③

---

① 李强：《"丁字型"社会结构与结构紧张》，《社会学研究》2005 年第 2 期。
② 1997 年是一个例外，其经济增长主要是依靠净出口需求拉动的，贡献率高达44.4% 。
③ 这一时期的平均经济增长率为 8.6% 。

如果去除政府通过投资拉动经济增长的成分，这一时期的经济增长率将会更低。实际上，这已经说明依靠消费拉动经济高速增长已难以为继。①

从经济增长的产业结构来看，在1993—2002年这十年间，第二产业的贡献率基本呈下降态势（由1993年的65.7%下降到2002年的49.5%），2003年后又略有上升，但基本稳定在53%—56%之间。与此形成对照的是，在1993—2002年这十年间，第三产业的贡献率基本呈上升态势（由1993年的26.4%上升到2002年的46.1%），2003年后略有下降，但基本稳定在38%—40%之间。而在1993—2007年第一产业的贡献基本保持稳定，其值在5%—8%之间。以上结构的形成，是政府的投资导向和家庭的消费导向共同作用的结果。

从企业的生产要素使用原则来看，丰富的劳动力资源与自然资源产权不清晰和地方政府追求高增长的政绩目标的制度安排的依然存在，无疑会使企业继续偏好于资源密集型和劳动密集型生产方式来降低成本。这样一来，经济增长主要依靠增加物质资源消耗实现的局面在第二阶段得以延续，进而投入结构不协调的经济发展方式的依然存在也就不足为怪了。

以上分析表明，1993年以来的第二阶段即整体推进改革阶段，经济发展方式在产业结构已呈现出逐渐协调态势，但需求结构方面的协调还存在波动的特点，说明国家和市场的协调还需要调整。原因在于，市场不是改善收入分配的机制，即存在着"市场失败"，如果通过市场达到的收入分配不是社会所期望的（比如，低收入阶层比例过大阻碍消费层次升级，危及社会稳定等），国家就有必要使用它的强制力量进行收入再分配，而中国的现实表明，国家在这方面并没有发挥应有的作用。同时，投入结构不协调的经济发展方式依然是第二阶段的经济发展方式特征，表明中国要素市场还相当不完善。当然，哪部分经济活动由政府负责，哪部分经济活动留给市场，政府对市场进行多强和多

①　本书并不否认城市中高收入人群消费层次的升级（比如2002年开始的住房、汽车和高等教育等新需求）对经济增长的拉动作用，但需要注意的是，由于这部分家庭在整个社会所占比例不大，所以在2002—2006年的经济增长中消费需求贡献率仍然偏低（见图2-7）。

宽的控制,是个程度问题,会因价值体系和发展阶段而异,可以通过试错式改革来探求。最重要的是,已经发现是属于政府失败的问题,就必须让位于市场,而属于市场失败的问题,政府就必须承担起责任,以达到市场和政府之间的协调的帕累托改进,进而加快转变经济发展方式。

第三章 收入分配对总体消费的影响

当前中国经济的一个突出问题是消费不振。2000—2008 年农村居民消费率(即农村居民总支出占 GDP 比重)分别为 20.6%、19.7%、18.5%、16.3%、14.9%、14.0%、13.1%、12.5% 和 11.3%,呈持续下降态势,而城镇居民消费率(即城镇居民总支出占 GDP 比重)则分别为 46.4%、45.2%、43.7%、41.7%、39.8%、37.7%、36.3%、35.5% 和 31.6%,同样呈持续下降态势。①

与此同时,中国收入分配状况在不断恶化。2000—2008 年农村基尼系数从 0.3312 上升到 0.3492,而在 2000—2008 年城镇基尼系数则从 0.2451 上升到 0.3284,随后有所下降。② 国际经验表明,收入分配状况恶化对社会公正提出了严重挑战,导致社会冲突增加,并可能影响未来经济增长。③

如果将上述两个问题结合在一起,我们自然会猜想:中国收入分配状况恶化和居民消费不振是否是一种必然? 显然,这也需要有相关的理论和实证研究,其切入点是分析收入分配对总体平均消费倾向和总体边际消费倾向的影响,这主要是考虑到在居民总体收入水平既定的情形下,总体平均消费倾向和总体边际消费倾向越高,居民的总消费水平也就越高。

---

① 农村居民消费率和城镇居民消费率是根据《中国统计年鉴》(2009 年)的有关数据计算得出的。
② 农村基尼系数是根据《中国统计年鉴》(2001—2009 年)农村家庭五等分组计算得出的,城镇基尼系数则是根据《中国统计年鉴》(2001—2009 年)城镇家庭七等分组计算得出的。
③ 王小鲁、樊纲:《中国收入差距繁荣走势和影响因素分析》,《经济研究》2005 年第 10 期。

第一节　2000—2008 年城镇不同收入
阶层的消费特征及比较

本节基于城市按七等分组的居民家庭收入与支出统计资料,通过分析和比较 2000—2008 年城镇居民各收入阶层的收入和支出关系、平均消费倾向和边际消费倾向,试图找出一些有规律性的东西。

一、城镇不同收入阶层的收入与支出关系和消费倾向

在国家统计局的相关统计资料中,城镇居民家庭按收入水平划分为七个类别,由低到高依次为最低收入户、低收入户、中等偏下收入户(本书简称为中下收入户)、中等收入户、中等偏上收入户(本书简称为中上收入户)、高收入户、最高收入户。依此为基准,可以分别分析这些收入阶层的消费情况,主要是支出、平均消费倾向和边际消费倾向与收入的关系。

表 3 - 1 和表 3 - 2 分别给出了 2000—2008 年城镇七个收入阶层的平均消费倾向和边际消费倾向变化情况。① 下面分别加以具体分析和比较分析:

表 3 - 1　2000—2008 年城镇各收入阶层的平均消费倾向

年份	最低收入户	低收入户	中下收入户	中等收入户	中上收入户	高收入户	最高收入户
2000	0.9574	0.9013	0.8461	0.8129	0.7873	0.7528	0.6976
2001	0.9601	0.8952	0.8486	0.8061	0.7645	0.7224	0.6506
2002	0.9914	0.8932	0.8528	0.8192	0.7825	0.7579	0.6865
2003	0.9893	0.8915	0.8476	0.8034	0.7432	0.7336	0.6647
2004	0.9975	0.8901	0.8460	0.7957	0.7552	0.7285	0.6637
2005	0.9925	0.8792	0.8307	0.7952	0.7440	0.6983	0.6657
2006	0.9592	0.8601	0.8086	0.7698	0.7273	0.6906	0.6592

---

① 表 3 - 1、表 3 - 2 中的数据分别以 2000 年为基期,以城镇居民消费价格指数进行平减。

续表

年份	最低 收入户	低收入户	中下 收入户	中等 收入户	中上 收入户	高收入户	最高 收入户
2007	0.9587	0.8662	0.8004	0.7555	0.7061	0.6240	0.6344
2008	0.9450	0.8414	0.7840	0.7390	0.6916	0.5850	0.6187

数据来源:根据《中国统计年鉴》(2001—2009 年)的相关数据计算得到。

表 3－2 2000—2008 年城镇各收入阶层的边际消费倾向

年份	最低 收入户	低收入户	中下 收入户	中等 收入户	中上 收入户	高收入户	最高 收入户
2000	—	—	—	—	—	—	—
2001	1.0369	0.7671	0.8962	0.6948	0.4892	0.3272	0.2569
2002	0.7851	0.9282	0.3490	1.2229	1.0212	1.0404	0.8107
2003	0.9512	0.8627	0.7563	0.6071	0.2280	0.4837	0.5083
2004	1.1408	0.8682	0.8238	0.6884	0.8983	0.6752	0.6542
2005	0.9236	0.7419	0.6722	0.7897	0.6351	0.4140	0.6838
2006	0.6601	0.6870	0.5996	0.4868	0.5576	0.6113	0.5833
2007	0.9553	0.9155	0.7274	0.6211	0.4854	-0.1099	0.3428
2008	0.7665	0.5181	0.5949	0.5770	0.5608	0.2362	0.4442

数据来源:根据《中国统计年鉴》(2001—2009 年)的相关数据计算得到。

(一)最低收入户的支出、平均消费倾向和边际消费倾向与收入的关系

从图 3－1 可以看出,除 2002 年支出则随收入的减少而减少外,其余各年最低收入户的收入和支出是逐年增加的。也就是说,最低收入户的收入和支出呈正相关关系。

从图 3－2(根据表 3－1 和表 3－2 中相关数据绘制)可以看出,无论是收入增加还是收入减少(2002 年),最低收入户的平均消费倾向基本上保持在0.945—0.998 之间,2004 年后呈现出随收入的增加而下降的规律。而最低收入户的边际消费倾向与收入之间的关系则是不确定:在 2001—2002 年其边际消费倾向随收入的减少而减少,在 2003—2004 年其边际消费倾向随着收入的增加而增加,即边际消费倾向与收入呈正相关关系,但在 2004—2006 年和

2007—2008 年最低收入户的边际消费倾向则是随着收入的增加而递减的。从边际消费倾向的数值来说,无论收入增加还是减少,其值始终为正数,除 2001 年和 2004 年外,其余各年数值均小于 1。

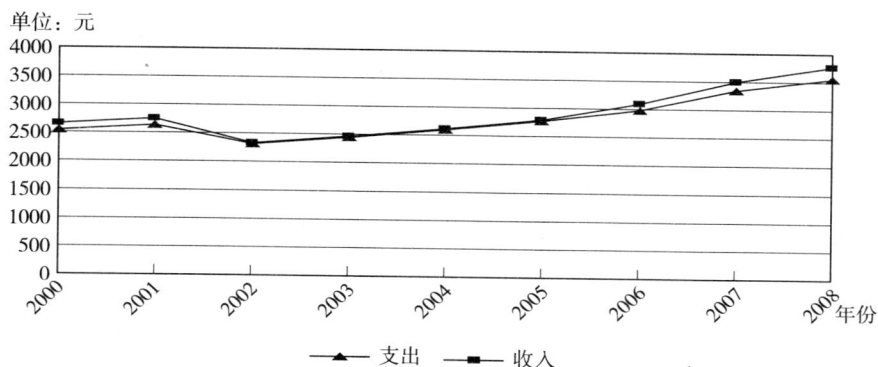

图 3 - 1 最低收入户 2000—2008 年收入和支出变化趋势

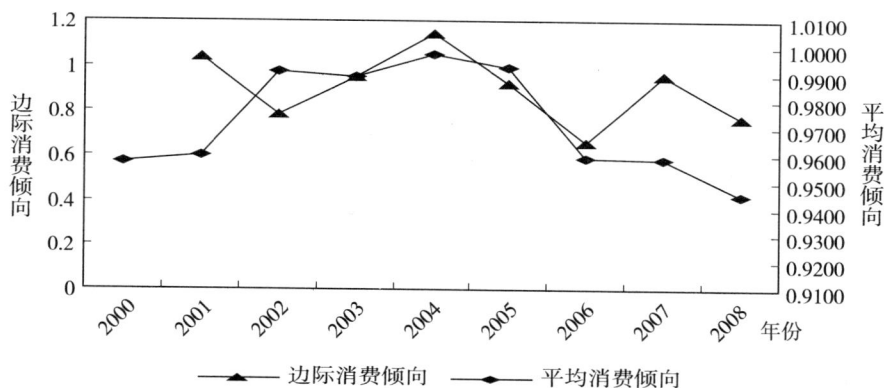

图 3 - 2 最低收入户 2000—2008 年平均消费倾向和边际消费倾向变化趋势

(二)低收入户的支出、平均消费倾向和边际消费倾向与收入的关系

从图 3 - 3 可以看出,除 2002 年支出则随收入的减少而减少外,其余各年低收入户的收入和支出是逐年增加的。也就是说,低收入户的收入和支出呈正相关关系。

单位: 元

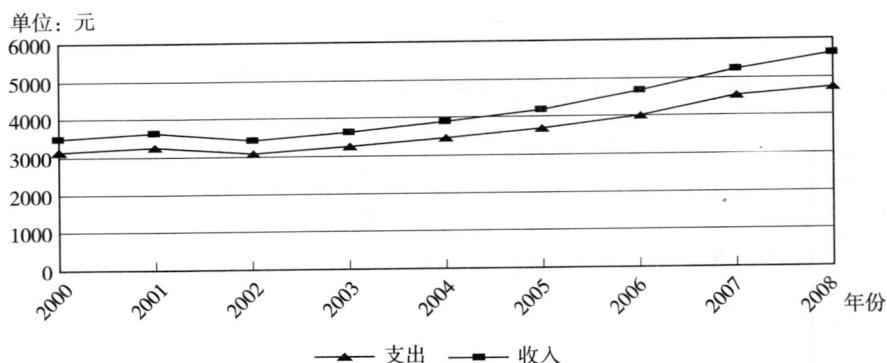

图 3-3　低收入户 2000—2008 年收入和支出变化趋势

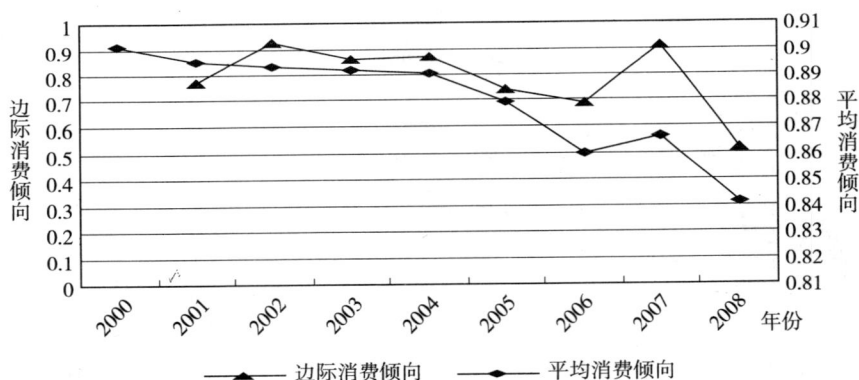

图 3-4　低收入户 2000—2008 年平均消费倾向和边际消费倾向变化趋势

　　从图 3-4(根据表 3-1 和表 3-2 中相关数据绘制)可以看出,无论是收入增加还是收入减少(2002 年),低收入户的平均消费倾向都是随收入增加而减少的。

　　而低收入户的边际消费倾向与收入之间的关系则是不确定的:在 2001—2002 年其边际消费倾向随收入的减少而增加,在 2002—2003 年其边际消费倾向随着收入的增加而减少,即边际消费倾向与收入呈负相关关系,在 2003—2004 年其边际消费倾向随着收入的增加基本保持不变,但在 2004—

2008 年低收入户的边际消费倾向则是随着收入的增加而递减的,即边际消费
倾向与收入呈负相关。就边际消费倾向的数值来说,无论收入增加还是减少,
其绝对值则始终为正数且小于 1。

(三)中下收入户的支出、平均消费倾向和边际消费倾向与收入的关系

从图 3-5 可以看出,从 2000 年到 2008 年中下收入户的收入和支出是逐
年增加的。也就是说,中下收入户的收入和支出呈正相关关系。

单位:元

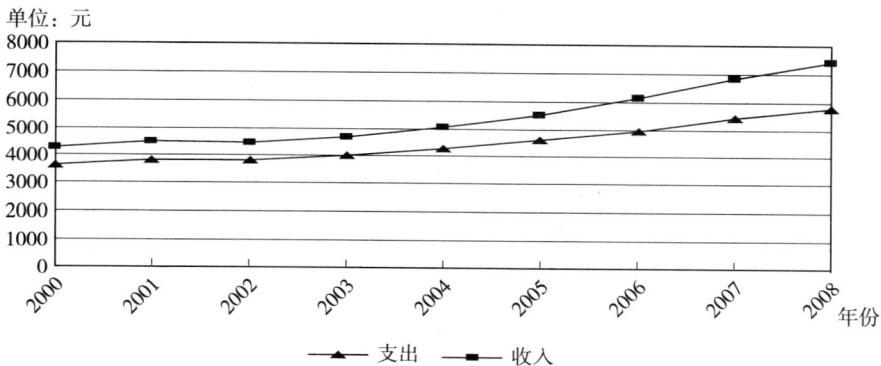

图 3-5　中下收入户 2000—2008 年收入和支出变化趋势

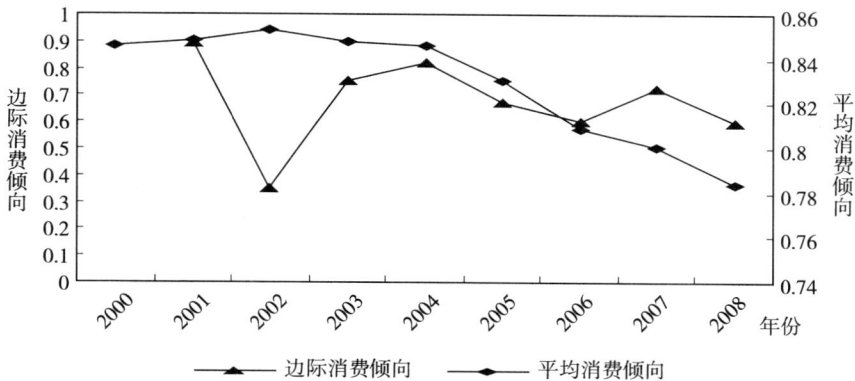

图 3-6　中下收入户 2000—2008 年平均消费倾向和边际消费倾向变化趋势

从图 3-6(根据表 3-1 和表 3-2 中相关数据绘制中)可以看出,在

2000—2002 年,随着收入的增加,中下收入户的平均消费倾向呈递增趋势,在 2002—2008 年,随着收入的增加,中下收入户的平均消费倾向呈递减趋势,各年的值均为正数且小于 1。

而中下收入户的边际消费倾向与收入之间的关系则是不确定的:在 2001—2002 年、2004—2006 年、2007—2008 年,其边际消费倾向随着收入的增加而递减,而在 2002—2004 年和 2006—2007 年,其边际消费倾向则随着收入的增加而递增。虽然如此,但边际消费倾向的值则始终为正数且始终小于 1。

(四)中等收入户的支出、平均消费倾向和边际消费倾向与收入的关系

从图 3 - 7 可以看出,从 2000 年到 2008 年中等收入户的收入和支出是逐年增加的。也就是说,中等收入户的收入和支出呈正相关关系。

从图 3 - 8(根据表 3 - 1 和表 3 - 2 中相关数据绘制)可以看出,除 2001—2002 年随着收入的增加,中等收入户的平均消费倾向上升外,其余各年中等收入户的平均消费倾向呈递减态势,其值为正数且大都小于 1。

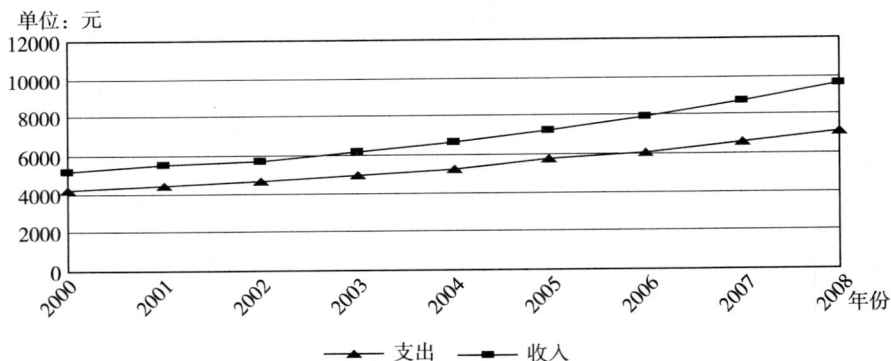

图 3 - 7　中等收入户 2000—2008 年收入和支出变化趋势

而中等收入户的边际消费倾向与收入之间的关系则是不确定的:在 2001—2002 年和 2003—2005 年、2006—2007 年其边际消费倾向随着收入的增加而递增,而在 2002—2003 年、2005—2006 年、2007—2008 年,其边际消费倾向则是随着收入的增加而递减的。虽然如此,其边际消费倾向始终为正,且

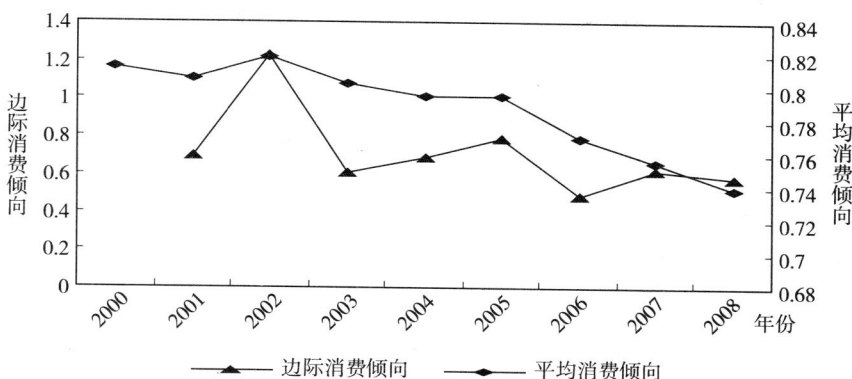

图 3-8 中等收入户 2000—2008 年平均消费倾向和边际消费倾向变化趋势

除 2002 年外其值始终小于 1。

（五）中上收入户的支出、平均消费倾向和边际消费倾向与收入的关系

从图 3-9 中可以看出，从 2000 年到 2008 年中上收入户的收入和支出是逐年增加的。也就是说，中上收入户的收入和支出呈正相关关系。

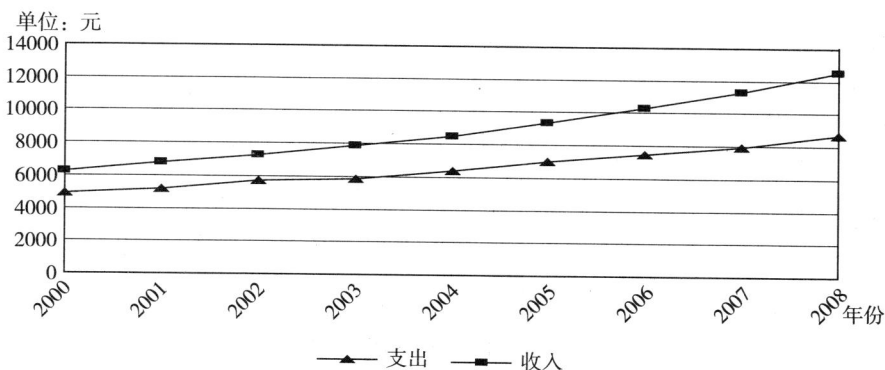

图 3-9 中上收入户 2000—2008 年收入和支出变化趋势

从图 3-10（根据表 3-1 和表 3-2 中相关数据绘制）可以看出，随着收入的增加，除 2001—2002 年、2003—2004 年，中上收入户的平均消费倾向上升外，其余各年中上收入户的平均消费倾向呈递减态势，其值为正数且大都小

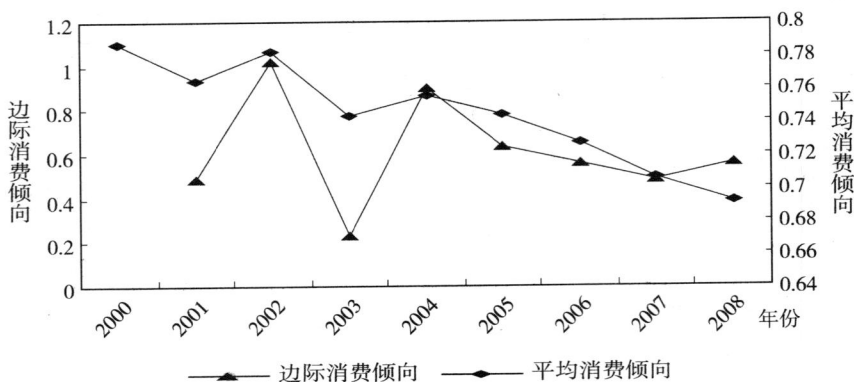

图 3-10 中上收入户 2000—2008 年平均消费倾向和边际消费倾变化趋势

于 1。

而中上收入户的边际消费倾向与收入之间的关系则是不确定的:在 2001—2002 年、2003—2004 年和 2007—2008 年,其边际消费倾向随着收入的增加而递增,而在 2002—2003 年和 2004—2007 年,其边际消费倾向则随着收入的增加而递减的。虽然如此,但边际消费倾向始终为正且小于 1。

(六)高收入户的支出、平均消费倾向和边际消费倾向与收入的关系

从图 3-11 中可以看出,从 2000 年到 2008 年高收入户的收入和支出是逐年增加的。也就是说,高收入户的收入与支出呈正相关关系。

从图 3-12(根据表 3-1 和表 3-2 中相关数据绘制)可以看出,随着收入的增加,除 2001—2002 年,高收入户的平均消费倾向上升外,其余各年高收入户的平均消费倾向呈递减态势,其值为正且小于 1。

而高收入户边际消费倾向与收入之间的关系则是不确定的:在 2001—2002 年、2003—2004 年、2005—2006 年、2007—2008 年,其边际消费倾向随着收入的增加而递增,但在 2002—2003 年、2004—2005 年、2006—2007 年,其边际消费倾向则随着收入的增加而递减的。虽然如此,除 2002 年其值大于 1 和 2007 年其值小于 0 外,其余各年的边际消费倾向始终为正值且小于 1。

(七)最高收入户的支出、平均消费倾向和边际消费倾向与收入的关系

从图 3-13 中可以看出,从 2000 年到 2008 年最高收入户的收入和支出

单位：元

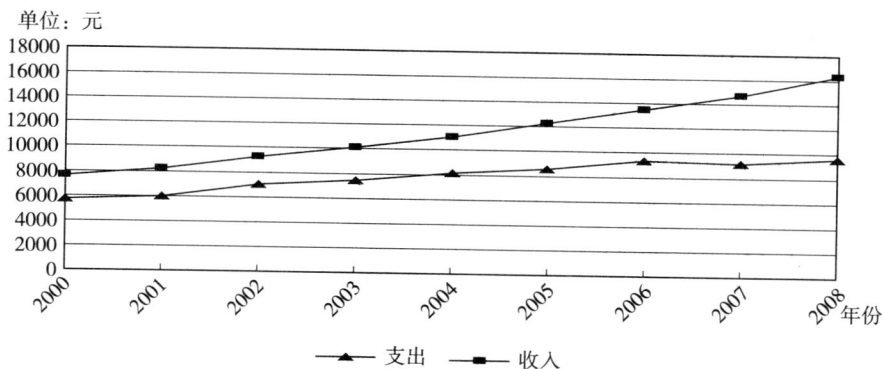

图 3－11　高收入户 2000—2008 年收入和支出变化趋势

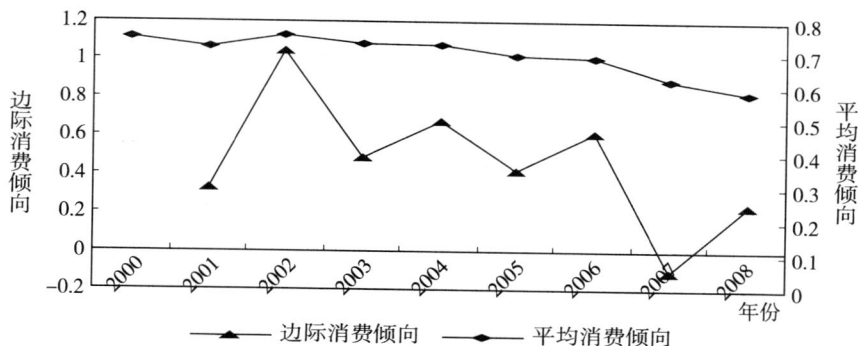

图 3－12　高收入户 2000—2008 年平均消费倾向和边际消费倾向变化趋势

是逐年增加的。也就是说,最高收入户的收入与支出呈正相关关系。

从图 3－14(根据表 3－1 和表 3－2 中相关数据绘制)可以看出,随着收入的增加,除 2001—2002 年,最高收入户的平均消费倾向上升外,其余各年最高收入户的平均消费倾向呈递减态势,其值为正数且小于 1。

而最高收入户边际消费倾向与收入之间的关系则是不确定的:在 2001—2002 年、2003—2005 年和 2007—2008 年,最高收入户的边际消费倾向随着收入的增加而递增,而在 2002—2003 年和 2005—2007 年,其边际消费倾向则是随着收入的增加而递减的。虽然如此,各年的边际消费倾向始终为正值且小于1。

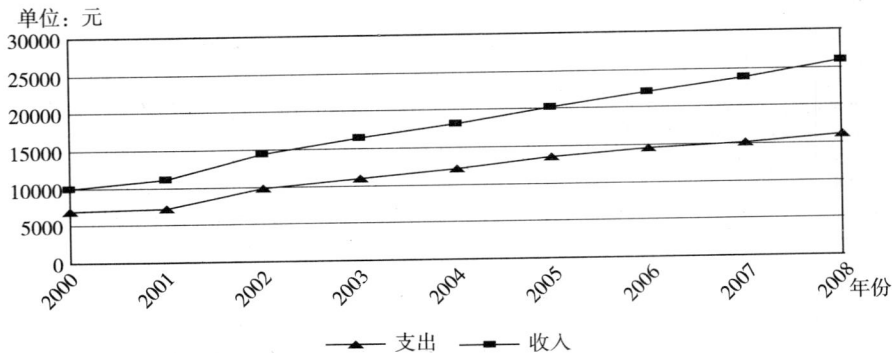

图 3 - 13　最高收入户 2000—2008 年收入和支出变化趋势

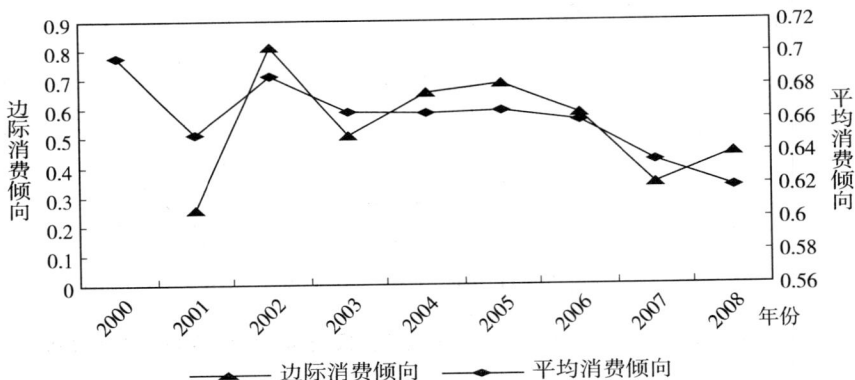

图 3 - 14　最高收入户 2000—2008 年平均消费倾向和边际消费倾向变化趋势

二、不同收入阶层的支出、平均消费倾向和边际消费倾向与收入的关系比较

（一）不同收入阶层的收入与支出关系比较

以上数据描述表明,各收入户的收入—支出关系均表现为正相关关系,因而具有相似性。其中,在 2000—2008 年,中下收入户、中等收入户、中上收入户、高收入户和最高收入户收入呈连续增加态势,同时支出也随之增加;最低收入户和低收入户存在两种情形：一是 2002 年的收入由于比 2001 年减少，其支出也相应减少；二是其余各年则是随着收入的增加而支出也发生相应的增加。

（二）不同收入阶层的消费倾向与收入关系比较

1. 平均消费倾向比较

利用表 3 - 1 所提供的 2000—2008 年城镇各收入阶层的平均消费倾向数据，就可以比较各收入阶层的平均消费倾向，对此，可以总结出以下三个特点：

第一，从总的趋势来看，在 2000—2008 年，各收入户的平均消费倾向随着收入的增加而有波动，2004 年后则都呈递减趋势，并且数值均大于 0 小于 1。

第二，在 2000—2008 年的任何年份，均存在收入水平等级高的城镇家庭，其平均消费倾向低于收入水平等级低的城镇家庭的情形。以 2008 年为例，最低收入户、低收入户、中下收入户、中等收入户、中上收入户、高收入户和最高收入户的平均消费倾向依次为 0.9450、0.8414、0.7840、0.7390、0.6916、0.5850 和 0.6187。

第三，从最低收入户到高收入户的平均消费倾向变化幅度存在以下规律，即收入水平越低的阶层，其变化幅度越小。具体来说，最低收入户的平均消费倾向在 0.9450—0.9975 之间波动，波动幅度为 0.0525，低收入户的平均消费倾向在 0.8414—0.9013 之间波动，波动幅度为 0.0599，中低收入户的平均消费倾向在 0.7840—0.8528 之间波动，波动幅度为 0.0688，中等收入户的平均消费倾向在 0.7390—0.8192 之间波动，波动幅度为 0.0802，中上收入户的平均消费倾向在 0.6916—0.7873 之间波动，波动幅度为 0.0957，高收入户的平均消费倾向在 0.5850—0.7579 之间波动，波动幅度为 0.1729。最高收入户有点例外，其平均消费倾向在 0.6187—0.6976 之间波动，波动幅度为 0.0789。

2. 边际消费倾向比较

表 3 - 2 提供了 2000—2008 年城镇各收入阶层的边际消费倾向数据。据此，可以比较各收入阶层的平均消费倾向。比较各收入阶层的边际消费倾向，可以总结出以下三个特点：

第一，在 2000—2008 年，随着收入水平的提高，各收入阶层的边际消费倾向的变化规律是不确定的,除 2007 年高收入户的边际消费倾向小于 0 外,其余各年各收入户的边际消费倾向均大于 0。

第二,除 2001 年和 2004 年的最低收入户的边际消费倾向大于 1,以及 2002 年的中等收入户、中上收入户、高收入户的边际消费倾向大于 1 外,其余各年各收入户的边际消费倾向的数值均大于 0 小于 1。

第三,就各收入户的边际消费倾向的变化幅度来说,最低收入户的边际消费倾向在 0.6601—1.1408 之间波动,波动幅度为 0.4807,低收入户的边际消费倾向在 0.5181—0.9282 之间波动,波动幅度为 0.4101,中下收入户的边际消费倾向在 0.3490—0.8962 之间波动,波动幅度为 0.5472,中等收入户的边际消费倾向在 0.4868—1.2229 之间波动,波动幅度为 0.7361,中上收入户的边际消费倾向在 0.4854—1.0212 之间波动,波动幅度为 0.5358,高收入户的边际消费倾向在 -0.1099—1.0404 之间波动,波动幅度为 1.1503。最高收入户的边际消费倾向在 0.2569—0.8107 之间波动,波动幅度为 0.5538。由此可以看出,除高收入户的波动幅度较大且大于 1 外,其余各收入户的波动幅度在 0 与 1 之间。

第二节 2000—2008 年农村不同收入
阶层的消费特征及比较

本节基于农村按五等分组的居民家庭收入与支出统计资料,通过分析和比较 2000—2008 年农村居民各收入阶层的收入和支出关系、平均消费倾向和边际消费倾向,并试图找出一些有规律性的东西,进而提出一些相应的政策建议。

一、农村不同收入阶层的收入与支出关系和消费倾向

在国家统计局的统计资料中,农村居民家庭按收入水平划分为五个组别,由低到高依次为低收入户、中低收入户、中等收入户、中高收入户、高收入户。依此为基准,可以分别分析这些收入阶层的消费特征,主要是支出、平均消费倾向和边际消费倾向与收入的关系。表 3-4 和表 3-4 分别给出了 2000—

2008 年农村五个收入阶层的平均消费倾向和边际消费倾向变化情况。① 下面
分别加以具体分析和比较分析：

表 3 - 3　2000—2008 年农村各收入阶层的平均消费倾向

年份	低收入户	中低收入户	中等收入户	中高收入户	高收入户
2000	1.2182	0.8563	0.7490	0.6784	0.5946
2001	1.2127	0.8545	0.7511	0.6731	0.5978
2002	1.1741	0.8467	0.7601	0.5129	0.5937
2003	1.2297	0.8575	0.7623	0.6827	0.5917
2004	1.2398	0.8583	0.7568	0.6818	0.5958
2005	1.4508	0.9479	0.8165	0.7192	0.5929
2006	1.3740	0.9177	0.8156	0.7265	0.6226
2007	1.3740	0.9141	0.8031	0.7179	0.6123
2008	1.4300	0.9038	0.7819	0.7070	0.6070

数据来源：根据《中国统计年鉴》(2001—2009 年)的相关数据计算得到。

表 3 - 4　2000—2008 年农村各收入阶层的边际消费倾向

年份	低收入户	中低收入户	中等收入户	中高收入户	高收入户
2000	—	—	—	—	—
2001	0.7511	0.7887	0.8199	0.5301	0.6523
2002	0.4336	0.6634	0.9651	-2.5356	0.5351
2003	-2.1973	1.4816	0.8508	5.3538	0.5554
2004	1.3343	0.8671	0.6884	0.6666	0.7305
2005	7.9307	2.1490	1.5464	1.1555	0.5594
2006	0.5375	0.5275	0.8043	0.8116	1.0382
2007	1.3733	0.8778	0.6709	0.6215	0.4775
2008	2.8784	0.7576	0.5293	0.5525	0.5359

数据来源：根据《中国统计年鉴》(2001—2009 年)的相关数据计算得到。

---

① 表 3 - 3、表 3 - 4 中的数据以 2000 年为基期，利用农村居民消费价格指数进行了平减。

（一）低收入户的支出、平均消费倾向和边际消费倾向与收入的关系

从图 3－15 可以看出,在 2002—2008 年,低收入户的收入和支出是逐年增加的。也就是说,低收入户的收入和支出呈正相关关系。

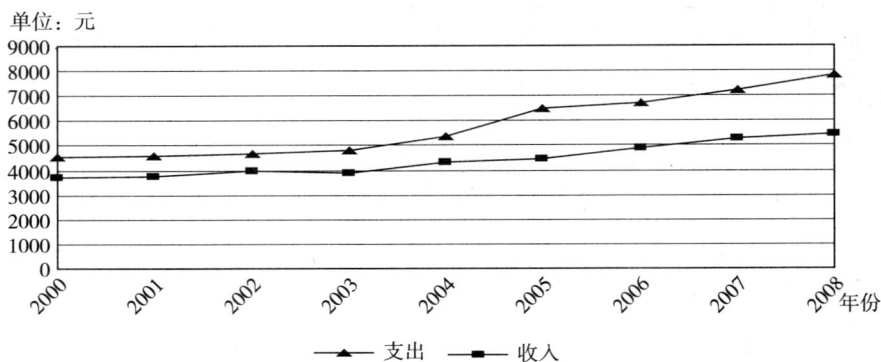

图 3－15　低收入户 2000—2008 年收入和支出变化趋势

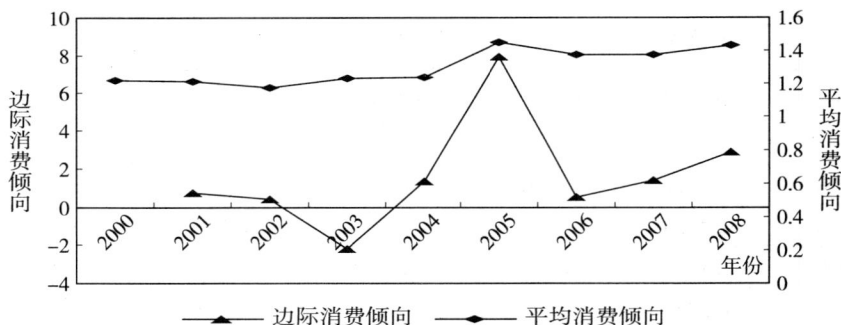

图 3－16　低收入户 2000—2008 年平均消费倾向和边际消费倾向变化趋势

从图 3－15(根据表 3－3、表 3－4 中相关数据绘制)可以看出,在 2000—2002 年和 2005—2006 年,低收入户的平均消费倾向随着收入的增加而递减,而在 2002—2005 年和 2006—2008 年,其平均消费倾向随着收入增加而递增。此外,低收入户的平均消费倾向的数值均大于 1 也是一个重要特征,即低收入户的各年支出均超过当年的收入。对这一人不敷出情形的唯一可能的解释是,农村低收入户的收入过低,根本不能满足其最低的维生支出。

而低收入户的边际消费倾向与收入之间的关系则是不确定的:在 2001—2003 年和 2005—2006 年其边际消费倾向随收入的增加而减少,即边际消费倾向与收入呈负相关关系。而在 2003—2005 年和 2006—2008 年其边际消费倾向随着收入的增加而增加,即边际消费倾向与收入呈正相关关系。就边际消费倾向的数值来说,除 2003 年为负数外,其余各年始终为正数,但波动幅度大,最大值为 7.9307,最小值为 0.4336,波动幅度为 7.4971。

(二)中低收入户的支出、平均消费倾向和边际消费倾向与收入的关系

从图 3‑17 中可以看出,在 2000—2008 年,中低收入户的收入和支出是逐年增加的。也就是说,中低收入户的收入和支出呈正相关关系。

从图 3‑18(根据表 3‑3、表 3‑4 中相关数据绘制)可以看出,在 2000—2002 年和 2005—2008 年,中低收入户的平均消费倾向随着收入的增加而递减,而在 2002—2005 年,其平均消费倾向随着收入增加而递增。此外,中低收入户的平均消费倾向的数值均在 0 和 1 之间。

而中低收入户的边际消费倾向与收入之间的关系则是不确定的:在 2001—2002 年、2003—2004 年、2005—2006 年和 2007—2008 年,其边际消费倾向随收入的增加而减少,即边际消费倾向与收入呈负相关关系,而在 2002—2003 年、2004—2005 年和 2006—2007 年,其边际消费倾向随着收入的增加而增加,即边际消费倾向与收入呈正相关关系。就边际消费倾向的数值来说,其值则始终为正数,最大值为 2.1490,最小值为 0.5275,波动幅度为 1.6215。

(三)中等收入户的支出、平均消费倾向和边际消费倾向与收入的关系

从图 3‑19 中可以看出,在 2000—2008 年中等收入户的收入和支出是逐年增加的。也就是说,中等收入户的收入和支出呈正相关关系。

从图 3‑20(根据表 3‑3、表 3‑4 中相关数据绘制)可以看出,在 2000—2003 年和 2004—2005 年,随着收入的增加,中等收入户的平均消费倾向基本上呈递增趋势,在 2003—2004 年和 2005—2008 年,随着收入的增加,中等收入户的平均消费倾向基本上呈递减趋势。从其数值来看,其值基本上介于 0

单位: 元

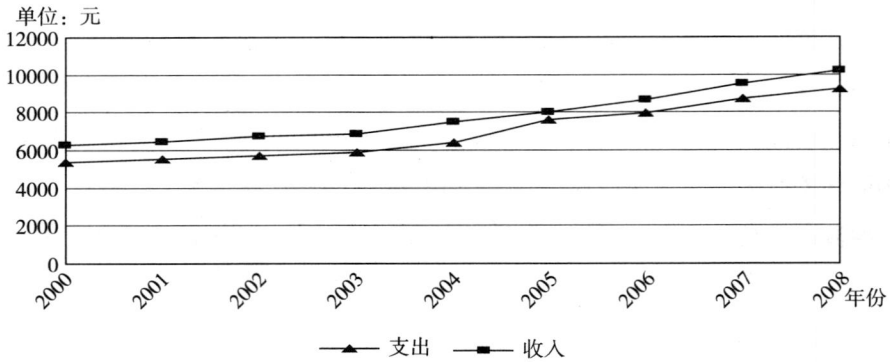

图 3‑17　中低收入户 2000—2008 年收入和支出变化趋势

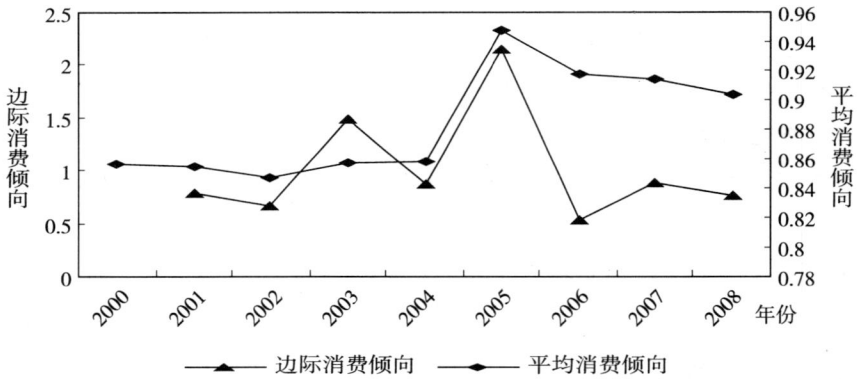

图 3‑18　中低收入户 2000—2008 年平均消费倾向和边际消费倾向变化趋势

和 1 之间。

而中等收入户的边际消费倾向与收入之间的关系则是不确定的:2001—2002 年和 2004—2005 年,其边际消费倾向随着收入的增加而递增,但在 2002—2004 年和 2005—2008 年,其边际消费倾向则是随着收入的增加而递减的。就边际消费倾向的数值来说,其值则始终为正数,最大值为 1.5464,最小值为 0.5293,波动幅度为 1.0171。

单位：元

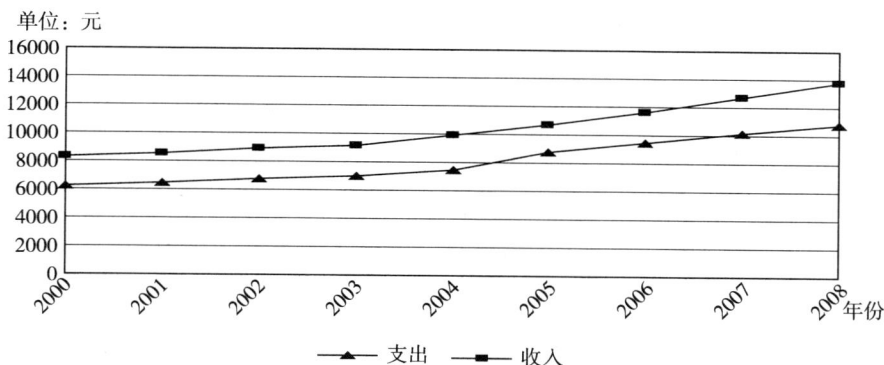

图3－19　中等收入户2000—2008年收入和支出变化趋势

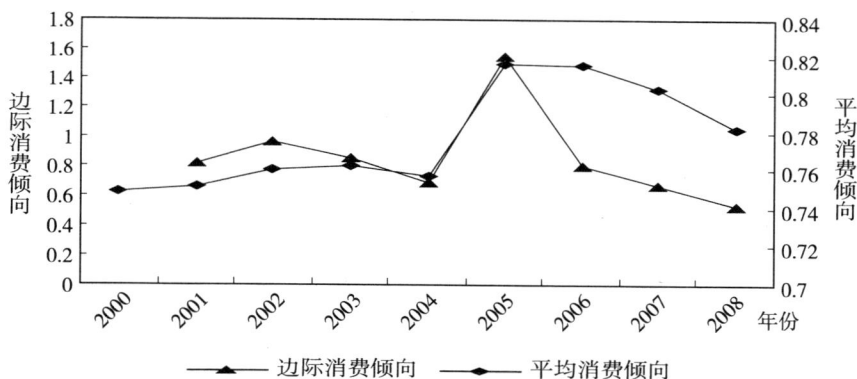

图3－20　中等收入户2000—2008年平均消费倾向和边际消费倾向变化趋势

（四）中高收入户的支出、平均消费倾向和边际消费倾向与收入的关系

从图3－21中可以看出，在2000—2008年中高收入户的收入和支出是逐年增加的。也就是说，中高收入户的收入和支出呈正相关关系。

从图3－22（根据表3－3、表3－4中相关数据绘制）可以看出，在2000—2002年，中高收入户的平均消费倾向随着收入增加基本上呈递减趋势，在2002—2008年，中高收入户的平均消费倾向随着收入增加基本上呈递增趋势。此外，中高收入户的平均消费倾向的数值均在0和1之间。

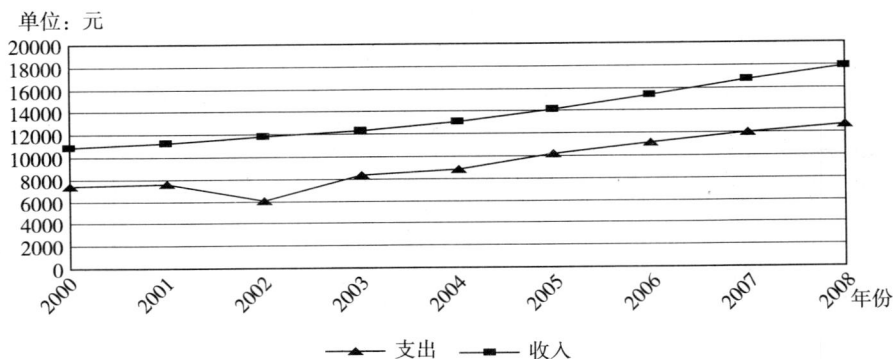

图 3‑21   中高收入户 2000—2008 年收入和支出变化趋势

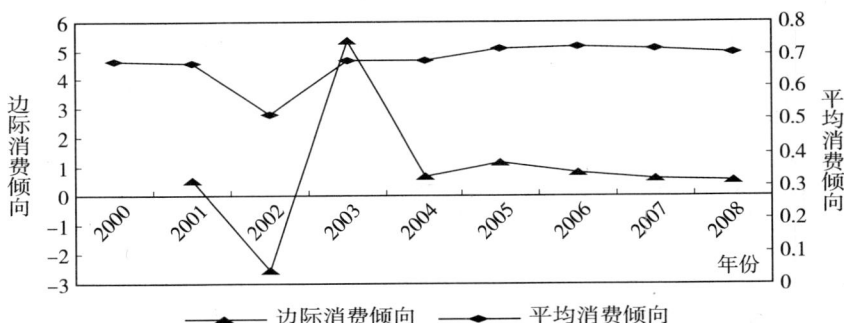

图 3‑22   中高收入户 2000—2008 年平均消费倾向和边际消费倾向变化趋势

而中高收入户的边际消费倾向与收入之间的关系则是不确定的:2001—2002 年、2003—2004 年和 2005—2008 年,其边际消费倾向随着收入的增加而递减,而在 2002—2003 年和 2004—2005 年,其边际消费倾向则是随着收入的增加而增加。就边际消费倾向的数值来说,除 2002 年的值为负外,其余各年的值始终为正数,但波动幅度大,最大值为 5.3538,最小值为 −2.5356,波动幅度为 7.8894。

(五)高收入户的支出、平均消费倾向和边际消费倾向与收入的关系

从图 3‑23 可以看出,在 2000—2008 年高收入户的收入和支出是逐年增加的。也就是说,高收入户的收入与支出呈正相关关系。

从图3-24(根据表3-3、表3-4中相关数据绘制)可以看出,在2000—2001年、2003—2004年和2005—2006年,随着收入的增加,高收入户的平均消费倾向上升,在2001—2003年、2004—2005年和2006—2008年,随着收入的增加,高收入户的平均消费倾向下降,其值介于0和1之间。

单位:元

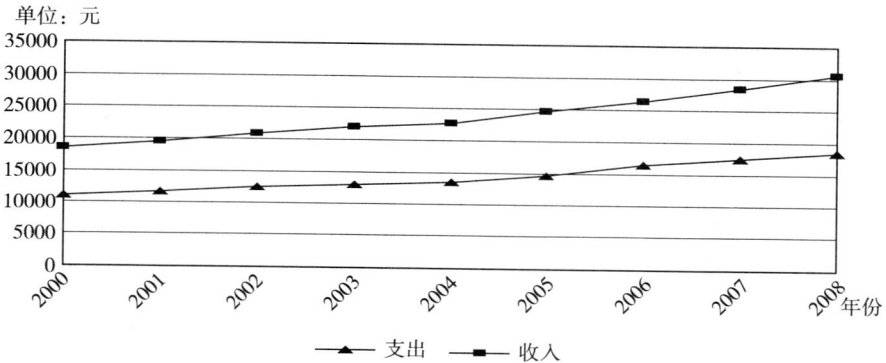

图3-23 高收入户2000—2008年收入和支出变化趋势

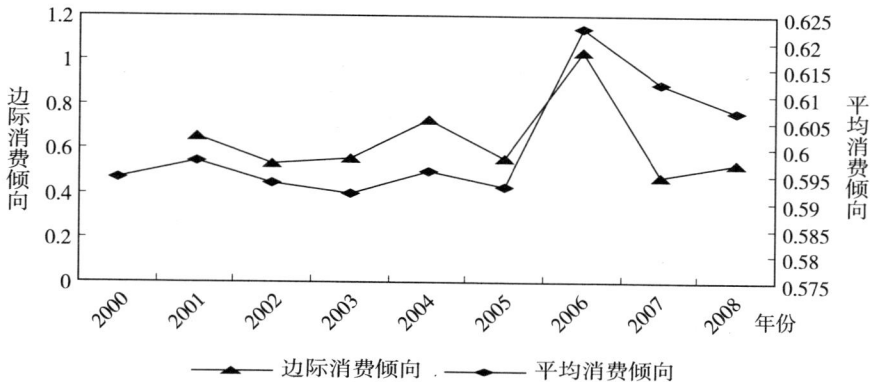

图3-24 高收入户2000—2008年平均消费倾向和边际消费倾向变化趋势

而高收入户的边际消费倾向与收入之间的关系则是不确定的:在2001—2002年、2004—2005年和2006—2008年,其边际消费倾向随着收入的增加而减少，而在 2002—2004 年和 2005—2006 年其边际消费倾向则是随着收入的增加而增加。就边际消费倾向的数值来说，除 2006 年大于 1 外，其余各年的值介于 0 和 1 之间，最大值为 1.0382，最小值为 0.4775，波动幅度为 0.5607。

二、不同收入阶层的支出、平均消费倾向和边际消费倾向与收入的关系比较

由前述分析可知，在 2000—2008 年，除中高收入户 2002 年的支出低于 2001 年外，其农村各收入户的收入和支出均逐年递增，从而都呈现出正相关关系。以下就各收入阶层的消费倾向作一比较。

（一）平均消费倾向比较

利用表 3-3 提供的 2000—2008 年农村各收入阶层的平均消费倾向数据，就可以比较各收入阶层的平均消费倾向，并总结出以下三个特点：

第一，除低收入户的平均消费倾向大于 1 之外，包括中低收入户、中等收入户、中高收入户和高收入户在内的其余四类收入阶层，其平均消费倾向均介于 0 和 1 之间。

第二，在 2000—2008 年的任何年份，均存在收入水平等级高的农村家庭，其平均消费倾向低于收入水平等级低的农村家庭的情形。以 2008 年为例，低收入户、中低收入户、中等收入户、中高收入户和高收入户农村家庭的平均消费倾向依次为 1.4300、0.9038、0.7819、0.7070 和 0.6070。

第三，在 2000—2008 年的任何年份，均存在收入水平等级高的农村家庭，其平均消费倾向的波动幅度低于收入水平等级低的农村家庭的情形（中高收入户例外）。其中，低收入户的农村家庭的平均消费倾向变化幅度比较大，其值在 1.1741—1.4508 之间，波动幅度为 0.2767，而中低收入户、中等收入户、中高收入户和高收入户其值依次在 0.8467—0.9479、0.7490—0.8165、0.5129—0.7265 和 0.5917—0.6226，波动幅度则依次为 0.1012、0.0675、0.2136 和 0.0309。由此可以得出的结论是，农村家庭的收入水平越高，其平均消费倾向越稳定。

（二）边际消费倾向比较

利用表3-4所提供的2000—2008年农村各收入阶层的边际消费倾向数据,就可以比较农村各收入阶层的边际消费倾向,从中可以总结出以下三个特点:

第一,在2000—2008年,随着收入水平的提高,各收入阶层的边际消费倾向的变化规律是不确定的,除2002年中高收入户、2003年低收入户的边际消费倾向小于0外,其余各年各收入户的边际消费倾向均大于0。

第二,农村各收入阶层的边际消费倾向均出现了大于1的情形。这说明我国农村家庭的消费意愿受收入水平的影响比较大。具体而言,在很大程度上农村家庭不是不想消费现代商品和服务,而是消费不起。因此,只要收入水平上一个新台阶,农村的有效消费需求就会大大提高。

第三,就各收入户的边际消费倾向的变化幅度来说,低收入户的边际消费倾向在-2.1973—2.8784之间波动,波动幅度为5.0757,中低收入户的边际消费倾向在0.5275—2.1490之间波动,波动幅度为1.6215,中等收入户的边际消费倾向在0.5293—1.5464之间波动,波动幅度为1.0171,中高收入户的边际消费倾向在-2.5356—5.3538之间波动,波动幅度为7.8894,高收入户的边际消费倾向在0.4775—1.0382之间波动,波动幅度为0.5607。由此可以看出,除中高收入户外,其余各收入户的边际倾向变化存在收入水平越高,其边际消费倾向越稳定的规律。

（三）政策建议

解决中国内需不足的问题实际上是如何提高整个社会的平均消费倾向问题。根据以上对农村不同收入阶层的收入—支出关系和消费倾向的分析和比较,可以得出以下一些针对提高农村家庭的消费水平政策建议:

第一,调整现存收入分配制度中的不合理因素,充分发挥税收和转移支付等政府职能对收入分配的调节功能,提高农村低收入家庭的可支配收入水平。原因在于,低收入家庭的农村家庭,其收入水平尚不能满足基本生活需要,但平均消费倾向很高,在收入分配中提高他们的收入比例将会提高整个社会的平均消费倾向,即整个社会的消费率,从而最大限度地发挥政府转移支付对拉动消费的乘数作用。

第二,进一步完善农村社会保障体系,切实减少农村中低收入家庭的后顾之忧,并根据经济发展水平和财政负担能力,不断扩大社会保障的覆盖面和保障水平。原因在于,家庭收入水平越低,其面临的风险可能越大:一是面临的流动性约束风险大;二是职业和收入的不确定性。这也是收入水平等级越低的农村家庭,其平均消费倾向和边际消费倾向波动幅度就越大的原因。

第三,加大对农村义务教育、医疗、公共设施等社会公共福利的投入,减少农村家庭的预防性储蓄,提高人们的平均消费倾向和边际消费倾向。同中等收入户、中高收入户和高收入户相比,低收入户和中低收入户的边际消费倾向的波动幅度之所以比较大,就在于其风险预期比较大,具有较高的预防性储蓄倾向。这是因为,住房、教育、医疗等涉及百姓切身利益的重大改革措施的实施,对农村家庭的消费意愿和信心产生了巨大的影响,进而成为制约消费率稳定和提高的决定因素。

第四,支持和扶持职能与技术培训,以及服务业和劳动密集型产业的发展,打破垄断行业对民间投资的市场准入限制,增加拥有大部分财富而占人口比例不大的高收入家庭的投资机会并形成良好的投资预期,从而通过扩大就业机会,来切实提高农村低收入户和中低收入户的收入水平。农村各收入阶层的收入与支出关系表明,农村家庭的收入提高会引起其支出的提高。

第三节 中国城镇收入分配对城镇总体平均消费倾向影响的结构分解分析

理论上,研究收入分配对总体消费的影响涉及从微观到宏观的过渡问题。因此,简单的加总和"代表性消费者"的直接分析法都存在缺陷。本节以收入阶层为切入点,以总体平均消费倾向作为总体消费的衡量指标,构建收入分配对总体平均消费倾向影响的数学模型。在此基础上应用结构分解分析方法,实证分析 1995 年以来中国城镇收入分配对总体平均消费倾向的影响。

一、研究方法

消费包括居民消费和政府消费。其中,居民消费是主要的。[①] 提高居民消费水平有两种可能的途径:一是提高居民的收入水平[②];二是提高居民的总体平均消费倾向,因为在总体收入水平相同的条件下,总体平均消费倾向越高,总体消费水平也就越高。对于后者,显然要从收入分配的角度来理解。现有的关于收入分配与总消费关系的分析,大都只不过将现有消费理论的消费函数拓展到多个消费者[③],仍然继承了"代表性消费者"的分析方法,因此需要重新加以审视和探讨[④]。

众所周知,在消费研究中,单个居民的消费行为分析属于微观经济学范畴,居民总体消费则被归入宏观经济学领域。由此派生的问题是,如何把社会中所有单个人或单个家庭的消费行为加总为居民的总体消费行为。对于消费中的微观到宏观的过渡难题,现有消费理论采用了一种以"代表性消费者"为工作模型的简化处理方式。这种处理方式,"代表性消费者"的行为既是个体消费的经济行为,又是所有消费者的宏观经济行为。总体消费被视为某个消

---

① 以中国为例,1995—2008 年,居民消费占最终消费的比重在 72.6%—80.4% 之间波动,而政府消费则在 19.6%—27.4% 之间波动。

② 实际上,收入水平的提高能否引起总消费水平的提高取决于边际消费倾向是正值还是负值。经济学教科书中边际消费倾向通常被认为是一个介于 0 到 1 之间的数值。笔者认为,这是一个值得商榷的问题。问题出在消费函数的设定上,如果不直接设定消费函数,得出的结论就更具一般性。根据 $c = APC \cdot y$,所以 $\Delta c = \Delta APC \cdot y + APC \cdot \Delta y$, $\Delta c/\Delta y = (\Delta APC/APC)/(\Delta y/y) + APC$,在最后一个表达式中,左边即是边际消费倾向,而右边第一项则是平均消费倾向的收入弹性。显然,当平均消费倾向的收入弹性为负且其绝对值大于平均消费倾向(平均消费倾向显然大于 0)时,此时边际消费倾向为负值,也即随着收入水平的提高,总消费水平反而下降。统计资料也证明了这一点。2002 年,中国农村居民的边际消费倾向为 -0.375。

③ 比如,(1)Blinder, A. S. , "A Model of Inherited Wealth", *Quarterly Journal of Economics*, 1975 , Vol. 90 , No. 4 , pp. 608 -626. (2)Menchik, P. L, and David, M. "Income Distribution, Lifetime Savings and Bequests", *American Economic Review*, 1983 , Vol. 73 , No. 4 , pp. 672 -690.

④ Deaton, A. , *Unstanding Consumption*, Oxford University Press, 1992 , p. 36.

费者的决策过程的产物。如果"代表性消费者"确实存在，且其行为符合凯恩斯（Keynes）的绝对收入假说或杜森贝利（Duesenberry）的相对收入假说，那么，凯恩斯的绝对收入假说①或杜森贝利的相对收入假说②就会有政策效果。同样，如果"代表性消费者"与莫迪利安尼（Modigliani）的生命周期假说③和弗里德曼（Friedman）的持久收入假说④或霍尔（Hall）"随机游走"假说⑤，抑或与勒兰德（Leland）的"预防储蓄假说"⑥一致或相似，相应的政策效果自然就会显现出来。因此，这里的关键问题是真实社会中是否存在着比例大且在总体消费中起到主导作用的"代表性消费者"。显然，这取决于具体的国家或地区的收入分配状况。对于收入分配呈现或接近于正态分配的国家或地区来说，其庞大的中产阶层就是"代表性消费者"。而对于收入分配趋于偏态分配的国家或地区来说，这种"代表性消费者"可能并不存在。原因在于，收入分配出现偏态分布时，低收入阶层群体偏大，但收入规模偏小，中等收入阶层群体和收入规模均偏小，高收入阶层虽然收入规模偏大，但群体偏小，因而均不符合"代表性消费者"的要求。正如斯多克（Stoker）所指出的，在把微观变量加总为宏观变量时会遇到的"分配效应"问题，宏观消费函数的形式和系数不仅取决于微观函数的形式和系数，还取决于社会的收入分配特征。为了方便起见而使用的"代表性消费者"的处理方法是有问题的。⑦ 也就是

---

① Keynes, J. M. , *The General Theory of Employment, Interest, and Money*, Macmillan, 1936, p. 86.

② Duesenberry, J. S. , *Income, Saving, and the Theory of Consumption Behavior*, Harvard University Press, 1949, p. 109.

③ Modigliani, F. "Life Cycle, Individual Thrift, and the Wealth of Nations", *American Economic Review*, 1986, Vol. 76, No. 3, pp. 297 − 313.

④ Friedman, M. , *A Theory of the Consumption Function*, Princeton University Press, 1957, p. 233.

⑤ Hall, R. E. "Stochastic Implications of the Life Cycle Permanent Income Hypothesis: Theory and Evidence", *Journal of Political Economy*, 1978, Vol. 86, No. 6, pp. 971 − 987.

⑥ Leland, H. E. , "Saving and Uncertainty: The Precautionary Demand for Saving", *Quarterly Journal of Economics*, 1968, Vol. 82, No. 3, pp. 465 − 473.

⑦ Stoker, T. S. , "Simple Tests of Distributional Effects on Macroeconomic Equations", *Journal of Political Economy*, 1986, Vol. 94, No. 4, pp. 763 − 795.

说,以"代表性消费者"作为宏观分析前提的现有消费理论,由于隐含着所有居民或家庭的"同质性"假设,并不适合用来分析收入分配与总体消费之间的关系。

另一种替代的方法是对收入水平不同的消费者设定不同的消费函数,然后进行加总。这种方法理论上可行,但在实际应用上会极其困难。可以想象,如果考虑不同消费者存在异质性及相互影响,不同消费者面临的风险和流动性约束方面的差异,消费的时间不可分性等因素,则微观消费模型会变得极其复杂难解,加总也会遇到更多的问题。基于加总的困难和"代表性消费者"模型所存在的缺陷,坎贝尔(Campbell)和曼昆(Mankiw)直接从总消费函数入手,假设经济中存在着两类不同消费行为的消费者,建立了所谓的 λ 假说。①其中,一类消费者按照生命周期假说来选择各期消费路径,另一类消费者按照现期收入决定现期消费。

坎贝尔和曼昆的处理方法值得借鉴,可以引入到收入分配对总体消费的影响分析上,只不过消费者的分类要更细一些。② 具体来说,就是在聚类分析的基础上,将数目众多的个体消费者按收入等级划分为数目有限的不同收入阶层,并假定同一收入阶层的所有消费者的消费行为一致,阶层之间的消费行为则存在差异。这样一来,处理个体消费者之间的差异和相互影响就转化为处理阶层之间的差异和相互影响,可以称之为基于收入阶层的结构分析法。显然,在这种分析方法中,现有消费理论中的消费者微观经济行为分析方法依然有效,只不过在宏观处理上引入了结构分析。此外,为了避免加总的困难,尽量采用把统计资料和明确的数学模型结合起来的处理方法可以避免加总的困难。即是说,在分析过程中直接以各阶层的平均消费倾向代表各阶层的消费行为特征,而各阶层的平均消费倾向的决定则由理论和实证研究来完成。

---

① Campbell J. Y. and Mankiw, N. G. , " The Response of Consumption to Income, A Crosscountry Investigation",*European Economic Review*,1991, Vol. 35 ,No. 4 ,pp. 723－756.

② 系统理论表明,三维及以上高维空间可能会出现二维及以下空间所没有的定态,比如拟周期、混沌等。很明显,不同收入阶层的平均消费倾向可以通过相关统计资料计算获得。

此外,计量经济研究方法也在收入分配与总体消费关系的分析中得到广泛采用[1],但也大都集中总体消费与基尼系数的计量经济检验上,因而属于总量分析范畴[2],并不能详细地告诉我们,各收入阶层的收入分配地位是如何影响总消费的,进而使通过阶层间的收入转移来达到提高总体消费水平的政策缺乏针对性和着力点。

二、数学模型

假设将整个社会按收入由低至高划分为 n 个收入阶层,第 i 个阶层的消费支出为 c_i,可支配收入为 y_{di},则第 i 个阶层的平均消费倾向 APC_i 可以表示为:

$$APC_i = c_i/y_{di} \qquad\qquad (3.3.1)$$

同样,可得总体平均消费倾向 APC 为:

$$APC = c/y_d = \sum_{i=1}^{n} c_i \Big/ \sum_{i=1}^{n} y_{di} \qquad\qquad (3.3.2)$$

上式中,c、y_d 为总体消费支出和总体可支配收入。对式(3.3.2)进行如下变换:

$$APC = c/y_d = \sum_{i=1}^{n} c_i \Big/ \sum_{i=1}^{n} y_{di}$$

$$= \sum_{i=1}^{n} (c_i/y_{di}) \cdot (y_{di}/y_d) = \sum_{i=1}^{n} APC_i \cdot \rho_i \qquad\qquad (3.3.3)$$

式(3.3.3)中,$\rho_i = y_{di}/y_d$ 表示第 i 个阶层的可支配收入占总体可支配收入的比重。式(3.3.3)表明,总体平均消费倾向等于所有收入阶层的平均消费倾向与收入分配权重乘积的累加。显然,$\lambda_i = APC_i \cdot \rho_i/APC$ 就反映了第 i

---

① 例如,(1) Blinder, A. S., "A Model of Inherited Wealth", *Quarterly Journal of Economics*, 1975, Vol. 90, No. 4, pp. 608 – 626. (2) Musgrove, P. "Income Distribution, and the Aggregate Consumption Function", *Journal of Political Economy*, 1980, Vol. 88, No. 3, pp. 504 – 525. (3) Stoker, Thomas, S. "Simple Tests of Distributional Effects on Macroeconomic Equations", *Journal of Political Economy*, 1986, Vol. 94, No. 4, pp. 763 – 795.

② 这方面的文献综述,参见袁志刚、朱国林:《消费理论中的收入分配与总消费》,《中国社会科学》2002 年第 2 期。

个阶层对总体平均消费倾向的影响程度。为了便于对不同收入阶层的比较,对 λ_i 进行归一化处理①,并称之为第 i 个收入阶层对总体平均消费倾向的影响因子,记为 f_i。f_i 的具体计算如下:

$$f_i = APC_i \cdot \rho_i / (APC\varphi_i) = \varphi_i w_i \qquad (3.3.4)$$

式(3.3.4)中,φ_i 为第 i 个阶层的个体数占总个体数的比例,而 ρ_i/φ_i 则反映了阶层经过归一化处理后在收入分配中所处的地位,这里称之为收入分配的相对地位,并记为 w_i。φ_i 为第 i 个阶层的平均消费倾向与总体平均消费倾向之比,即 $\varphi_i = APC_i/APC$,这里称之为第 i 个阶层的相对平均消费倾向。由式(3.3.4)可知,f_i 与该收入阶层的相对平均消费倾向 φ_i,以及该收入阶层在收入分配中的相对地位 w_i 成正比。因此,式(3.3.4)反映了收入分配对总体平均消费倾向的影响。

以上是收入分配对总体平均消费倾向影响的静态分析。下面考虑总体可支配收入不变,收入分配状况发生变化时对总体平均消费倾向的影响,即比较静态分析。

对式(3.3.3)两边求增量,可得:

$$\Delta APC = \sum_{i=1}^{n} \Delta APC_i \cdot \rho_i + \sum_{i=1}^{n} APC_i \cdot \Delta \rho_i \qquad (3.3.5)$$

式(3.3.5)中,ΔAPC、ΔAPC_i 和 $\Delta \rho_i$ 分别为由于收入分配引起的总体平均消费倾向的变化量、第 i 个阶层的平均消费倾向的变化量和收入分配权重的变化量。利用式(3.3.5)就可以分析收入分配发生变化时,总体平均消费倾向的变化。为了便于分析,将式(3.3.5)写成下式:

$$\Delta APC = \sum_{i=1}^{n} APC_i \cdot \rho_i [(\Delta APC_i / APC_i) + (\Delta \rho_i / \rho_i)] \qquad (3.3.6)$$

为了方便实证分析,引入第 i 个阶层的平均消费倾向的收入弹性 σ_i,定义为:

---

① 归一化的目的主要是考察某一经济指标与这一阶层的个体规模的匹配程度。比如,当占户数规模总数为20%的某一阶层,其收入分配相对地位指标为1时,就说明该阶层的收入在总收入中也占20%。

$$\sigma_i = (\Delta APC_i / APC_i) / (\Delta y_{di} / y_{di}) \tag{3.3.7}$$

由式(3.3.7)可知,σ_i 的经济含义是,当第 i 个阶层的收入发生变化时,其平均消费倾向变化的程度。在总体可支配收入不变时,又有:

$$\Delta \rho_i / \rho_i = (\Delta y_{di} / y_d) / (y_{di} / y_d) = \Delta y_{di} / y_{di} \tag{3.3.8}$$

这样一来,式(3.3.6)可简化为:

$$\Delta APC = \sum_{i=1}^{n} APC_i \cdot \Delta \rho_i (1 + \sigma_i) \tag{3.3.9}$$

记 $AAPC_i = APC_i \cdot (1 + \sigma_i)$,并称之为第 i 个阶层的收入分配效应下的平均消费倾向。将 $AAPC_i$ 代入式(3.3.9),可得:

$$\Delta APC = \sum_{i=1}^{n} AAPC_i \cdot \Delta \rho_i \tag{3.3.10}$$

假设收入分配变化是有序的,只有两种可能情形:一是由收入水平高的阶层向收入水平低的阶层发生转移,即社会的收入分配状况得到了改善;二是由收入水平低的阶层向收入水平高的阶层发生转移,即社会的收入分配状况更加恶化。假设收入分配发生变化后,收入分配状况得到改善的(即 $\Delta \rho_i > 0$)收入阶层有 l 个,重新编号为 $1, 2, \cdots l$;收入分配状况不变的(即 $\Delta \rho_i = 0$)收入阶层有 m 个,重新编号为 $l+1, l+2, \cdots l+m$;收入分配状况变差的(即 $\Delta \rho_i < 0$)收入阶层有 p 个,重新编号为 $l+m+1, l+m+2, \cdots n$。显然,l、m 和 p 满足 $l+m+p=n$。此时,

$$\Delta APC = \sum_{i=1}^{l} AAPC_i \cdot \Delta \rho_i + \sum_{i=l+m+1}^{n} AAPC_i \cdot \Delta \rho_i \tag{3.3.11}$$

显然,式(3.3.11)不能给出收入分配变动对总平均消费影响的明确结论。但如果收入分配得到改善的阶层,其 $AAPC_i$ 均不小于收入分配变差阶层的 $AAPC_i$,那么,整个社会的总消费水平将会提高,反之,则会降低。即有下面的命题1:

命题1　如果收入分配得到改善的阶层,其收入分配效应下的平均消费倾向均不小于(大于)收入分配变差的阶层,则总体消费平均消费倾向将会提高(降低)。这是因为,根据收入分配发生变化,总可支配收入不变,可得:

$$\sum_{i=1}^{l} \Delta\rho_i + \sum_{i=l+m+1}^{n} (\Delta\rho_i) = 0, \text{即} \sum_{i=1}^{l} \Delta\rho_i = \sum_{i=l+m+1}^{n} (-\Delta\rho_i) > 0 \qquad (3.3.12)$$

因此,式(3.3.12)可以写为:

$$\Delta APC = \sum_{i=1}^{l} AAPC_i \cdot \Delta\rho_i - \sum_{i=l+m+1}^{n} AAPC_i \cdot (-\Delta\rho_i) \qquad (3.3.13)$$

取 $AAPC_{\min} = \min(AAPC_1, AAPC_2, \cdots AAPC_l)$,以及

$$AAPC_{\max} = \max(AAPC_{l+m+1}, AAPC_{l+m+2}, \cdots AAPC_n)$$

根据命题 1 的假定,显然 $AAPC_{\min} \geqslant AAPC_{\max}$,从而

$$\Delta APC = \sum_{i=1}^{l} AAPC_i \cdot \Delta\rho_i - \sum_{i=l+m+1}^{n} AAPC_i \cdot (-\Delta\rho_i)$$

$$\geqslant AAPC_{\min} \sum_{i=1}^{l} \Delta\rho_i - AAPC_{\max} \sum_{i=l+m+1}^{n} (-\Delta\rho_i) =$$

$$(AAPC_{\min} - AAPC_{\max}) \sum_{i=1}^{l} \Delta\rho_i \geqslant 0 \qquad (3.3.14)$$

三、1995—2008 年城镇各收入阶层对城镇总体平均消费倾向影响的实证分析

(一)数据说明和处理

对于收入的规模分配,国际的通行做法是以个人为基本计算单位。这里基于数据的可获得性,依照国家统计局《中国统计年鉴》的标准,以家庭为基本计算单位,这一做法可能比较符合中国社会的文化背景,因为中国传统文化一直强调以家庭为中心的集体主义,而不是像西方那样强调以个人为中心的个人主义。同时,中国家庭内部成员之间的分配方式更多地是服从伦理传统而不是市场原则。由于以"家庭"作为最小收入单元,家庭之间的收入差异以家庭可支配总收入来衡量。具体计算时,各收入阶层的家庭可支配总收入＝家庭平均每人可支配收入×家庭人口规模。

在阶层划分上,根据国家统计局的统计口径,城镇按收入水平由低至高的次序将城镇家庭分为最低收入户、低收入户、中等偏下收入户、中等收入户、中等偏上收入户、高收入户和最高收入户七个阶层。

(二)城镇各收入阶层对城镇总体平均消费倾向影响的静态分析

1.1995—2008 年各收入阶层的收入分配地位

表 3－5 是 1995—2008 年城镇各收入阶层在收入分配中所处地位的演变情况。从表 3－5 中可以看出,最低收入户、低收入户、中下收入户和中等收入户在收入分配中的地位呈总体下降趋势,其地位强度分别由 1995 年的 0.561、0.695、0.801 和 0.950 下降到 2008 年的 0.339(最低值为 0.333)、0.508(最低值为 0.498)、0.669(最低值为 0.662)和 0.866(最低值为 0.858)。与此相对照,高收入户和最高收入户在收入分配中地位持续上升,其地位强度分别由 1.308 和 1.672 上升到 1.474(最高值为 1.474)和 2.347(最高值为 2.416)。中上收入户是唯一一个收入分配地位与其户数规模比较相匹配的收入阶层,基本保持在 1.12—1.142 之间。

表 3－5 1995—2008 年城镇各收入阶层在收入分配中的相对地位

年份	最低收入户	低收入户	中下收入户	中等收入户	中上收入户	高收入户	最高收入户
1995	0.561	0.695	0.801	0.950	1.120	1.308	1.672
1996	0.550	0.694	0.806	0.948	1.124	1.309	1.693
1997	0.535	0.617	0.811	0.955	1.135	1.342	1.705
1998	0.520	0.676	0.809	0.983	1.151	1.367	1.803
1999	0.498	0.646	0.778	0.954	1.138	1.352	1.760
2000	0.482	0.630	0.773	0.945	1.134	1.381	1.805
2001	0.463	0.614	0.757	0.932	1.142	1.382	1.879
2002	0.363	0.535	0.693	0.889	1.134	1.437	2.235
2003	0.352	0.520	0.672	0.881	1.120	1.446	2.337
2004	0.342	0.510	0.664	0.869	1.116	1.459	2.392
2005	0.333	0.498	0.662	0.862	1.168	1.466	2.416
2006	0.338	0.507	0.668	0.858	1.121	1.467	2.395
2007	0.346	0.518	0.676	0.864	1.118	1.456	2.364
2008	0.339	0.508	0.669	0.866	1.131	1.474	2.347

数据来源:根据《中国统计年鉴》(1996—2009 年)的有关数据计算得到。

2.1995—2008 年城镇各收入阶层对城镇总体平均消费倾向的影响因子

根据式(3.3.1)、式(3.3.2)和式(3.3.4)就可以计算各收入阶层对总体平均消费倾向的影响因子,表 3－6 是计算结果。

表 3－6　1995—2008 年城镇各收入阶层对总体平均消费倾向的影响因子

年份	最低收入户	低收入户	中下收入户	中等收入户	中上收入户	高收入户	最高收入户
1995	0.661	0.768	0.863	0.974	1.105	1.221	1.473
1996	0.663	0.768	0.865	0.974	1.109	1.229	1.454
1997	0.687	0.683	0.864	0.978	1.116	1.267	1.500
1998	0.631	0.763	0.864	1.050	1.127	1.305	1.564
1999	0.609	0.736	0.839	0.973	1.117	1.280	1.526
2000	0.580	0.713	0.830	0.965	1.122	1.307	1.576
2001	0.574	0.710	0.830	0.972	1.128	1.290	1.579
2002	0.460	0.610	0.755	0.931	1.133	1.391	1.960
2003	0.453	0.605	0.741	0.921	1.127	1.380	2.021
2004	0.448	0.595	0.737	0.907	1.106	1.375	2.083
2005	0.437	0.580	0.726	0.906	1.104	1.362	2.125
2006	0.439	0.590	0.730	0.893	1.103	1.370	2.134
2007	0.458	0.619	0.746	0.900	1.089	1.382	2.067
2008	0.450	0.600	0.736	0.898	1.098	1.210	2.038

数据来源:根据《中国统计年鉴》(1996—2009 年)的有关数据计算得到。

表 3－6 的时间序列数据表明,(1)最低收入户、低收入户、中下收入户和中等收入户四个收入阶层,对总体平均消费倾向的影响力越来越低;(2)中上收入户对总体平均消费倾向的影响力基本保持不变;(3)高收入户和最高收入户对总体平均消费倾向的影响力越来越大。而截面数据表明,(4)收入层次越低的阶层,对总体平均消费倾向的影响力也越低。而式(3.3.7)表明,某一收入阶层对总体平均消费倾向的影响取决于该阶层的相对平均消费倾向和收入分配相对地位两个因素。而两个因素影响的方向和程度则可以通过实证分析来完成。

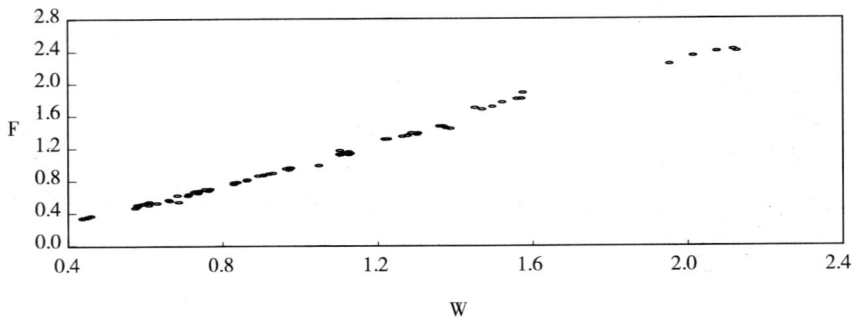

图 3 − 25   城镇各收入阶层的收入分配相对地位和对总体平均消费倾向影响因子散点图
注:F 代表各收入阶层的收入分配相对地位,W 代表对总体平均消费倾向的影响因子。
数据来源:表 3 − 5、表 3 − 6。

(三)收入分配结构对总体平均消费倾向的实证分析

从图 3 − 25 中可以看出,1995—2008 年,各收入阶层对总体平均消费倾向的影响与其在收入分配中所处的地位呈正相关,演变趋势也一致。根据公式(3.3.7)可知,各收入阶层的收入分配相对地位和对总体平均消费倾向的影响因子存在相关关系,可利用表 3 − 5、表 3 − 6 所示的面板数据进行简单的相关系数分析来验证这一结论。表 3 − 7 是 SPSS 统计软件的输出结果。

表 3 − 7   相关系数分析情况

		各收入阶层的收入分配相对地位	各收入阶层对总体平均消费倾向的影响因子
各收入阶层的收入分配相对地位	Pearson 相关系数	1	0.997**
	相关系数的双侧检验	.	0.000
	样本数	98	98
各收入阶层对总体平均消费倾向的影响因子	Pearson 相关系数	0.997**	1
	相关系数的双侧检验	0.000	.
	样本数	98	98

注:＊＊表示在 0.01 的水平下显著相关。

由表 3 − 7 可知各收入阶层的收入分配相对地位和各收入阶层对总体平

均消费倾向的影响因子的 Pearson 相关系数为 0.997,说明两者存在正相关关系。而且,在 0.01 的水平下显著相关。因此,可以得出结论,中国城镇的收入分配结构显著影响了它的总体消费水平。结合上述研究表 3－5 所得出的结论,可以认为,中国城镇收入分配的越来越不平等阻碍了城镇总体消费倾向的提高。也就是说,影响城镇总体消费倾向的,不是平均消费倾向高的中低收入阶层,而是平均消费倾向低的高收入阶层(见图 3－26)。其政策含义是,合理调节收入分配,是可以提高城镇居民总体消费倾向的。

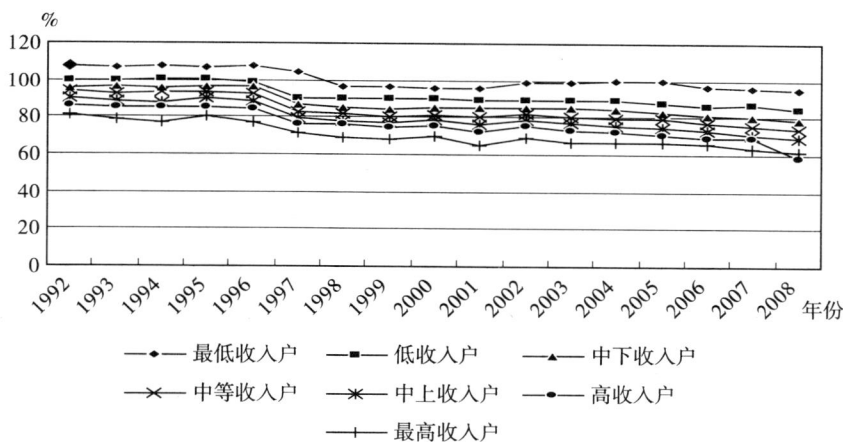

图 3－26　1995—2008 年各收入阶层的平均消费倾向

数据来源:根据《中国统计年鉴》(1996—2009 年)的有关数据计算得到。

(四)提高居民总体平均消费倾向的收入分配调节

根据式(3.3.7)就可以计算各收入阶层平均消费倾向的收入弹性,表 3－8 是计算结果。

表 3－8　1996—2008 年城镇各收入阶层平均消费倾向的收入弹性[a]

年份	最低收入户	低收入户	中下收入户	中等收入户	中偏上收入户	高收入户	最高收入户
1996	0.09	-0.14	-0.04	-0.12	-0.15	-0.08	-0.36
1997	-0.29	-2.79[b]	-0.76	-0.72	-0.71	-0.60	-0.52

年份	最低收入户	低收入户	中下收入户	中等收入户	中偏上收入户	高收入户	最高收入户
1998	11.89[c]	0.04	-0.69	-0.34	-0.57	-0.12	-0.40
1999	-0.10	-0.08	-0.13	-0.26	-0.13	-0.27	-0.20
2000	-0.20	0.08	0.15	0.19	0.27	0.10	0.18
2001	0.07	-0.14	-0.11	-0.13	-0.36	-0.54	-0.61
2002	-0.17	0.03	-0.26	0.77	0.38	0.45	0.24
2003	-0.04	0.01	-0.09	-0.24	-0.15	-0.34	-0.25
2004	0.10	-0.04	-0.02	-0.10	-0.22	-0.18	-0.01
2005	-0.06	-0.14	-0.18	-0.01	-0.11	-0.19	0.03
2006	-0.29	-0.19	-0.25	-0.34	-0.26	-0.19	-0.11
2007	-0.01	0.06	-0.10	-0.20	-0.34	-1.28[d]	-0.50
2008	-0.20	-0.41	-0.26	-0.24	-0.21	-0.66	-0.31

注:a. 表中的数据是按后向差分法计算得出的;b. 同低收入户的其他年份数据相比,这一数据可归入异常数据;c. 这一数据明显偏大,是由于1998年同1997年相比,最低收入户的家庭可支配总收入减少,同时平均消费倾向增加所致;d. 同高收入户的其他年份数据相比,这一数据可归入异常数据。

数据来源:根据《中国统计年鉴》(1996—2009年)的有关数据计算得到。

表3-9反映了1996—2008年城镇各收入阶层收入效应下的平均消费倾向。可利用表3-5和表3-9的数据,运用命题1来具体分析如何合理调节收入分配,以提高城镇总体平均消费倾向。

第一,如果剔除表3-9中第2行第2列和第12行第6列这两个异常数据,那么,在1996—2008年,城镇各收入阶层的收入效应下的平均消费倾向均大于零。

表3-9 1996—2008年城镇各收入阶层收入效应下的平均消费倾向(%)

年份	最低收入户	低收入户	中下收入户	中等收入户	中偏上收入户	高收入户	最高收入户
1996	117.60	85.17	92.29	80.99	75.07	77.37	49.22
1997	73.99	-160.76[a]	20.74	23.25	23.13	30.62	34.25

续表

年份	最低 收入户	低收入户	中下 收入户	中等 收入户	中偏上 收入户	高收入户	最高 收入户
1998	1248.53[b]	93.76	26.43	53.89	33.62	67.06	41.56
1999	86.73	82.63	73.65	59.50	67.36	54.49	54.70
2000	76.59	97.32	98.20	96.74	100.00	82.83	82.01
2001	102.71	76.94	75.51	70.12	48.92	33.23	25.37
2002	82.33	91.96	63.09	145.07	108.00	109.87	85.13
2003	95.01	90.24	77.12	61.07	65.72	48.40	49.85
2004	109.78	85.43	82.92	71.60	58.92	58.89	65.71
2005	93.38	75.58	68.11	78.71	66.47	56.98	68.57
2006	68.27	69.72	60.64	50.81	53.83	55.92	58.63
2007	95.42	92.14	71.92	60.70	46.38	−19.40[c]	31.70
2008	75.32	49.39	57.78	56.02	54.64	19.72	42.94

注:a. 这是一异常数据,原因同表 3−8 的注 b;b. 这一数据明显偏大的原因同表 3−8 的注 c;c. 这是一异常数据,原因同表 3−8 的注 d。

数据来源:根据表 3−8 和《中国统计年鉴》(1996—2009 年)的有关数据计算得到。

　　第二,从横截面数据看,包括最低收入户、低收入户在内的低收入阶层,其收入效应下的平均消费倾向均大于包括高收入户、最高收入户在内的高收入阶层。

　　第三,第一点和第二点表明,命题 1 的条件是满足的,因而根据命题 1 的结论,政府通过收入再分配,将高收入阶层的部分收入转移到低收入阶层将有助于城镇居民总体平均消费倾向的提高。

　　第四,表 3−5 的数据表明通过收入再分配抑制高收入阶层(特别是最高收入户)的收入,提高低收入阶层也有利于收入分配过分不平等状况的改善。

　　第五,1999—2008 年,包括中下收入户、中等收入户在内,占家庭规模总数 40% 的中低收入阶层,其收入效应下的平均消费倾向均大于包括高收入户、最高收入户在内的高收入阶层。因此这两个阶层之间的收入分配合理调节有助于城镇居民总体平均消费倾向的提高,也有助于扭转中低收入阶层的收入分配地位不断下降的趋势(参见表 3−5)。

四、结论

研究收入分配对总体消费的影响,本质上要求注重消费者之间的收入水平差异,以及由此差异带来的消费行为差异,从而从客观上排除了运用"代表性消费者"作为分析工具的可能性。而对所有消费者赋予不同的消费函数然后加总求解,理论上虽然可行,但其复杂程度却使其失去了应用意义。从这一点上说,基于收入分阶层的结构分析是一种折中的方法,也是一种新的尝试。这种折中表现在:一是以平均消费倾向表示消费者的消费行为特征,既避开了设定具体消费函数所遇到的非普适性问题,又存在能同时处理横向和纵向差异的灵活性;二是从收入分配结构的角度而不是收入分配的基尼系数的角度来处理收入分配对总体消费的影响,避免了总量分析法的粗略性。当然,其中的阶层划分是否合理,有待于其他学者的广泛讨论和深入研究。

综上可得出如下结论:其一,城镇各收入阶层对总体消费水平(总体平均消费倾向)的影响与其在收入分配中所处的地位呈正相关关系。对中国城镇的实证分析表明,随着收入分配的越来越不均等,总体消费水平越来越取决于平均消费倾向最低(参见表3-7)的、占总户数比例为20%的高收入阶层(包括最高收入户和高收入户)。以2008年为例,这一影响权重为48.3%(可由表3-6最后一行数据计算得出)。其二,决定城镇居民收入分配调节对总体平均消费倾向影响方向(即增加还是减少)的因素,不是城镇居民各阶层的平均消费倾向,而是城镇居民各阶层收入效应下的平均消费倾向。只要收入效应下的平均消费倾向随着收入等级的上升而递减,那么,提高城镇中低收入阶层的收入分配地位,抑制城镇高收入阶层的收入分配地位,将会提高总体平均消费倾向。

第四节　中国农村收入分配对农村总体平均
消费倾向影响的结构分解分析

农村人口在中国的比例较大,如果他们的消费水平有一个大幅度提高,其对经济增长和经济发展方式转变的贡献无疑不可小视。

一、农村各收入阶层对农村总体平均消费倾向影响的静态分析

（一）数据说明和处理

这里基于数据的可获得性，依照国家统计局《中国统计年鉴》的标准，采用以家庭为基本计算单位的做法。具体计算时，各收入阶层的家庭可支配总收入=家庭平均每人可支配收入×家庭人口规模。

在阶层划分上，根据国家统计局的统计口径，按收入水平由低至高的次序将农村家庭分为低收入户（20%）、中低收入户（20%）、中等收入户（20%）、中高收入户（20%）和高收入户（20%）五个阶层。

（二）2000—2008 年各收入阶层的收入分配地位

表 3 - 10 2000—2008 年农村各收入阶层在收入分配中的相对地位及其演变

年份	低收入户	中低收入户	中等收入户	中高收入户	高收入户
2000	0.3921	0.6587	0.8726	1.1380	1.9385
2001	0.3813	0.6503	0.8639	1.1337	1.9708
2002	0.3798	0.6415	0.8539	1.1294	1.9955
2003	0.3610	0.6306	0.8450	1.1312	2.0321
2004	0.3773	0.6512	0.8612	1.1344	1.9760
2005	0.3606	0.6478	0.8624	1.1401	1.9891
2006	0.3649	0.6467	0.8655	1.1474	1.9756
2007	0.3624	0.6551	0.8723	1.1506	1.9597
2008	0.3512	0.6540	0.8824	1.1498	1.9626

数据来源：根据《中国统计年鉴》（2001—2009 年）的有关数据计算得到。

从表 3 - 10 中可以看出，从 2000 年至 2008 年，低收入户和中低收入户在收入分配中的相对地位呈总体略微下降趋势，其地位强度分别由 2000 年的 0.3921、0.6587 下降到 2008 年的 0.3512、0.6540。与此相对照，包括中等收入户、中高收入户和高收入户在收入分配中的相对地位基本上保持不变。此外，收入水平等级越高的阶层，其在收入分配中的地位越强，这是 2000—2008 年的农村收入分配结构一个共同特点。

(三)2000—2008年农村各收入阶层对农村总体平均消费倾向的影响因子

根据式(3.3.1)、(3.2.2)和(3.2.4)就可以计算各收入阶层对总体平均消费倾向的影响因子,表3－11是计算结果。

表3－11   2000—2008年农村各收入阶层对总体平均消费倾向的影响因子

年份	低收入户	中低收入户	中等收入户	中高收入户	高收入户
2000	0.542	0.682	0.829	1.034	1.709
2001	0.527	0.673	0.827	1.034	1.755
2002	0.507	0.651	0.821	1.041	1.753
2003	0.498	0.648	0.813	1.032	1.773
2004	0.533	0.669	0.823	1.035	1.737
2005	0.554	0.688	0.843	1.035	1.654
2006	0.523	0.663	0.838	1.050	1.721
2007	0.529	0.668	0.835	1.051	1.706
2008	0.567	0.667	0.779	0.918	1.345

数据来源:根据《中国统计年鉴》(2001—2009年)的有关数据计算得到。

表3－11的时间序列数据表明,(1)低收入户、中低收入户和中等收入户三个收入阶层,对总体平均消费倾向的影响力偏低;(2)中高收入户对总体平均消费倾向的影响力基本保持不变;(3)高收入户对总体平均消费倾向的影响力偏高。而截面数据表明,(4)收入层次越低的阶层,对总体平均消费倾向的影响力也越低。以2007年为例,高收入户对农村总消费的影响力是低收入户的3倍多。而式(3.3.4)表明,某一收入阶层对总体平均消费倾向的影响取决于该阶层的相对平均消费倾向和收入分配相对地位两个因素。而两个因素影响的方向和程度则可以通过实证分析来完成。

二、农村收入分配结构对总体平均消费倾向的实证分析

从图3－27中可以看出,2000—2008年,农村各收入阶层对总体平均消费倾向的影响与其在收入分配中所处的地位呈正相关关系,演变趋势也一致。根

据式(3.3.4)可知,各收入阶层的收入分配相对地位和对总体平均消费倾向的影响因子存在相关关系,利用表3－10、表3－11所示的面板数据进行简单的相关系数定量分析以验证这一结论。表3－12是SPSS统计软件的输出结果。

由表3－12可知农村各收入阶层的收入分配相对地位和各收入阶层对总体平均消费倾向的影响因子的Pearson的相关系数为0.999,并且在0.01的水平下显著相关。因此,可以得出结论,中国农村的收入分配结构显著影响了它的总体消费水平。结合前面研究表3－10所得出的结论,就可以认为,中国农村收入分配的越来越不平等阻碍了农村总体消费倾向的提高。也就是说,影响农村总体消费倾向的,不是平均消费倾向高的中低收入阶层,而是平均消费倾向的高收入阶层(见图3－28)。其政策含义是,合理调节收入分配,是可以提高农村居民总体平均消费倾向的。

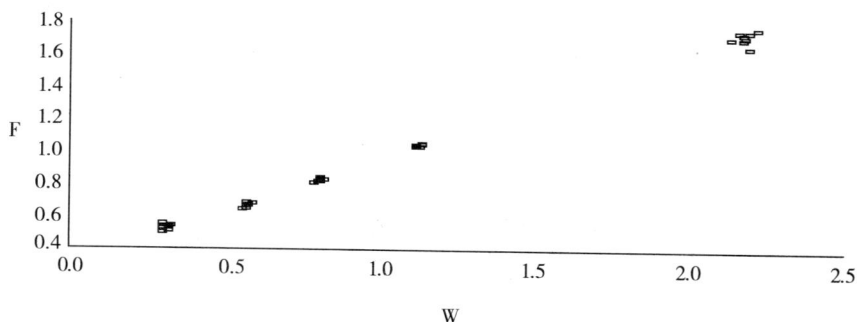

图3－27　农村各收入阶层的收入分配相对地位和对总体平均消费倾向影响因子散列图
注:F代表各收入阶层的收入分配相对地位,W代表对总体平均消费倾向的影响因子。
数据来源:表3－5、表3－6。

表3－12　相关系数分析情况

		各收入阶层的 收入分配相对地位	各收入阶层对总体平均 消费倾向的影响因子
各收入阶层 的收入分配 相对地位	Pearson 相关系数	1	0.999＊＊
	相关系数的双侧检验	.	0.000
	样本数	45	45

续表

		各收入阶层的收入分配相对地位	各收入阶层对总体平均消费倾向的影响因子
各收入阶层对总体平均消费倾向的影响因子	Pearson 相关系数	0.999**	1
	相关系数的双侧检验	0.000	.
	样本数	45	45

注:**表示在0.01的水平下显著相关。

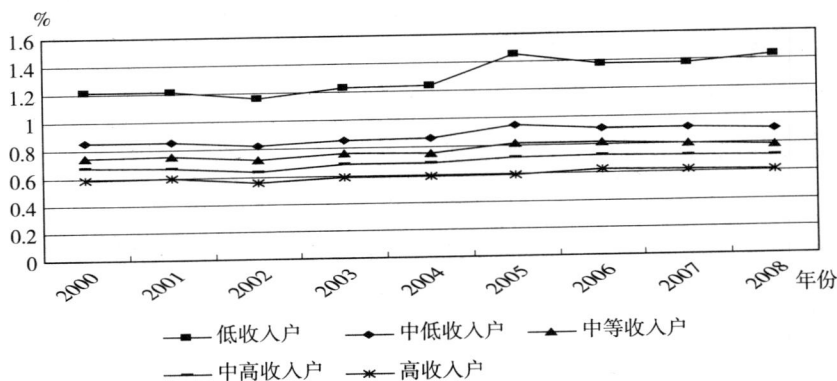

图3-28 2000—2008年农村各收入阶层的平均消费倾向

数据来源:根据《中国统计年鉴》(2001—2009年)的有关数据计算得到。

三、提高居民总体平均消费倾向的收入分配调节

根据式(3.3.7)就可以计算各收入阶层平均消费倾向的收入弹性,表3-13是计算结果。表3-14反映了2000—2008年农村各收入阶层收入效应下的平均消费倾向。可利用表3-14和表3-10的数据,运用命题1来具体分析如何合理调节收入分配,以提高农村总体平均消费倾向。

表3-13 2000—2008年农村各收入阶层平均消费倾向的收入弹性[a]

年份	低收入户	中低收入户	中等收入户	中高收入户	高收入户
2001	-0.211	-0.068	0.072	-0.173	0.081
2002	-1.044	-1.023	-1.047	-1.045	-1.086

续表

年份	低收入户	中低收入户	中等收入户	中高收入户	高收入户
2003	5.633	1.081	1.095	1.094	0.773
2004	0.052	0.009	−0.067	−0.013	0.080
2005	2.598	1.089	0.783	0.522	−0.048
2006	−0.568	−0.356	−0.026	0.097	0.561
2007	−0.006	−0.039	−0.107	−0.084	−0.134
2008	1.051	−0.156	−0.348	−0.235	−0.121

注:a. 表中的数据是按后向差分法计算得出的。
数据来源:根据《中国统计年鉴》(2001—2009 年)的有关数据计算得到。

表 3-14　2000—2008 年农村各收入阶层收入效应下的平均消费倾向(%)

年份	低收入户	中低收入户	中等收入户	中高收入户	高收入户
2001	0.957	0.796	0.805	0.556	0.646
2002	−0.051	−0.019	−0.034	−0.029	−0.048
2003	8.158	1.783	1.596	1.430	1.049
2004	1.303	0.866	0.705	0.673	0.643
2005	5.221	1.980	1.456	1.094	0.565
2006	0.594	0.591	0.794	0.796	0.972
2007	1.366	0.877	0.717	0.658	0.530
2008	2.933	0.763	0.510	0.541	0.534

数据来源:根据表 3-13 和《中国统计年鉴》(2001—2009 年)的有关数据计算得到。

　　从横截面数据看,剔除 2006 年的数据和 2002 年的低收入户数据后,包括低收入户、中低收入户和中等收入户在内的中低收入阶层,其收入效应下的平均消费倾向均大于高收入户这一高收入阶层,因而命题 1 的条件是满足的。这样一来,根据命题 1 的结论,政府通过收入再分配,将高收入阶层的部分收入转移到中低收入阶层有助于农村居民总体平均消费倾向的提高。而且,表 3-14 的数据还表明,通过收入再分配抑制高收入阶层(高收入户)的收入,提高中低收入阶层也有利于收入分配过度不平等状况的改善。

四、结论

综上可得出以下结论:其一,农村各收入阶层对总体消费水平(总体平均消费倾向)的影响与其在收入分配中所处的地位呈正相关关系。对中国农村的实证分析表明,随着收入分配的越来越不均等,总体消费水平越来越取决于平均消费倾向最低(参见表 3－11)的、占总户数比例为 20% 的高收入阶层(高收入户)。以 2008 年为例,这一影响权重为 35.6%(可由表 3－11 最后一行数据计算得出)。其二,决定农村居民收入分配调节对总体平均消费倾向影响方向(即增加还是减少)的因素,不是农村居民各阶层的平均消费倾向,而是农村居民各阶层收入效应下的平均消费倾向。只要收入效应下的平均消费倾向随着收入等级的上升而递减,那么,提高农村中低收入阶层的收入分配地位,抑制农村高收入阶层的收入分配地位,将会提高总体平均消费倾向。

第五节　中国城镇收入分配对城镇总体平均
消费倾向影响的计量经济分析

以城镇收入阶层为切入点,基于对总体平均消费倾向的分解,给出收入分配对总体平均消费倾向影响的理论模型。在此基础上,构建以非线性面板数据模型为子模型的计量经济模型,并对 1985—2008 年中国城镇家庭进行实证分析。

一、理论模型和计量模型

(一)理论模型

为便于分析,假定经济社会 t 期分为 n 个收入阶层,第 i 个收入阶层的个体数占总体数的比例为 rh_t^i($i = 1,2,\cdots n$)。

1. 单一阶层的平均消费倾向和总体平均消费倾向

假设 yd_t^i 为 t 期第 i 个收入阶层的可支配收入,c_t^i 为其平均消费支出,则 t 期第 i 个收入阶层的平均消费倾向 apc_t^i 可以表示为:

$$apc_t^i = c_t^i / yd_t^i \tag{3.5.1}$$

假设 t 期经济社会总体平均消费支出为 tc_t ,总体平均可支配收入为 yd_t ,则可得总体平均消费倾向 apc_t 为:

$$apc_t = tc_t/yd_t = \sum_{i=1}^{n} rh_t^i \cdot c_t^i / yd_t \qquad (3.5.2)$$

2. 某一阶层的平均消费倾向对总体平均消费倾向的影响

对式(3.5.2)作如下数学变换:

$$apc_t = tc_t^i/yd_t = \sum_{i=1}^{n} rh_t^i \cdot (yd_t^i/yd_t) \cdot (c_t^i/yd_t^i) \qquad (3.5.3)$$

记 $pid_t^i = rh_t^i \cdot yd_t^i/yd_t$,则它反映了 t 期第 i 个收入阶层的平均可支配收入在总体平均可支配收入中所占的比重,即其在收入规模分配中所处的分配地位。考虑到式(3.5.1)和式(3.5.2),则式(3.5.3)就可以简记为:

$$apc_t = tc_t^i/yd_t = \sum_{i=1}^{n} pid_t^i \cdot apc_t^i \qquad (3.5.4)$$

需要指出的是,从式(3.5.3)到式(3.5.4)不仅仅是简单的数学变换,它反映的是总体平均消费倾向的形成是以上各收入阶层的平均消费倾向及其收入分配地位共同作用的结果。同时,从式(3.5.4)可以看出, pid_t^i 也代表了 t 期第 i 个收入阶层的平均消费倾向对总体平均消费倾向的影响因子或贡献率。

3. 收入分配对总体平均消费倾向的影响

由式(3.5.4)可以看出,经济社会 t 期的总体平均消费倾向由四个因素决定:一是各收入阶层的个体数在总体中所占的比例即 rh_t^i 。显然,一旦收入阶层划分既定, rh_t^i 就是一个定值;二是各收入阶层的平均可支配收入即 yd_t^i ;三是整个社会的总体平均可支配收入即 yd_t ;四是各收入阶层的平均消费倾向即 apc_t^i 。在以上四个因素中,需要进一步探讨的只有第四个因素。根据式(3.5.1)可知, apc_t^i 取决于各收入阶层的平均消费支出 c_t^i 及其平均可支配收入 yd_t^i 。这样一来,我们实际需要关注的是 c_t^i 。对此,可以运用现有消费理论加以探究,综合现有消费理论以及现代计量经济分析中 Hendry 所提出的一般到简单模型的建模思想[1],假定各收入阶层的平均消费倾向与他们当期的收

---

[1] Hendry, D., *Dynamic Econometrics*. Oxford University Press, 1995, p. 105.

入水平相关,受过去消费习惯、通货膨胀、利息率、家庭负担轻重以及消费者之间存在"示范性效应"的影响。因此,apc_t^i 可以进一步表示为:

$$apc_t^i = f(yd_t^i, lap\,c_t^i, i\,m_t^i, pi_t, r_t, hdr_t^i, u_t^i) \tag{3.5.5}$$

式(3.5.5)中,$lap\,c_t^i$ 是第 i 个收入阶层的滞后期平均消费倾向组成的矩阵向量(这里暂不规定最大滞后期),$im_t^i = [im_t^{i1}, im_t^{i2}, \cdots im_t^{i(i-1)}, im_t^{i(i+1)}, \cdots im_t^{in}]$($i=1,2,\cdots n$),为 t 期第 i 个收入阶层受其他收入阶层消费行为影响的矩阵向量,im_t^i 为第 k($k \neq i$)个收入阶层的消费行为对第 i 个收入阶层的消费行为的影响,pi_t 为 t 期的通货膨胀率,r_t 为 t 期的利息率,hdr_t^i 为 t 期第 i 个收入阶层的家庭负担率。考虑到影响到各收入阶层消费需求因素的多样性以及这些因素相互影响,而模型本身的解释变量有限并基于研究对象,其他未纳入的影响因素均包含于 u_t^i 中。

(二)计量模型

考虑到我国 1978 年以来一直进行市场化改革,在这一进程中诸如价格、国有企业、教育、医疗和住房制度改革等因素无疑会对居民消费产生影响。为此,引入代表教育、医疗和住房制度改革这一虚拟解释变量(mr_t)来衡量以上一些因素对居民消费的影响,并将 apc_t^i 回归模型扩展如下形式:

$$apc_t^i = f(yd_t^i, lap\,c_t^i, i\,m_t^i, pi_t, r_t, mr_t, hdr_t^i) + \varepsilon_t^i \tag{3.5.6}$$

式(3.5.6)中,ε_t^i 为随机误差项,并且假定随机误差项是可加的。

代入式(3.5.6),可得式(3.5.5)的回归模型:

$$apc_t = \sum_{i=1}^n f(yd_t^i, lap\,c_t^i, i\,m_t^i, pi_t, r_t, mr_t, hdr_t^i) + \varepsilon_t \tag{3.5.7}$$

显然,$\varepsilon_t = \sum_{i=1}^n pid_t^i \cdot \varepsilon_t^i$。并且,$|\varepsilon_t| \leqslant \max(|\varepsilon_t^1|, |\varepsilon_t^2|, \cdots |\varepsilon_t^n|)$。这样一来,我们可以通过对各收入阶层的平均消费倾向 apc_t^i 即式(3.5.6)的回归,进而求和来获得式(3.5.7)的回归方程。也就是说,式(3.5.6)可视为式(3.5.7)的子模型,从而可以由式(3.5.7)探究收入分配对总体平均消费倾向的影响。从数据本身来说,这里所应用的数据是由各个收入阶层的时间序列数据组成的总数据,即面板数据(panel data)。面板数据模型,相对于一般的

线性回归模型,其长处在于它既考虑了横截面数据存在的共性,又能分析模型中横截面因素的个体特殊效应。①

此外,如果利用面板数据(panel data)模型②进行回归,则由于考虑到了各收入阶层之间可能存在的共性即示范性效应而使式(3.5.6)回归方程简化为:

$$apc_t^i = f(yd_t^i, lap\, c_t^i, pi_t, r_t, mr_t, hdr_t^i) + \varepsilon_t^i \tag{3.5.8}$$

为了便于计量处理,设定式(3.5.8)的面板数据模型如下:

$$apc_t^i = \delta_t^i + \alpha_t^i + \gamma_t^i + \beta_t^i \cdot x_t^i + e_t^i \tag{3.5.9}$$

式(3.5.9)中,$x_t^i = [\ln yd_t^i, \ln^2 yd_t^i, lap\, c_t^i, pi_t, r_t, mr_t, hdr_t]$ 为解释变量向量 $\beta_t^i = [\beta_t^{i1}, \beta_t^{i2}, \beta_t^{i3}, \beta_t^{i4}, \beta_t^{i5}, \beta_t^{i6}, \beta_t^{i7}]$ 为回归系数向量,δ_t^i 为常数,α_t^i 度量个体间的差异,γ_t^i 度量时间上的差异,e_t^i 为残差项。

式(3.5.9)中,考虑到 yd_t^i 的时间序列数值和横截面数值之间变化比较大,对其取对数后可以使其变得平稳些,而且也消除了使用回归模型时对度量单位的考虑③,因此式(3.5.9)中各收入阶层的平均可支配收入采用了对数形式。而且,各收入阶层的平均消费倾向和可支配收入的散列图表明,这两类变量之间的关系可能是非线性的,因此在式(3.5.9)中加入了各收入阶层可支配收入对数的平方项。此外,模型(3.5.9)中的解释变量中含有滞后期的被解释变量,属于一种动态面板数据模型。

考虑到各收入阶层之间可能存在的"示范性效应"、收入分配地位的关联性,以及市场化改革这一共同因素的影响,致使横截面数据存在一定的关联性,采用横截面似不相关回归(Cross-section SUR)权重来回归模型,即假设各个体回归方程的随机误差项存在同期相关和异方差。同时,采用两阶段最小二乘法(TSLS)来回归模型以处理单个个体回归方程本身的随机误差项与解释变量之间可能存在的相关,并引入自回归来消除可能存在的序

① 李雪松:《高级计量经济学》,中国社会科学出版社 2008 年版,第 207 页。

② Baltagi, B., *Econometrics Analysis of Panel Data.* John Wiley and Sons, 1995, p. 397.

③ Greene, W. H., *Econometric Analysis* (5th), Pearson Education, Inc, 2003, p. 468.

列相关。

面板数据模型有三种基本回归模型:联合回归模型;变截距模型(包括固定影响变截距模型和随机影响变截距模型);变系数模型(包括固定影响变系数模型和随机影响变系数模型)。[①] 对于以上三种模型的设定检验可运用下式(3.5.10)的 F_2 统计量和式(3.5.11)的 F_1 进行判断和选择:

$$F_2 = \frac{(S_3 - S_1)/[(N-1)(k+1)]}{S_1/[N \cdot T - N \cdot (k+1)]}$$

$$\sim F[(N-1)(k+1), N(T-k-1)] \qquad (3.5.10)$$

$$F_1 = \frac{(S_2 - S_1)/[(N-1)k]}{S_1/[N \cdot T - N \cdot (k+1)]} \sim F[(N-1)k, N(T-k-1)]$$

$$(3.5.11)$$

式(3.5.10)和式(3.5.11)中,S_1 为变系数模型的残差平方和,S_2 为变截距模型的残差平方和,S_3 为联合回归模型的残差平方和,N 为横截面上的个体数,T 为时期跨度,k 为解释变量个数。判别标准为,当计算所得的统计量 F_2 小于给定置信水平下的相应临界值时接受联合回归数据模型,否则继续计算 F_1。当计算所得的统计量 F_1 小于给定置信水平下的相应临界值时接受变截距模型,否则接受变系数模型。

当检验的模型是变截距模型或者是变系数模型时,还需要进一步确定这些模型是否应该包含固定影响,以及是应该选择固定影响还是选择随机影响。对于后者可以运用 Hausman 检验方法,对于前者,可运用下式(3.5.12)的 F_3 统计量进行判断和选择:

$$F_3 = \frac{(RSS_R - RSS_U)/q}{RSS_U/[N \cdot T - p]} \sim F[(q, N(T-p)] \qquad (3.5.12)$$

式(3.5.12)中,RSS_R 为模型中存在固定影响的残差平方和,RSS_U 为模型中不存在固定影响的残差平方和,N 为横截面上的个体数,T 为时期跨度,q 为受约束回归的约束个数(当检验个体固定影响时为 $N-1$,当检验时期固

[①] 高铁梅:《计量经济分析方法与建模——EViews 应用及实例》(第二版),清华大学出版社 2009 年版,第 321—343 页。

定影响时为 $T-1$,当检验个体时期固定影响时为 $N+T-2$),p 为个体或时期固定影响的模型中待估参数的个数。判别标准为,当计算所得的统计量 F_3 大于给定置信水平下的相应临界值时接受存在固定影响的假设。

对于变系数模型来说,各个体回归方程中的解释变量系数有些可能是相同的,有些可能是特定的,也可能全部是特定的。到底选择哪一种组合则需要进行判断。这里的判断基本标准是对以下几个统计量的综合衡量:(1)调整的可决系数 R^2 越大越好;(2)各解释变量回归系数的 t 统计值以 10% 作为最大置信水平;(3)残差平方和越小越好;(4)DW 统计量越接近于 2 越好。

此外,这些标准也是在由一般到特殊的计量建模过程中剔除解释力差的解释变量的判别标准。

一旦得到式(3.5.9)所表示的子模型的回归方程,就可以由式(3.5.7)得到经济社会总体平均消费倾向的回归方程,即

$$apc_t = \sum_{i=1}^{n} pid_t^i \cdot apc_t^i = \sum_{i=1}^{n} pid_t^i \cdot (\delta_t^i + \alpha_t^i + \gamma_t^i + \beta_t^i \cdot x_t^i) + e_t \quad (3.5.13)$$

式(3.5.13)中,$e_t = \sum_{i=1}^{n} pid_t^i \cdot e_t^i$ 为残差项,并且 $|e_t| \leq \max(|e_t^1|, |e_t^2|, \cdots |e_t^n|)$。

由式(3.5.13)就可以分析收入分配对总体平均消费倾向的影响,即收入分配地位的变化是如何影响总体平均消费倾向的。对此,只要求出被解释变量的收入分配地位的一阶偏导数即可,并考虑到 $yd_t^i = pid_t^i \cdot yd_t / rh_t^i$,可得:

$$\frac{\partial apc_t}{\partial pid_t^i} = apc_t^i + \beta_t^{i1} + 2\beta_t^{i2} \cdot \ln yd_t^i,\text{对于 } i=1,2,\cdots n \quad (3.5.14)$$

式(3.5.14)表示的是,总体平均消费倾向的变化量与引起这种变化的第 i 个收入阶层的收入分配地位变化量之比,这里称之为第 i 个收入阶层对总体平均消费倾向的边际影响。此外,考虑到各收入阶层的收入分配地位和总体可支配收入都是随时间变化的,因此必须考虑它们之间存在的交互效应①,即

① 实际上,各收入阶层的收入变化对总体平均消费倾向也存在影响,即收入效应。

跨层次效应[1](cross level effect)。对此,可以通过对式(3.5.14)求总体平均可支配收入的偏导数得到,即

$$\frac{\partial^2 apc_t}{\partial pid_t^i \cdot \partial yd_t} = \frac{\beta_t^{i1}}{yd_t} + \frac{2\beta_t^{i2} \cdot \ln yd_t^i}{yd_t} + \frac{2\beta_t^{i2}}{pid_t^i \cdot yd_t} \text{,对于 } i = 1,2,\cdots n \quad (3.5.15)$$

如果 $\frac{\partial^2 apc_t}{\partial pid_t^i \cdot \partial yd_t} > 0$,则意味着第 i 个收入阶层的收入分配地位和总体平均可支配收入对总体平均消费倾向的影响性质相同,即随着总体平均可支配收入的增加,第 i 个收入阶层的收入分配地位的改善会加强总体平均可支配收入对总体平均消费倾向的边际影响。反之,如果 $\frac{\partial^2 apc_t}{\partial pid_t^i \cdot \partial yd_t} < 0$,则意味着第 i 个收入阶层的收入分配地位和总体平均可支配收入对总体平均消费倾向的影响性质相反,即随着总体平均可支配收入的增加,第 i 个收入阶层的收入分配地位的恶化会加强总体平均可支配收入对总体平均消费倾向的影响。

二、实证分析

(一)数据来源和处理

基于数据的可获得性,依照国家统计局《中国统计年鉴》的标准,这里以家庭为基本计算单位。具体计算时,各收入阶层的代表性家庭可支配收入=家庭平均每人可支配收入×家庭人口规模,各收入阶层的代表性家庭消费支出=家庭平均每人消费支出×家庭人口规模。[2] 以家庭平均每一就业者负担人数作为家庭负担率。

在阶层划分上,根据国家统计局的统计口径,城镇按收入水平由低至高的次序将城镇家庭分为最低收入户、低收入户、中等偏下收入户、中等收入户、中等偏上收入户、高收入户和最高收入户七个阶层。

---

[1] Blakely, T. A. and Subranmanian, S. V., "Multilevel Studies Methods for Social Epidemiology", In Oakes M, Kaufmman J, eds, *Methods for Epidemiology*, San Franciso, 2005.

[2] 城乡各收入阶层的可支配收入和总体可支配收入使用了居民消费价格指数进行调整(1985 年=100)。考虑到各收入阶层的平均消费倾向是一个无量纲经济变量,则不需要进行调整。

考虑到数据的可获得性以及统计来源的唯一性,选取的城镇收入分配及消费数据时间跨度为 1985—2008 年。

(二)城镇各收入阶层的收入分配地位演变及其对总体平均消费倾向的影响

图 3－29 反映了 1985—2008 年我国城镇各收入阶层在收入分配中所处地位的演变情况。

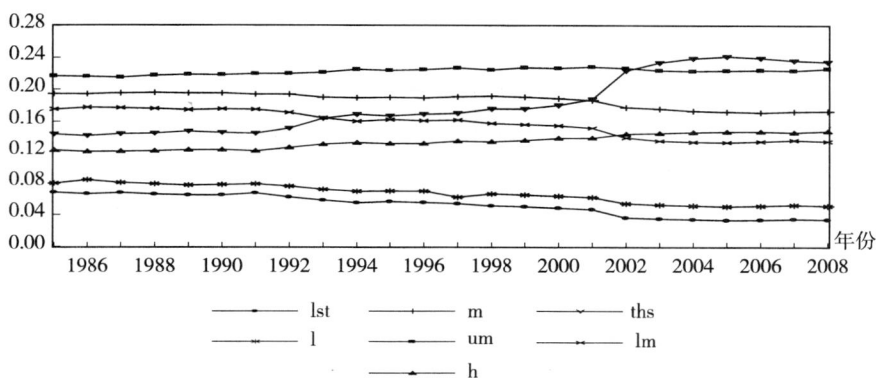

图 3－29　1985—2008 年的城镇各收入阶层收入分配地位

从图 3－29 可以看出:(1)最低收入户、低收入户、中下收入户和中等收入户的收入分配地位在 1985—2002 年呈总体下降态势,而在 2002—2008 年则在波动中呈总体上升态势,但仍低于 2001 年的水平;(2)中等偏上收入户、高收入户和最高收入户三个中高收入阶层的贡献率呈总体上升态势,其中,最高收入户的上升速度最大,高收入户次之,中等偏上收入户最小;(3)从横截面和相对的角度(这里的相对是指对图 3－29 中的数据进行归一化处理即将表中数据均除以对应的人口比例)来看,收入层次越低的阶层,其收入分配地位越低,反之,则越高。

图 3－30 反映了 1985—2008 年我国城镇各收入阶层的平均消费倾向的演变情况。从图 3－30 可以看出:(1)最低收入户的平均消费倾向在 1985—1996 年呈总体上升态势,而在 1996—2008 年则在波动中呈总体下降态势,但

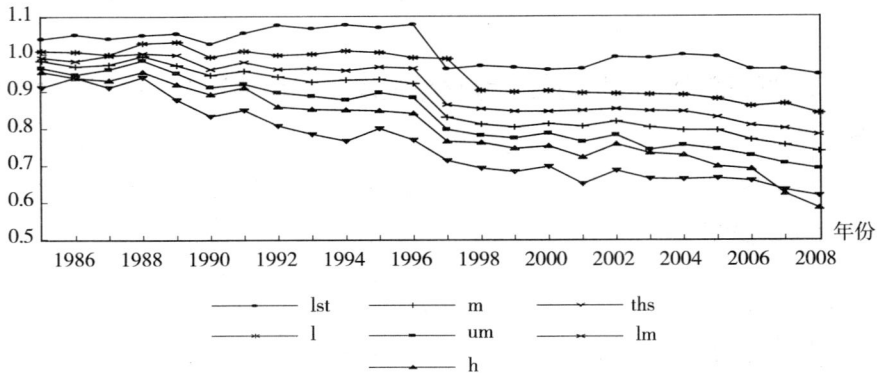

图3-30 1985—2008 年城镇各收入阶层平均消费倾向

注:(1)图3-29、图3-30中,lst、l、lm、m、um、h、hst 分别表示城镇的最低收入户、低收入户、中下收入
　　户、中等收入户、中上收入户、高收入户和最高收入户;(2)图3-29 和图3-30 的数据根据《中国统
　　计年鉴》(1986—2009 年)的有关数据计算得到。

仍低于 1996 年的水平;(2)除最低收入户外,其他各收入阶层的平均消费倾向呈总体下降趋势,而且,收入层次越高的阶层,其下降速度越大;(3)从横截面来看,收入层次越低的阶层,其平均消费倾向越高,反之,则越低。

(三)城镇各收入阶层的平均消费倾向对总体平均消费倾向的影响

由式(3.5.4)可知,各收入阶层的平均消费倾向对总体平均消费倾向的影响取决于各收入阶层的在收入分配所处的收入分配地位,表3-15 反映的是 1985—2008 年城镇各收入阶层的平均消费倾向对总体平均消费倾向的影响。

表3-15 的时间序列数据表明,(1)最低收入户、低收入户、中下收入户和中等收入户四个收入阶层,对总体平均消费倾向的影响力越来越低;(2)中上收入户对总体平均消费倾向的影响力基本保持不变;(3)高收入户和最高收入户对总体平均消费倾向的影响力越来越大。而截面数据表明,(4)收入层次越低的阶层,对总体平均消费倾向的影响力也越低。而式(3.3.7)表明,某一收入阶层对总体平均消费倾向的影响取决于该阶层的相对平均消费倾向和收入分配相对地位两个因素,而两个因素影响的方向和程度则可以通过实

证分析来完成。

表 3–15　1985—2008 年城镇各收入阶层的平均消费倾向
对总体平均消费倾向的影响

年份	最低收入户	低收入户	中下收入户	中等收入户	中上收入户	高收入户	最高收入户
1985	0.067893	0.079546	0.175373	0.194573	0.216703	0.122330	0.143583
1986	0.066090	0.084066	0.177620	0.194278	0.216173	0.120392	0.141382
1987	0.067448	0.080375	0.177119	0.195386	0.214948	0.120776	0.143948
1988	0.065469	0.078765	0.176323	0.195900	0.217690	0.121215	0.144640
1989	0.064395	0.077095	0.174688	0.195291	0.218715	0.122589	0.147227
1990	0.064447	0.077807	0.175793	0.195314	0.218374	0.122825	0.145440
1991	0.066894	0.078600	0.175279	0.193928	0.219595	0.121194	0.144509
1992	0.061832	0.075711	0.171513	0.194068	0.219959	0.125665	0.151252
1993	0.057842	0.071575	0.164736	0.190207	0.221365	0.130112	0.164164
1994	0.054522	0.069039	0.160371	0.189631	0.225199	0.132086	0.169152
1995	0.056135	0.069528	0.162472	0.189956	0.223861	0.130837	0.167211
1996	0.054983	0.069413	0.161129	0.189546	0.224777	0.130884	0.169268
1997	0.053512	0.061705	0.162051	0.191003	0.227030	0.134160	0.170541
1998	0.050739	0.065934	0.157736	0.191726	0.224580	0.133337	0.175947
1999	0.049845	0.064590	0.156180	0.190663	0.227539	0.135160	0.176024
2000	0.048156	0.062990	0.154647	0.188852	0.226766	0.138055	0.180533
2001	0.046322	0.061375	0.151391	0.186446	0.228339	0.138245	0.187883
2002	0.036277	0.053519	0.138602	0.177721	0.226669	0.143669	0.223544
2003	0.035170	0.052004	0.134432	0.176155	0.223871	0.144647	0.233722
2004	0.034203	0.051033	0.132825	0.173675	0.223225	0.145880	0.239159
2005	0.033301	0.050031	0.132325	0.172449	0.223672	0.146632	0.241591
2006	0.033788	0.050715	0.133535	0.171550	0.224236	0.146723	0.239453
2007	0.034600	0.051838	0.135213	0.172745	0.223626	0.145626	0.236352
2008	0.033931	0.050822	0.133749	0.173258	0.226168	0.147421	0.234652

数据来源:根据《中国统计年鉴》(1986—2009 年)的有关数据计算得到。

(四)城镇各收入阶层的收入和收入分配对总体平均消费倾向影响的计量分析

以上的相关分析只是一种定性分析,以下就城镇各收入阶层的收入和收入分配地位对总体平均消费倾向的影响作定量分析。

1. 面板模型选择及计量结果

综合运用横截面似不相关回归(Cross-section SUR)权重和包含自回归的两阶段最小二乘法(TSLS),先回归式(3.5.9)所表示的子模型,根据由一般到特殊的计量建模过程中剔除解释力差的解释变量的判别标准,最终确定的解释变量为各收入阶层的可支配收入的对数项、各收入阶层的可支配收入对数的平方项、通货膨胀、教育医疗住房改革、家庭负担五个解释变量。在此基础上,通过计算式(3.5.10)的 F_2 统计量来选取面板数据模型。由于 F_2 统计量小于 $F_{0.01}(36,126)$ 的值,故选择联合回归模型。

表 3-16 给出了模型(3.5.9)的回归结果(在应用 TSLS 估计方法时,分别选择了常数 C、滞后一期的可支配收入对数的一次项、滞后一期的各收入阶层的可支配收入对数的平方项、滞后一期的教育医疗住房改革变量、滞后一期的通货膨胀变量和滞后一期的家庭负担变量作为相同工具变量)。此外,模型的调整可决系数 R^2 为 0.9961,DW 为 1.44,因此比较好地符合了前文提出的判别标准。

表 3-16　城镇各收入阶层的平均消费倾向的联合回归模型回归结果

解释变量	系数估计值	标准误差	T 统计值	P 值
常数项	6.372455	0.456039	13.97350	0.0000
可支配收入对数的一次项	−1.077714	0.095696	−11.26190	0.0000
可支配收入对数的平方项	0.050295	0.005174	9.721616	0.0000
通货膨胀	0.448775	0.130931	3.427564	0.0008
医疗、教育和住房制度改革	0.064160	0.019171	3.346769	0.0010
家庭负担	−0.036378	0.013974	−2.603278	0.0101

数据来源:根据《中国统计年鉴》(1986—2009 年)的有关数据计算得到。

从表 3－16 可以看出:其一,城镇各收入阶层的可支配收入对数对各收入阶层的平均消费倾向影响相同,并且可支配收入对数的一次项影响为负,可支配收入对数的平方项则为负,即城镇各收入阶层的可支配收入对数对其平均消费倾向影响具有先降后升的"U"型影响,由于其拐点值为 10.71,所有样本均在"U"型的左边,即各收入阶层的平均消费倾向会随着收入的增加而下降。

其二,通货膨胀对城镇各收入阶层的平均消费倾向存在正向影响。对这种正相关关系的一种可能的解释是,主要依靠货币工资生活的城镇居民对物价上涨是敏感的,它意味着城镇居民的实际收入会下降,因此一旦出现这种通货膨胀,城镇居民就会增加当前消费,以规避未来由于实际收入下降而带来的消费水平下降。

其三,教育医疗住房改革对城镇各收入阶层的平均消费倾向均存在正向的影响。对于城镇家庭来说,教育医疗住房费用(如物业费、房屋维修费)是必须支出的一部分(城镇居民一旦生病时,虽然能享受城镇医保,但自己也必须支付一部分,而让孩子接受更多和更好的教育则是每个家庭的坚定信条),随着教育医疗住房改革,这部分费用大大增加了,从而导致教育医疗住房改革使城镇居民的平均消费倾向上升。

其四,家庭负担对城镇居民的平均消费倾向存在负的影响。这其中的原因可能是,当家庭负担越高即每一就业者所负担的人口数越多,意味着家庭发生风险的可能性越大,为了规避风险,这样的家庭可能除了必需的消费支出以外,会尽可能减少消费以增加储蓄,以备未来之需。

2. 收入分配对总体平均消费倾向的边际影响分析

根据表 3－16 的计量结果以及式(3.5.13)就可得到总体平均消费倾向的回归方程,进而就可以运用式(3.5.14)分析收入分配对总体平均消费倾向的边际影响,即各收入阶层的收入分配地位的变化引起总体平均消费倾向怎样的变化。图 3－31 反映了 1985—2008 年城镇各收入阶层的收入分配变化对总体平均消费倾向影响的演变轨迹。

从图 3－31 可以看出,(1)城镇各收入阶层的收入分配地位对总体平均消费倾向的边际影响恒为正;(2)从横截面看,收入层次越低的阶层,其边际

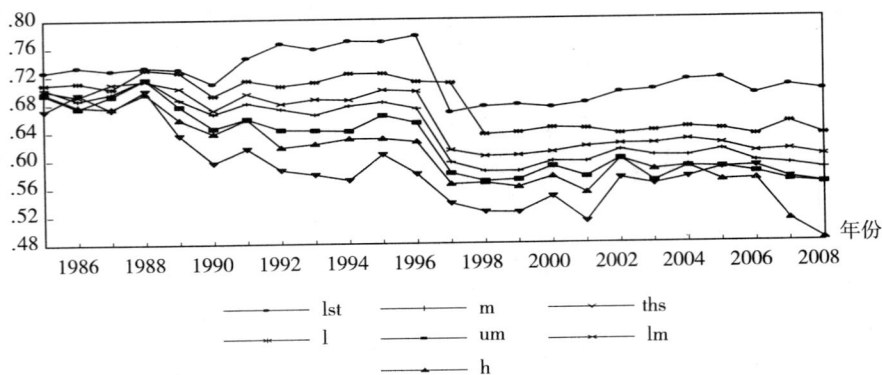

图 3 - 31 1985—2008 年城镇各收入阶层的收入分配
地位对总体平均消费倾向的边际影响

注:图 3 - 31 中,lst、l、lm、m、um、h、hst 的含义同图 3 - 29。
数据来源:根据式(3.5.14)计算得到。

影响越大,反之,则越小;(3)1985—2008 年,城镇各收入阶层的收入分配地位
对总体平均消费倾向的边际影响在波动中出现出下降态势,但 1997 年后,这
种波动幅度变得比较小,下降或上升态势不明显。

3. 收入分配地位和总体可支配收入对总体平均消费倾向影响的交互效
应分析

根据表 3 - 16 的计量结果以及式(3.5.15)就可以计算城镇各收入阶层的
收入分配地位和总体可支配收入对总体平均消费倾向影响的交互效应。
图 3 - 32 是分析结果。

从图 3 - 32 可以看出:(1)1985—2008 年城镇各收入阶层的收入分配地
位和和总体可支配收入对总体平均消费倾向影响的交互效应恒为正。也就是
说,总体平均可支配收入加强了城镇各收入阶层的收入分配地位对总体平均
消费倾向的边际影响。(2)从横截面来看,包括最低收入户、低收入户在内的
低收入阶层,其收入分配地位和总体可支配收入对总体平均消费倾向影响的
交互效应最大,包括高收入户、最高收入户在内的高收入阶层次之,而包括中
下收入户、中等收入户和中上收入户在内的中收入阶层则最小。(3)随着时
间的推移,城镇各收入阶层的这种交互效应越来越小。

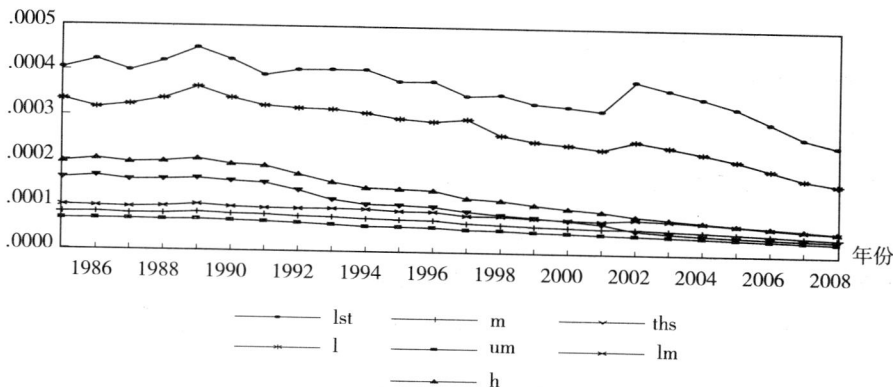

图 3 - 32　城镇各收入阶层的收入分配地位和总体可支配收入对总体平均消费倾向影响的交互效应

注:图 3 - 32 中,lst、l、lm、m、um、h、hst 的含义同图 3 - 29。
数据来源:根据式(3.5.15)计算得到。

三、总结

新近的相关文献则将研究重点转入一些特定阶层之间的收入不平等对其消费不平等的影响上,主要是运用收入分布和消费分布数据中百分位值中的 P90/10、P50/10 和 P50/10 来进行比较研究[①],是一种局部分析法。

中国收入分配对居民消费需求的影响也得到许多学者的关注。例如,Ravallion 基于中国农村调查数据发现,初始的财富不均对家庭和村的人均消费都不利。[②] 朱国林等从储蓄动机和储蓄倾向的角度,得出了平均总消费倾向在收入水平上呈马鞍形的结论,并以此解释了中国消费不振的原因。[③] 臧

---

① 比如(1)Heathcote, J., Perri, F., and Violante, Giovanni, L. "Unequal We stand : An Emprical Analysis of Economic Ineqality in the United States,1967—2006", *http://faculty. wcas. north-western. edu/ ~ mwi*774. (2)Krueger, D.. and Perri, F., "Does Income Inequality Lead to Consumption Unequality? Evidence and Theory", *Review of Economic Stuides*, 2006, Vol. 73, No. 1, pp. 163 - 193. (3)Meyer, Bruce D. and Sullivan, James X. "Consumption and Income Inequality in the U. S.: 1960—2008", *http://www. iza. org/conference_files/EcCrRiUnEm2010/*.

② Ravallion, M., "Does aggregate hide the harmful effects of inequality on growth?", *Economics Letter*, 1998, Vol. 61, No. 1, pp. 73 - 77.

③ 朱国林、范建勇、严燕:《中国的消费不振与收入分配:理论和数据》,《经济研究》2002 年第 5 期。

旭恒等采用弗里德曼的持久收入假说实证研究了 1985—2002 年城镇收入分配对消费的影响,得出它们之间负相关的结论。① 方福前基于 1995—2005 年中国分省面板数据,分析了居民收入差距对其消费水平的影响,运用实物交易数据解释了 1997 年以来中国居民消费低迷的原因。② 娄峰、李雪松通过所构建的动态半参数面板数据模型,使用 1991—2005 年中国分省数据分析了中国城镇居民收入差距影响其消费的动态轨迹,发现这种影响是负向的,并呈双峰型。③ 但纵观这些文献对收入差距的衡量方法上,大都是运用基尼系数这一指标,仍然是一种总量研究方法。

就计量分析方法而论,计量模型的设定和回归是一种间接方法,即通过对式(3.5.9)的回归来获得式(3.5.13)的回归方程。之所以这样处理,是考虑到样本数据本质上是一种面板数据,而如果直接对式(3.5.9)进行回归,就无法顾及各收入阶层的相互影响及其程度。

对 1985—2008 年中国城镇的实证分析表明:城镇各收入阶层的平均消费倾向随着其收入不断增加而呈下降态势;通货膨胀、教育医疗住房改革对城镇各收入阶层的平均消费倾向存在正的影响,从而也对城镇总体平均消费倾向存在正的影响;家庭负担则对城镇各收入阶层的平均消费倾向存在负的影响,从而也对城镇总体平均消费倾向存在负的影响。未发现存款利率和过去消费习惯对城镇各收入阶层的平均消费倾向存在显著影响。

此外,对计量结果的进一步分析表明,收入分配地位越低的阶层对总体平均消费倾向的边际影响越大并恒为正,也就是说,随着收入分配的越来越不均等,总体平均消费倾向的递减越来越主要由包括最低收入户、低收入户、中低收入户在内的,占总户数比例为 40% 的中低收入阶层的收入分配地位的恶化

---

①　臧旭恒、张继海:《收入分配对中国城镇居民消费需求影响的实证分析》,《经济理论与经济管理》2005 年第 6 期。

②　方福前:《中国居民消费需求不足原因研究——基于中国城乡分省数据》,《中国社会科学》2009 年第 2 期。

③　娄峰、李雪松:《中国城镇居民消费需求的动态实证分析》,《中国社会科学》2009 年第 3 期。

引起的,反过来说,如果这些中低收入阶层的收入分配地位能得以提高,就有可能提高我国城镇居民的总体平均消费倾向。因而,促进居民消费水平升级的关键是合理调节收入分配,增加中低收入阶层的收入在整体收入中的比重,促使收入分配结构向正态分布转变。

另外,对计量结果的进一步分析还发现,总体平均可支配收入会加强城镇各收入阶层的收入分配地位对总体平均消费倾向的影响。具体来说,城镇中低收入阶层的收入分配地位恶化会使得由于总体平均可支配收入的提高而带来的总体平均消费倾向的下降更进一步下降,而高收入阶层和最高收入阶层的收入分配地位的上升则会阻碍由于总体平均可支配收入的提高而带来的总体平均消费倾向的下降。

最后需要提及的是,本节的分析方法也适用于对中国农村的实证研究。同时,由于城镇和乡村内部都存在着组内收入差异问题,仅从城乡收入差距的角度来分析中国整体上的收入差距对我国总体消费水平的影响可能会出现偏差。

第六节　中国城乡收入分配对总体
平均消费倾向的影响
——基于城市化和城乡二元结构背景的计量经济分析

以城乡二元结构下的城乡居民内部各收入阶层为考察对象,基于对总体平均消费倾向的分解,构建阶层收入水平和收入分配地位影响总体平均消费倾向的理论模型及相应的计量经济模型,来实证分析 2000—2008 年中国城乡各收入阶层对总体平均消费倾向的影响。

一、理论模型和计量模型
(一)理论模型
就中国而言,城乡二元结构的存在表明城乡居民对整个经济社会的总体平均消费倾向的影响存在差异。也就是说,在同一时期,收入水平相同的城乡收入阶层由于城乡的差异,他们的平均消费倾向可能会不一样。为此,这里将整个经济社会分为城镇阶层和农村阶层两个大阶层。假设 rup_t 为 t 期整个经济社会的城镇人口比例,则 $(1-rup_t)$ 为 t 期整个经济社会的农村人口比例。在此基础上,再分别将城镇阶层细分为 nu 个收入阶层,并假定 rhu_i ($i=1$, 2,…nu) 为城镇第 i 个收入阶层的个体数占城镇阶层总体数的比例,将农村阶层细分为 nr 个收入阶层,并假定 rhr_j ($j=1,2$,…nr) 为农村第 j 个收入阶层的个体数占农村阶层总体数的比例。

1. 单一阶层的平均消费倾向和经济社会总体平均消费倾向

假设 ydu_{it} 为 t 期城镇第 i 个收入阶层的可支配收入,cu_{it} 为其平均消费支出,则 t 期城镇第 i 个收入阶层的平均消费倾向 $apcu_{it}$ 可以表示为:

$$apcu_{it} = cu_{it}/ydu_{it} \qquad (3.6.1)$$

同理,可得 t 期农村第 j 个收入阶层的平均消费倾向 $apcr_{jt}$ 为:

$$apcr_{jt} = cr_{jt}/ydr_{jt} \qquad (3.6.2)$$

式(3.6.2)中,ydr_{jt} 为 t 期农村第 j 个收入阶层的可支配收入,cr_{jt} 为其平均消费支出。

假设 t 期经济社会总体平均消费支出为 tc_t,总体平均可支配收入为 yd_t,则可得总体平均消费倾向 apc_t 为:

$$apc_t = tc_t/yd_t = \Big[\sum_{i=1}^{nu} rup_t \cdot rhu_i \cdot cu_{it} + \sum_{j=1}^{nr} (1-rup_t) \cdot rhr_j \cdot cr_{jt} \Big]/yd_t$$

$$(3.6.3)$$

2. 单一阶层的平均消费倾向对总体平均消费倾向的影响

对式(3.6.3)作如下数学变换:

$$apc_t = \sum_{i=1}^{nu} rup_t \cdot rhu_i \cdot (ydu_{it}/yd_t) \cdot (cu_{it}/ydu_{it}) +$$

$$\sum_{i=1}^{nr} (1-rup_t) \cdot rhr_j \cdot (ydr_{jt}/yd_t) \cdot (cr_{jt}/ydr_{jt}) \qquad (3.6.4)$$

记 $pidu_{it} = rup_t \cdot rhu_i \cdot ydu_{it}/yd_t$,则它反映了 t 期城镇第 i 个收入阶层的平均可支配收入在总体平均可支配收入中所占的比重,即其在收入规模分配中所处的地位。记 $pidr_{jt} = (1-rup_t) \cdot rhr_j \cdot ydr_{jt}/yd_t$,则它反映了 t 期农村第 j 个

收入阶层的平均可支配收入在总体平均可支配收入中所占的比重,即其在收入规模分配中所处的地位。考虑到式(3.6.1)和式(3.6.2),则式(3.6.4)就可以简记为:

$$apc_t = \sum_{i=1}^{nu} pidu_{it} \cdot apcu_{it} + \sum_{j=1}^{nr} pidr_{jt} \cdot apcr_{jt} \qquad (3.6.5)$$

需要指出的是,从式(3.6.3)到式(3.6.5)不仅仅是简单的数学变换,它反映的是总体平均消费倾向的形成是城乡各收入阶层的平均消费倾向及其在收入分配中所处地位共同作用的结果。同时,从式(3.6.5)可以看出,$pidu_{it}$ 和 $pidr_{jt}$ 也分别代表了 t 期城镇第 i 个收入阶层和农村第 j 个收入阶层的平均消费倾向对总体平均消费倾向的影响因子或贡献率。

3. 收入水平和收入地位对总体平均消费倾向的影响

由式(3.6.4)和式(3.6.5)可以看出,当考虑城乡二元结构和经济社会转型过程中的城市化时,t 期整个经济社会的总体平均消费倾向由五个因素决定:一是 t 期经济社会城市化进程中的城市人口比例 rup_t(及相对应的农村人口比例);二是城镇各收入阶层的个体数在城镇阶层总体数所占的比例和农村各收入阶层的个体数在农村阶层总体数所占的比例,即 rhu_i 和 rhr_j。显然,一旦收入阶层划分既定,rhu_i 和 rhr_j 就是一个定值;三是各收入阶层的平均可支配收入即 ydu_{it} 和 ydr_{jt};四是整个社会的总体平均可支配收入即 yd_t;五是各收入阶层的平均消费倾向即 $apcu_{it}$ 和 $apcr_{jt}$。

在以上五个因素中,需要进一步探讨的只有第五个因素。根据式(3.6.1)可知,$apcu_{it}$ 取决于城镇各收入阶层的平均消费支出 cu_{it} 及其平均可支配收入 ydu_{it},而由式(3.6.2)可以看出,$apcr_{jt}$ 取决于农村各收入阶层的平均消费支出 cr_{jt} 及其平均可支配收入 ydr_{jt}。这样一来,实际需要关注的是 cu_{it} 和 cr_{jt}。对此,类似上节的分析,假定各收入阶层的平均消费倾向与他们当期的收入水平相关并受过去消费习惯的影响,以及消费者之间存在"示范性效应"。同时,结合我国处于转型经济阶段这一事实,引入城乡二元结构(ur_t)作为虚拟解释变量来观察其对居民的消费影响,对城镇居民来说,假定其值为1,对农村居民来说,假定其值为0。因此,$apcu_{it}$ 和 $apcr_{jt}$ 回归模型可以表

示为:

$$apcu_{it} = fu_i(ydu_{it}, lapc\ u_i, eu\ u_{it}, eu\ r_{it}, ur_t) + \varepsilon u_{it} \qquad (3.6.6)$$

$$apcr_{jt} = fu_j(ydr_{jt}, lapc\ r_j, er\ u_{jt}, er\ r_{jt}, ur_t) + \varepsilon r_{jt} \qquad (3.6.7)$$

式(3.6.6)中,$lapcu_i$ 是城镇第 i 个收入阶层的滞后期平均消费倾向组成的矩阵向量(这里暂不规定最大滞后期),$euu_{it} = [euu_{i1t}, euu_{i2t}, \cdots euu_{i(i-1)t},$ $euu_{i(i+1)t}, \cdots euu_{i(nu)t}]$(对于 $i = 1, 2, \cdots nu$),为 t 期城镇第 i 个收入阶层受城镇其他收入阶层消费行为影响的矩阵向量,euu_{ikt} 为城镇第 k($k \neq i$)个收入阶层的消费行为对城镇第 i 个收入阶层的消费行为的影响,$eur_{it} = [eur_{i1t},$ $eur_{i2t}, \cdots eur_{i(nr)t}]$ 为 t 期城镇第 i 个收入阶层受农村各收入阶层消费行为影响的矩阵向量,eur_{ijt} 为农村第 j 个收入阶层的消费行为对城镇第 i 个收入阶层的消费行为的影响,εu_{it} 为 t 期城镇第 i 个收入阶层消费支出的随机误差项。[①]

式(3.6.7)中,$lapc\ r_j$ 是农村第 j 个收入阶层的滞后期平均消费倾向组成的矩阵向量(这里暂不规定最大滞后期),$eru_{jt} = [eru_{j1t}, eru_{j2t}, \cdots eru_{j(nu)t}]$ 为 t 期农村第 j 个收入阶层受城镇各收入阶层消费行为影响的矩阵向量,eru_{jit} 为城镇第 i 个收入阶层的消费行为对农村第 j 个收入阶层的消费行为的影响,$err_{jt} = [err_{j1t}, err_{j2t}, \cdots err_{j(j-1)t}, euu_{j(j+1)t}, \cdots euu_{j(nr)t}]$($j = 1, 2, \cdots nr$),为 t 期农村第 j 个收入阶层受农村其他收入阶层消费行为影响的矩阵向量,err_{jkt} 为农村第 k($k \neq j$)个收入阶层的消费行为对农村第 j 个收入阶层的消费行为的影响,εr_{jt} 为 t 期农村第 j 个收入阶层消费支出的随机误差项。

综合式(3.6.6)、式(3.6.7)和式(3.6.5),可得式(3.6.5)的回归模型:

$$apc_t = \sum_{i=1}^{nu} pidu_{it} \cdot fu_i(ydu_{it}, lapc\ u_i, eu\ u_{it}, eu\ r_{it}, ur_t)$$

$$+ \sum_{i=1}^{nl} pidr_{it} \cdot fu_j(ydr_{jt}, lapc\ r_j, er\ u_{it}, er\ r_{it}, ur_t) + \varepsilon_t \qquad (3.6.8)$$

显然,$\varepsilon_t = \sum_{i=1}^{nu} pidu_{it} \cdot \varepsilon u_{it} + \sum_{j=1}^{nl} pidr_j \cdot \varepsilon r_{jt}$。并且,$|\varepsilon_t| \leq \max(|\varepsilon u_{1t}|,$

---

① 周建、杨秀祯的实证研究表明,农村消费行为中存在着城乡联动机制。参见周建、杨秀祯:《我国农村消费行为变迁及城乡联动机制研究》,《经济研究》2009 年第 1 期。

$|\varepsilon u_{2t}|, \cdots |\varepsilon u_{(nu)t}|, |\varepsilon r_{1t}|, |\varepsilon r_{2t}|, \cdots |\varepsilon r_{(nr)t}|)$。这样一来,可以通过对城镇各收入阶层的平均消费倾向 $apcu_{it}$ 即式(3.6.6)的回归,以及农村各收入阶层的平均消费倾向 $apcr_{jt}$ 即式(3.6.7)的回归,进而求和来获得式(3.6.8)的回归方程。也就是说,式(3.6.6)和式(3.6.7)可视为式(3.6.8)的子模型,从而可以由式(3.6.8)探究各收入阶层的收入地位对总体平均消费倾向的影响。

(二)计量模型

从数据本身来说,所应用的数据是由各个收入阶层的时间序列数据组成的总数据,即面板数据(panel data)。如果利用面板数据(panel data)模型[①]进行回归,则由于考虑到了各收入阶层之间可能存在的共性即示范性效应,而使式(3.6.6)和式(3.6.7)回归方程简化为三个回归元(其中一个是表示滞后期的矩阵向量),即

$$apcu_{it} = fu_i(ydu_{it}, lapc\, u_i, ur_t) + \varepsilon u_{it} \qquad (3.6.9)$$

$$apcr_{jt} = fr_j(ydr_{jt}, lapc\, r_j, ur_t) + \varepsilon r_{jt} \qquad (3.6.10)$$

为了便于计量处理,设定式(3.6.9)和式(3.6.10)的面板数据模型如下:

$$apcu_{it} = \delta u_i + \alpha u_i + \gamma u_{it} + x\, u_{it} \cdot \beta u_i + eu_{it} \qquad (3.6.11)$$

$$apcr_{jt} = \delta r_j + \alpha r_j + \gamma r_{jt} + x\, r_{jt} \cdot \beta r_j + er_{jt} \qquad (3.6.12)$$

式(3.6.11)中, δu_i 为常数, $x\, u_{it} = [\ln ydu_{it}, \ln^2 ydu_{it}, lapc\, u_i, ur_t]$ 为解释变量向量, $\beta u_i = [\beta u_{i1}, \beta u_{i2}, \beta u_{i3}, \beta u_{i4}]$ 为回归系数向量, $\delta u_i + \alpha u_i + \gamma u_{it}$ 为截距项,其中, δu_i 为常数, αu_i 度量可观测到的个体间的差异, γu_{it} 度量可观测到的时间上的差异, eu_{it} 为组合随机误差项。

式(3.6.12)中, δr_j 为常数, $x\, r_{jt} = [\ln ydr_{jt}, \ln^2 ydr_{jt}, lapc\, r_j, ur_t]$ 为解释变量向量, $\beta r_j = [\beta r_{j1}, \beta r_{j2}, \beta r_{j3}, \beta r_{j4}]$ 为回归系数向量, $\delta r_j + \alpha r_j + \gamma r_{jt}$ 为截距项,其中 δr_i 为常数,度量可观测到的个体间的差异, γr_{it} 度量可观测到的时间上的差异, er_{jt} 为组合随机误差项。

式(3.6.11)和式(3.6.12)中,考虑到 ydu_{it} 和 ydr_{jt} 的时间序列数值和横

---

① Baltagi,B., *Econometrics Analysis of Panel Data*. John Wiley and Sons,1995,p.393.

截面数值之间变化比较大,对其取对数后可以使其数值之间变化幅度大为减少,而且也消除了使用回归模型时对度量单位的考虑[1],因此式(3.6.11)和式(3.6.12)中各收入阶层的平均可支配收入采用了对数形式。而且,各收入阶层的平均消费倾向和可支配收入的散列图表明,这两类变量之间的关系可能是非线性的,因此在式(3.6.11)和式(3.6.12)中加入了各收入阶层可支配收入的平方项。此外,式(3.6.11)和式(3.6.12)中的解释变量中含有一期和二期滞后的被解释变量,属于一种动态面板数据模型。

由于面板数据模型中引入了自回归,所以可以剔除随机效应模型、时间固定效应模型和个体时间双固定效应模型这些模型的选择,也即式(3.6.11)中的 $\gamma u_{it} = 0$ 和式(3.6.12)中的 $\gamma r_{jt} = 0$,从而式(3.6.11)和式(3.6.12)可改写为:

$$apcu_{it} = \delta u_i + \alpha u_i + x\,u_{it} \cdot \beta\,u_i + eu_{it} \qquad (3.6.13)$$

$$apcr_{jt} = \delta r_j + \alpha r_j + x\,r_{jt} \cdot \beta\,r_j + er_{jt} \qquad (3.6.14)$$

这样一来,可供选择的面板数据模型只有普通混合数据模型和个体固定效应模型两种。对这两种模型,则可以运用如下式(3.6.15)的 F 统计量进行判断和选择:

$$F = [(SSE_r - SSE_u)/(N-1)]/[SSE_u/(N \cdot T - N - k)] \sim F(N-1,$$

$$NT - N - k) \qquad (3.6.15)$$

式(3.6.15)中,SSE_r 为混合回归模型的残差平方和,SSE_u 为个体固定效应模型的残差平方和,N 为横截面上的个体数,T 为时期跨度,k 为解释变量个数。判别标准为,当 F 统计量大于临界值时接受个体固定效应模型,否则采用普通混合数据模型。

无论是普通混合数据模型和个体固定效应模型,各个体回归方程中的解释变量系数既可以是相同的,也可以是特定的。由于在面板数据模型中,有三个不同特性的解释变量(这里将 $\ln ydu_{it}$ 和 $\ln^2 ydu_{it}$、$\ln ydr_{jt}$ 和 $\ln^2 ydr_{jt}$ 视为特性一样的解释变量),因而有八种不同的系数组合方式,到底选择哪一种组合则

① Greene,W. H.,*Econometric Analysis*(5th),Pearson Education,Inc,2003,p.468.

需要进行判断。这里的判断基本标准是对以下几个统计量的综合衡量:(1)调整的可决系数 R^2 越大越好;(2)各解释变量回归系数的 t 统计值以 10% 作为最大置信水平;(3)残差平方和越小越好;(4)DW 统计量越接近于 2 越好。此外,这些标准也是在由一般到特殊的计量建模过程中剔除解释力差的解释变量的判别标准。

一旦得到式(3.6.13)和式(3.6.14)所表示的子模型的回归方程,就可以由式(3.6.5)得到总体平均消费倾向的回归方程,即

$$
\begin{aligned}
apc_t &= \sum_{i=1}^{nu} (pidu_{it} \cdot apcu_{it}) + \sum_{j=1}^{nl} (pidr_{jt} \cdot apcr_{jt}) \\
&= \sum_{i=1}^{nu} pidu_{it} \cdot (\delta u_i + \alpha u_i + x u_{it} \cdot \beta u_i) \\
&\quad + \sum_{j=1}^{nl} pidr_{it} \cdot (\delta r_j + \alpha r_j + x r_{jt} \cdot \beta r_j) + e_t \qquad (3.6.16)
\end{aligned}
$$

式(3.6.16)中, $e_t = \sum_{i=1}^{nu} pidu_{it} \cdot eu_{it} + \sum_{j=1}^{nl} pidr_j \cdot er_{jt}$ 为残差项, $|e_t| \leqslant \max(|eu_{it}|, |er_{jt}|)$。

由式(3.6.16)就可以分析居民收入地位对城乡总体平均消费倾向的影响,即各收入阶层的收入地位的变化是如何影响总体平均消费倾向的。对此,只要求出被解释变量的收入地位的一阶偏导数即可,并考虑到 $ydu_{it} = \dfrac{pidu_{it} \cdot yd_t}{rup_t \cdot rhu_i}$ 和 $ydr_{jt} = \dfrac{pidr_{jt} \cdot yd_t}{(1 - rup_t) \cdot rhr_j}$ 可得:

$$
\frac{\partial apc_t}{\partial pidu_{it}} = apcu_{it} + \beta u_{i1} + 2\beta u_{i2} \cdot \ln ydu_{it} \text{,对于 } i = 1, 2, \cdots nu \qquad (3.6.17)
$$

$$
\frac{\partial apc_t}{\partial pidr_{jt}} = apcr_{jt} + \beta r_{j1} + 2\beta r_{j2} \cdot \ln ydr_{jt} \text{,对于 } j = 1, 2, \cdots nr \qquad (3.6.18)
$$

式(3.6.17)表示的是,总体平均消费倾向的变化量与引起这种变化的城镇第 i 个收入阶层的收入地位变化量之比。同理,式(3.6.18)表示的是总体平均消费倾向的变化量与引起这种变化的农村第 j 个收入阶层的收入地位变化量之比。

而各收入阶层的收入地位和总体可支配收入之间存在的交互效应,即跨

层次效应(cross level effect)可以通过对式(3.6.17)和式(3.6.18)求总体平均可支配收入的偏导数得到:

$$\frac{\partial^2 apc_t}{\partial pidu_{it} \partial yd_t} = \frac{\beta u_{i1}}{yd_t} + \frac{2\beta u_{i2} \cdot \ln y du_{it}}{yd_t} + \frac{2\beta u_{i2}}{pidu_{it} \cdot yd_t}, 对于 i = 1,2,\cdots nu$$

(3.6.19)

$$\frac{\partial^2 apc_t}{\partial pidr_{jt} \partial yd_t} = \frac{\beta r_{j1}}{yd_t} + \frac{2\beta r_{j2} \cdot \ln y dr_{jt}}{yd_t} + \frac{2\beta r_{j2}}{pidr_{jt} \cdot yd_t}, 对于 j = 1,2,\cdots nr$$

(3.6.20)

如果 $\frac{\partial^2 apc_t}{\partial pidu_{it} \partial yd_t} > 0$,则意味着城镇第 i 个收入阶层的收入地位和总体平均可支配收入对总体平均消费倾向的影响性质相同,即随着总体平均可支配收入的增加,收入地位差距的缩小会加强总体平均可支配收入对总体平均消费倾向的影响。反之,如果 $\frac{\partial^2 apc_t}{\partial pidu_{it} \partial yd_t} < 0$,则意味着城镇第 i 个收入阶层的收入地位和总体平均可支配收入对总体平均消费倾向的影响性质相反,即随着总体平均可支配收入的增加,收入地位差距的扩大会加强总体平均可支配收入对总体平均消费倾向的影响。

类似地,如果 $\frac{\partial^2 apc_t}{\partial pidr_{it} \partial yd_t} > 0$,则意味着农村第 j 个收入阶层的收入地位和总体平均可支配收入对总体平均消费倾向的影响性质相同,即随着总体平均可支配收入的增加,收入地位差距的缩小会加强总体平均可支配收入对总体平均消费倾向的影响。反之,$\frac{\partial^2 apc_t}{\partial pidr_{it} \partial yd_t} < 0$,则意味着农村第 i 个收入阶层的收入地位和总体平均可支配收入对总体平均消费倾向的影响性质相反,即随着总体平均可支配收入的增加,收入地位差距的扩大会加强总体平均可支配收入对总体平均消费倾向的影响。

二、实证分析

(一)数据来源和处理

基于数据的可获得性,依照国家统计局《中国统计年鉴》的标准,以家庭为基本计算单位。具体计算时,各收入阶层的代表性家庭可支配收入=家庭平均每人可支配收入×家庭人口规模,各收入阶层的代表性家庭消费支出=家庭平均每人消费支出×家庭人口规模。[①]

在收入阶层划分上,根据国家统计局的统计口径,按收入水平由低至高的次序将城镇家庭分为最低收入户(10%)、低收入户(10%)、中等偏下收入户(20%)、中等收入户(20%)、中等偏上收入户(20%)、高收入户(10%)和最高收入户(10%)七个阶层,而对农村家庭则分为低收入户(20%)、中低收入户(20%)、中等收入户(20%)、中高收入户(20%)和高收入户(20%)五个阶层。

(二)各收入阶层的收入地位演变及其对总体平均消费倾向的影响

从图3-33可以看出:(1)农村各收入阶层收入地位呈总体下降态势,这说明整个农村居民的收入状况在整个社会中越来越差;(2)在农村各收入阶层中,高收入户下降速度最快;(3)从横截面来看,收入层次越低的阶层,其在收入分配中所处的地位也越低,反之则越高。

1.2000—2008年农村各收入阶层的收入地位演变及平均消费倾向演变

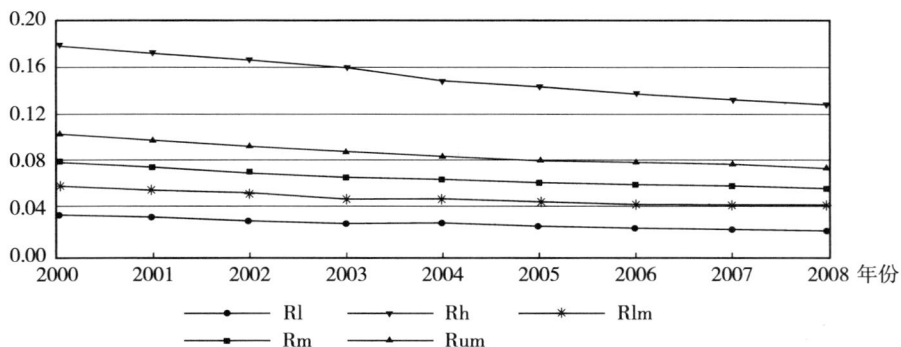

图3-33　2000—2008年的农村各收入阶层收入地位演变

---

① 城乡各收入阶层的可支配收入和总体可支配收入使用了居民消费价格指数进行调整(2000年=100)。

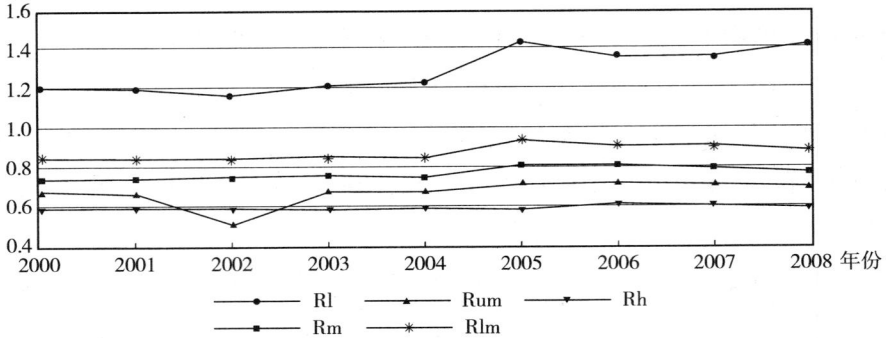

图 3－34　2000—2008 年农村各收入阶层平均消费倾向演变

注:(1)图 3－33、图 3－34 中,Rl、Rlm、Rm、Rum、Rh 分别表示农村的低收入户、中低收入
户、中等收入户、中高收入户、高收入户;(2)图 3－33 和图 3－34 的数据根据《中国统计年鉴》(2001—2009 年)
的有关数据计算得到。

从图 3－34 可以看出:(1)农村各收入阶层的平均消费倾向呈总体上升
趋势,虽然上升幅度不大;(2)在各收入阶层中,只有低收入户的平均消费倾
向始终大于 1,即这一阶层存在入不敷出的现象;(3)从横截面来看,收入层次
越低的阶层,其平均消费倾向越高,反之,则越低。

2.2000—2008 年城镇各收入阶层的收入地位演变及平均消费倾向演变

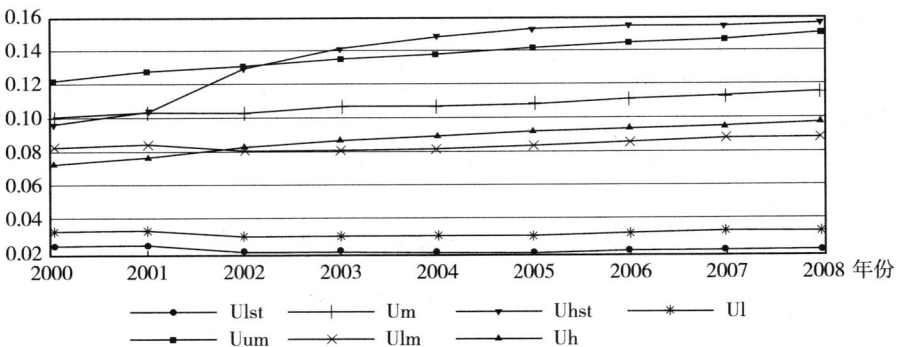

图 3－35　2000—2008 年城镇各收入阶层的收入地位演变

从图 3－35 可以看出:(1)最低收入户、低收入户和中下收入户三个中低

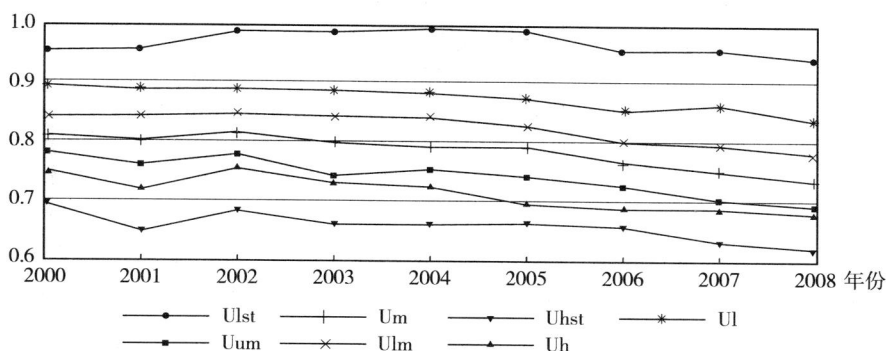

图 3 - 36 2000—2008 年城镇各收入阶层的平均消费倾向演变

注:(1)图 3-35、图 3-36 中,Ulst、Ul、Ulm、Um、Uum、Uh、Uhst 分别表示城镇的最低收入户、低收入户、中低收入户、中等收入户、中高收入户、高收入户和最高收入户;(2)图 3-35 和图 3-36 的数据根据《中国统计年鉴》(2001—2009 年)的有关数据计算得到。

收入阶层的收入地位在 2000—2002 年呈总体下降态势,而在 2002—2008 年则在波动中呈总体上升态势,但最低收入户的收入地位仍低于 2000 年的水平;(2)中等收入户、中上收入户、高收入户和最高收入户四个收入阶层的贡献率呈总体上升态势,其中,最高收入户的上升速度最大;(3)从横截面和相对的角度(这里的相对是指对图 3-35 中的数据进行归一化处理,即将图中数据均除以对应的人口比例)来看,收入层次越低的阶层,其收入地位越低,反之,则越高。

从图 3-36 可以看出:(1)最低收入户的平均消费倾向在 2000—2002 年呈总体上升态势,而在 2002—2008 年则在波动中呈总体下降态势,2008 年低于 2000 年的水平;(2)除最低收入户外,其他各收入阶层的平均消费倾向呈总体下降趋势,其中,最高收入户的下降速度最大;(3)从横截面来看,收入层次越低的阶层,其平均消费倾向越高,反之,则越低。

(三)城乡各收入阶层的平均消费倾向对总体平均消费倾向的影响

由式(3.6.5)可知,城乡各收入阶层的平均消费倾向对总体消费平均倾向的影响取决于各收入阶层在整个社会中所处的收入地位。

表 3 - 17　2000—2008 年农村各收入阶层的平均消费倾向
对总体平均消费倾向的影响(%)

年份	低收入户	中低收入户	中等收入户	中高收入户	高收入户
2000	3.616	6.075	8.048	10.496	17.879
2001	3.340	5.696	7.567	9.929	17.261
2002	3.178	5.369	7.147	9.453	16.702
2003	2.839	4.959	6.644	8.895	15.979
2004	2.856	4.929	6.518	8.586	14.956
2005	2.623	4.712	6.274	8.294	14.470
2006	2.567	4.549	6.088	8.071	13.897
2007	2.474	4.472	5.956	7.856	13.380
2008	2.323	4.326	5.837	7.606	12.982

数据来源:根据《中国统计年鉴》(2001—2009 年)的有关数据计算得到。

表 3 - 18　2000—2008 年城镇各收入阶层的平均消费倾向
对总体平均消费倾向的影响(%)

年份	最低收入户	低收入户	中下收入户	中收入户	中上收入户	高收入户	最高收入户
2000	2.595	3.394	8.334	10.177	12.220	7.439	9.728
2001	2.604	3.450	8.509	10.480	12.834	7.770	10.560
2002	2.110	3.112	8.060	10.335	13.181	8.354	12.999
2003	2.134	3.156	8.158	10.690	13.586	8.778	14.183
2004	2.126	3.172	8.256	10.795	13.875	9.067	14.865
2005	2.119	3.183	8.419	10.972	14.232	9.330	15.372
2006	2.190	3.288	8.657	11.121	14.537	9.512	15.523
2007	2.279	3.414	8.906	11.378	14.729	9.591	15.567
2008	2.271	3.401	8.951	11.596	15.137	9.867	15.705

数据来源:根据《中国统计年鉴》(2001—2009 年)的有关数据计算得到。

　　从表 3 - 17 可以看出:(1)2000—2008 年农村各收入阶层的平均消费倾向对总体平均消费倾向的影响呈总体下降态势,这正是整个农村居民的收入状况在整个社会中越来越差的必然反映;(2)从横截面来看,收入层次越低的阶层,其平均消费倾向对总体消费倾向的影响程度也越低,反之则越高。

从表3-18可以看出,就城镇各收入阶层来说:(1)最低收入户、低收入户和中下收入户三个中低收入阶层的平均消费倾向对总体平均消费倾向的影响在2000—2002年呈总体下降态势,而在2002—2008年则在波动中呈总体上升态势,但最低收入户的收入地位仍低于2000年的水平;(2)中等收入户、中上收入户、高收入户和最高收入户四个收入阶层的平均消费倾向对总体平均消费倾向的影响呈总体上升态势,其中,最高收入户的上升速度最大;(3)从横截面和相对的角度(这里的相对是指对表3-18中的数据进行归一化处理,即将表中数据均除以对应的人口比例)来看,收入层次越低的阶层,其平均消费倾向对总体平均消费倾向的影响越低,反之,则越高。

(四)城乡各收入阶层的收入水平对总体平均消费倾向的影响的计量分析

上述相关分析只是一种定性分析,以下就城乡各收入阶层的收入水平对总体平均消费倾向的影响作一定量分析。

1. 面板模型选择及计量结果

根据由一般到特殊的计量建模过程中剔除解释力差的解释变量的判别标准,先回归式(3.6.13)和式(3.6.14)所表示的子模型有六种模型可以作为备选模型,其对应的解释变量如表3-19所示。

表3-19 城乡各收入阶层的平均消费倾向的四种备选模型的解释变量

解释变量	模型类别					
	模型1	模型2	模型3	模型4	模型5	模型6
可支配收入的对数项	特定	相同	相同	相同	特定	特定
可支配收入的对数项的平方项	—	相同	相同	特定	相同	特定
一阶自回归	相同	相同	相同	相同	相同	相同
二阶自回归	—	相同	—	—	—	—
城乡二元结构	相同	—	—	—	—	相同

注:(1)表中"相同"的含义是,对各收入阶层来说,该解释变量的系数都一样;(2)表中"特定"的含义是,对各收入阶层来说,该解释变量的系数均不一样;(3)"—"表示对应的被解释变量的回归方程中不含有该解释变量。

在此基础上,通过计算式(3.6.15)的 F 统计量来选取面板数据模型:模型 1 的个体固定效应模型存在奇异矩阵,因此应选择普通混合数据模型;模型 2 的 F 统计量为 2.867,大于 $F_{0.01}(11,92)$ 的值,故选择个体固定效应模型;模型 3 的 F 统计量为 3.183,大于 $F_{0.01}(11,93)$ 的值,故选择个体固定效应模型;模型 4 的 F 统计量为 6.267,大于 $F_{0.01}(11,82)$ 的值,故选择个体固定效应模型;模型 5 的 F 统计量为 6.291,大于 $F_{0.01}(11,82)$ 的值,故选择个体固定效应模型;模型 6 的个体固定效应模型存在奇异矩阵,因此应选择普通混合数据模型。

表 3 - 20　各备选模型的其他统计量

统计量	模型类别					
	模型 1	模型 2	模型 3	模型 4	模型 5	模型 6
Adjusted R^2	0.9685	0.9616	0.9617	0.9764	0.9763	0.9764
DW	2.2152	1.8119	2.2954	2.4838	2.4752	2.5008
残差平方和	0.08767	0.09328	0.1068	0.0569	0.05708	0.05672
t 统计值的最大显著水平	0.1738	0.1745	0.0017	0.0562	0.0575	0.0550

表 3 - 21　城乡各收入阶层的平均消费倾向的模型 6 回归结果

解释变量	系数估计值	标准误差	t 统计值	P 值
常数	-25.43208	8.620683	-2.950124	0.0043
可支配收入的对数项(Rl)	5.796719	1.857125	3.121339	0.0026
可支配收入的对数项(Rlm)	5.641189	1.800930	3.132375	0.0025
可支配收入的对数项(Rm)	5.432704	1.741500	3.119554	0.0026
可支配收入的对数项(Rum)	5.301312	1.700836	3.116887	0.0027
可支配收入的对数项(Rh)	5.173488	1.661889	3.113016	0.0027
可支配收入的对数项(Ulst)	5.029539	1.625379	3.094379	0.0028
可支配收入的对数项(Ul)	4.791362	1.567603	3.056489	0.0032
可支配收入的对数项(Ulm)	5.679855	2.048861	2.772202	0.0071
可支配收入的对数项(Um)	5.687899	1.919401	2.963372	0.0042

续表

解释变量	系数估计值	标准误差	t 统计值	P 值
可支配收入的对数项(Uum)	5.536105	1.859512	2.977181	0.0040
可支配收入的对数项(Uh)	5.233282	1.806222	2.897363	0.0050
可支配收入的对数项(Uhst)	5.111390	1.708662	2.991458	0.0038
可支配收入的对数平方项(Rl)	−0.317987	0.100100	−3.176680	0.0022
可支配收入的对数平方项(Rlm)	−0.302167	0.094212	−3.207313	0.0020
可支配收入的对数平方项(Rm)	−0.280767	0.087985	−3.191063	0.0021
可支配收入的对数平方项(Rum)	−0.267748	0.083923	−3.190420	0.0021
可支配收入的对数平方项(Rh)	−0.255409	0.080113	−3.188110	0.0021
可支配收入的对数平方项(Ulst)	−0.241664	0.076621	−3.154022	0.0024
可支配收入的对数平方项(Ul)	−0.219796	0.071247	−3.084984	0.0029
可支配收入的对数平方项(Ulm)	−0.297141	0.121836	−2.438861	0.0173
可支配收入的对数平方项(Um)	−0.306893	0.106890	−2.871114	0.0054
可支配收入的对数平方项(Uum)	−0.292058	0.100326	−2.911095	0.0048
可支配收入的对数平方项(Uh)	−0.261581	0.094668	−2.763136	0.0073
可支配收入的对数平方项(Uhst)	−0.250811	0.084744	−2.959627	0.0042
一阶自回归	−0.218960	0.112224	−1.951097	0.0550
城乡二元结构	1.580363 (0.322983)	0.322983	4.893021	0.0000

注:(1)表中第一列的 Rl、Rlm、Rm、Rum、Rh 和 Ulst、Ul、Ulm、Um、Uum、Uh、Uhst 的含义与图 3-33、图 3-34 和图 3-35、图 3-36 相同;(2)表中没有列出回归结果中的各收入阶层的特定截距项;(3)表中的数据根据《中国统计年鉴》(2001—2009 年)的有关数据利用 EViews5.0 进行面板数据计量分析得到。

　　表 3-20 给出了各备选模型的调整的可决系数、残差平方和和解释变量系数 t 统计值中的最大显著水平等统计量。选取模型 6 作为计量模型,由表 3-20 可知,在这一模型中,各收入阶层的可支配收入的对数项、可支配收入的对数平方项、平均消费倾向的一阶自回归作为解释变量。由表 3-20 可以看出,模型 6 中的解释变量显著水平为 10%(收尾概率最大为 5.50%),调整的可决系数(R²)、DW 统计量比较好地符合了判断标准,因此可以认为模型 6 的解释变量的选取及模型的形式即普通混合数据模型达到了计量分析要求。

表 3-21 给出了模型 6 的回归结果。从表 3-21 可以看出,(1)城乡各收入阶层的可支配收入对数项对各自的平均消费倾向的影响存在正的影响,而可支配收入对数的平方项的影响则为负;(2)就农村收入阶层来说,收入层次越低的阶层,其平均消费倾向受收入(包括对数项和对数平方项,以绝对值衡量)的影响越大,反之,则越小;(3)就城镇收入阶层来说,则存在分层现象,具体来说,在由最低收入户和低收入户组成的低收入阶层以及由中等收入户、中高收入户、高收入户和最高收入户组成的中高收入阶层中,处在收入层次越高的阶层,其平均消费倾向受收入(包括对数项和对数平方项,以绝对值衡量)的影响越小,反之,则越大的规律,而在中低收入户和中等收入户则存在趋同现象;(4)城乡各收入阶层的平均消费倾向均受前一期的影响(一阶自回归),影响相同且为负;(5)城乡二元结构对农村各收入阶层的平均消费倾向存在负的影响,对城镇收入阶层则存在正的影响。

2. 收入地位对总体平均消费倾向的边际影响分析

根据表 3-21 的计量结果以及式(3.6.16)就可得到总体平均消费倾向的回归方程,进而就可以运用式(3.6.17)和式(3.6.18)分析各收入阶层的收入地位的变化是如何影响各大类商品组消费支出比例变化的。

表 3-22 2000—2008 年农村各收入阶层的收入地位
对总体平均消费倾向的边际影响

年份	低收入户	中低收入户	中等收入户	中高收入户	高收入户
2000	1.783322	1.212616	1.113295	1.004044	0.749690
2001	1.770312	1.194586	1.098656	0.979586	0.724112
2002	1.699354	1.161873	1.083419	0.791930	0.685589
2003	1.765315	1.162302	1.072222	0.942610	0.656881
2004	1.710762	1.108866	1.023740	0.909265	0.645788
2005	1.901388	1.154962	1.039294	0.902630	0.600031
2006	1.768808	1.079782	0.993648	0.865790	0.594458
2007	1.720795	1.018675	0.930493	0.811659	0.546151
2008	1.752704	0.967609	0.864004	0.764000	0.504844

表 3－22 是对农村各收入阶层的计算结果,可以看出,在 2000—2008 年:
(1)农村各收入阶层的收入地位对总体平均消费倾向的边际影响恒为正;(2)
从横截面看,收入层次越低的阶层,其边际影响越大,反之,则越小;(3)随着
时间的推移,除低收入户外,农村其他各收入阶层的收入地位对总体平均消费
倾向的边际影响在波动中呈现下降态势。

表 3－23 反映了城镇各收入阶层的收入地位对总体平均消费倾向的边际
影响,可以看出,在 2000—2008 年:(1)城镇各收入阶层的收入地位对总体平
均消费倾向的边际影响恒为正;(2)从横截面看,收入层次越低的阶层,其边
际影响越大,反之,则越小;(3)随着时间的推移,城镇各收入阶层的收入地位
对总体平均消费倾向的边际影响在波动中呈现下降态势。

**表 3－23　2000—2008 年城镇各收入阶层的收入地位
对总体平均消费倾向的边际影响**

年份	最低收入户	低收入户	中下收入户	中收入户	中上收入户	高收入户	最高收入户
2000	1.562987	1.550962	0.804907	0.469406	0.476696	0.646504	0.554637
2001	1.549246	1.527310	0.776845	0.425767	0.407351	0.577327	0.451194
2002	1.660111	1.546053	0.786069	0.419271	0.382957	0.550904	0.359835
2003	1.631439	1.523204	0.748002	0.356288	0.300792	0.478164	0.272646
2004	1.612741	1.507543	0.703850	0.306002	0.265696	0.424875	0.218141
2005	1.574387	1.470230	0.633837	0.250995	0.197335	0.341819	0.166999
2006	1.489882	1.411504	0.552107	0.172739	0.125855	0.286095	0.119152
2007	1.432335	1.385818	0.480335	0.096188	0.051090	0.238024	0.053592
2008	1.382709	1.353211	0.414755	0.020378	-0.024768	0.175975	-0.005587

3. 收入地位和总体可支配收入对总体平均消费倾向影响的交互效应
分析

根据表 3－21 的计量结果以及式(3.6.19)和式(3.6.20)就可以计算收
入地位和总体可支配收入对总体平均消费倾向影响的交互效应。表 3－24、
表 3－25 分别是对农村各收入阶层和城镇各收入阶层的分析结果。

表 3-24   2000—2008 年农村各收入阶层的收入地位和总体
可支配收入对总体平均消费倾向的交互效应

年份	低收入户	中低收入户	中等收入户	中高收入户	高收入户
2000	-0.001291	-0.000728	-0.000502	-0.000362	-0.000205
2001	-0.001299	-0.000722	-0.000497	-0.000357	-0.000199
2002	-0.001273	-0.000715	-0.000492	-0.000352	-0.000194
2003	-0.001307	-0.000711	-0.000487	-0.000344	-0.000187
2004	-0.001154	-0.000636	-0.000442	-0.000318	-0.000178
2005	-0.001120	-0.000594	-0.000411	-0.000295	-0.000166
2006	-0.001030	-0.000554	-0.000382	-0.000274	-0.000156
2007	-0.000926	-0.000489	-0.000339	-0.000245	-0.000142
2008	-0.000850	-0.000437	-0.000300	-0.000219	-0.000127

从表 3-24 可以看出,在 2000—2008 年:(1)总体平均可支配收入减弱了
农村各收入阶层的收入地位对总体平均消费倾向的边际影响;(2)从横截面
来看,收入层次越低的阶层,其收入地位和总体可支配收入对总体平均消费倾
向影响的交互效应(以绝对值衡量)越大,反之,则越小;(3)随着时间的推移,
除低收入户外,农村各收入阶层的这种交互效应越来越小(以绝对值衡量)。

表 3-25   2000—2008 年城镇各收入阶层的收入地位和总体
可支配收入对总体平均消费倾向的交互效应

年份	最低收入户	低收入户	中下收入户	中收入户	中上收入户	高收入户	最高收入户
2000	-0.001367	-0.000933	-0.000544	-0.000484	-0.000386	-0.000542	-0.000402
2001	-0.001263	-0.000851	-0.000496	-0.000438	-0.000345	-0.000483	-0.000348
2002	-0.001453	-0.000880	-0.000486	-0.000414	-0.000316	-0.000423	-0.000273
2003	-0.001316	-0.000795	-0.000442	-0.000370	-0.000284	-0.000372	-0.000235
2004	-0.001171	-0.000701	-0.000389	-0.000327	-0.000249	-0.000321	-0.000202
2005	-0.001046	-0.000622	-0.000342	-0.000289	-0.000219	-0.000281	-0.000177
2006	-0.000910	-0.000541	-0.000301	-0.000258	-0.000195	-0.000249	-0.000159
2007	-0.000757	-0.000451	-0.000255	-0.000221	-0.000169	-0.000216	-0.000139

续表

年份	最低收入户	低收入户	中下收入户	中收入户	中上收入户	高收入户	最高收入户
2008	−0.000655	−0.000390	−0.000220	−0.000189	−0.000144	−0.000182	−0.000120

而表 3 - 25 则表明,在 2000—2008 年:(1)总体平均可支配收入减弱了城镇各收入阶层的收入地位对总体平均消费倾向的边际影响;(2)从横截面看,城镇收入层次越低的阶层,其收入地位和总体可支配收入对总体平均消费倾向影响的交互效应越小(以绝对值衡量),反之,则越大;(3)随着时间的推移,除最低收入户外,城镇各收入阶层的这种交互效应越来越小(以绝对值衡量)。

三、总结

就计量分析方法而论,计量模型的设定和回归是一种间接方法,即通过对式(3.6.13)和式(3.6.14)的回归来获得式(3.6.16)的回归方程。之所以这样处理,是考虑到采用的样本数据本质上是一种面板数据,而如果直接对式(3.6.16)进行回归,就无法顾及各收入阶层的相互影响及其程度。

对 2000—2008 年中国城乡各收入阶层的实证分析表明,在城乡内部,收入层次越高的阶层,其对总体平均消费倾向的影响越大,反之,则越小。而边际影响则相反,即收入水平越低的阶层对总体平均消费倾向的边际影响越大。与此同时,城乡二元结构的存在削弱了农村家庭对总体平均消费倾向的影响,增强了城镇家庭对总体平均消费倾向的影响。此外,计量结果也表明,2000 年以来农村各收入阶层以及城镇最低收入阶层对总体平均消费倾向的影响在逐年下降,而总体平均可支配收入则会削弱城乡各收入阶层的收入地位对总体平均消费倾向的影响。因而,促进城乡居民消费水平的关键是合理调节收入分配,促使收入分配结构向正态分布转变。

第四章　收入分配对总体消费结构的影响

恩格尔定律表明,随着人们消费水平的提高,食品在人们消费支出的比例会逐渐降低。如果把食品消费和非食品消费的比例变化作为消费结构变迁的话,那么,恩格尔定律同时表明,收入水平决定人们的消费结构。推而论之,反映整个社会收入水平差异状况的收入分配无疑会对总体消费结构产生影响。因为从收入分配的角度来看,某一收入阶层收入变化可能来自两个方面:一是收入分配状况不变时,经济社会总可支配收入变化时引起的各收入阶层的收入变化;二是在总可支配收入不变的情形下,由于收入分配状况发生变化引起的各收入阶层的收入变化。也就是说,即使在整个社会的总收入水平保持不变的情形下,单单收入分配的改变也有可能影响消费结构。因此,其中的影响机制无疑是值得探究的。

研究收入分配对消费结构的影响也具有现实意义。中国的改革正处于关键时期,合理调节收入分配和加快经济发展方式转变是急需解决的两大问题。前者是针对中国收入差距不断拉大的现实而提出的,而对于后者,扩大内需,扭转居民消费对经济增长的贡献率偏低的局面则是其中的一项重要内容。居民消费水平的提高一是有赖于居民消费支出的提高,二是有赖于居民消费结构的不断提升。

第一节　相关文献回顾和研究方法

一、相关文献回顾

库兹涅茨在总结各国现代经济增长的特征时指出,"人均产值的增长率越高,消费者需求结构的改变也就越大……从人均产值较低水平上的'必需品'范围向在人均产值较高水平上的'高档'商品和'奢侈品'的范围"。① 钱纳理等人在分析增长和结构转变的相互依存关系时,也指出收入增长会引起国内需求结构和生产结构变化,并且随着收入的增加,两个经济现象主导着总需求类型的变动过程。其中,最重要的是私人消费中食品份额的下降和其他消费份额的上升。②

　　虽然库兹涅茨的统计分析结论以及钱纳理等人的结构分析结论是一个纵向角度的结论,但从横向角度来看,他们的研究也意味着同一时期处于不同收入水平上的人们,其消费结构也不相同,因而蕴涵着整个社会收入水平差异状况的收入分配会对总体消费结构产生影响的思想。

　　实际上,马克思在分析资本主义简单再生产和扩大再生产中,就曾系统论述过资本家和雇佣工人之间的收入差距所导致的不同消费结构:工人只消费必要生活资料,资本家除了必要生活资料外还消费奢侈品。③

　　刘易斯的二元经济结构模型也蕴涵了收入分配影响消费结构的思想。在刘易斯看来,由于劳动力存在无限供给现象,不论是"维持生计部门"还是"资本主义部门"的工人,其收入仅仅能够维持基本生计或略高一点,这种收入水平决定了他们的消费结构主要以农产品为主。而收入水平高的资本家虽然会消费非农产品,但由于消费有限,对总体消费结构影响不大。④

　　20 世纪 90 年代以来,国外的研究大都集中在收入和收入差距对某些类商品消费的影响上。比如,Lim 和 Lee 分析了中国城镇居民的居住消费的收入弹性,认为租金改革并不能改善中国城镇的居住条件;⑤Fabiosa、Mohanty、Smith 和 Meyers 以收入阶层为切入点,运用斯卢茨基(Slutsky)方程估计各收

　　① 　西蒙·库兹涅茨:《各国的经济增长》,常勋等译,商务印书馆 1985 年版,第 407 页。
　　② 　H. 钱纳理、S. 鲁宾逊、M. 赛尔奎因:《工业化和经济增长的比较研究》,吴奇、王松宝等译,上海三联书店、上海人民出版社 1995 年版,第 66 页。
　　③ 　马克思:《资本论》第二卷(中译本),人民出版社 1975 年版,第 117 页。
　　④ 　阿瑟·刘易斯:《二元经济论》,施炜等译,北京经济学院出版社 1989 年版,第 29 页。
　　⑤ 　Lim, G. C. and Lee, M. H., "Housing Consumption in Urban China", *Journal of Real Estate Finance & Economics*, 1993, Vol. 6, No. 1, pp. 89 – 103.

入阶层的消费参数,分析了牙买加各收入阶层的农产品消费的价格弹性;①
Pradhan 和 Ravallion 运用家庭消费中的食品、居住和衣着是否足以满足家庭
需要来界定贫困线;②Matsuyama 运用雁形理论解释了大众消费社会兴起的原
因,指出工业生产率的提高有助于大多数家庭能够支付得起每一种消费品和
扩大消费品范围,进而形成良性循环,而收入分配过分平等和不平等都会对这
一良性循环产生阻碍作用;③Lefebvre 指出人口老龄化会使总消费中的健康、
居住和闲暇支出增加,而家庭设备、衣着和交通支出则会减少;④Selvanathan
等对食品、烟草、饮料消费的跨国比较研究发现,发展中国家的食品消费占收
入的比例要高于发达国家,烟草、饮料消费占收入的比例则类似,食品对所有
国家来说是必需品,软饮料对所有国家来说是奢侈品,而烟草和酒类对发展中
国家而言是奢侈品,对发达国家来说则是必需品。⑤

　　国内研究收入分配对消费结构影响的文献并不多见。封进和余央央研究
了中国农村的收入差距对健康的影响(这里隐含地假设健康与医疗保健支出
呈正相关关系),结论是收入差距对健康的影响呈现"倒 U 型"关系,且收入差
距的扩大加大了收入对健康的影响。⑥ 徐海云等应用多元统计方法之一的对
应分析探索了随着收入变化城市居民消费结构的变化规律,得出各收入人群
与相应的消费支出有显著而稳定的"亲缘"关系的结论。⑦ 秦海林运用 ELES

---

① Fabiosa,J. F. Mohanty, S. , Smith, D. B. , and Meyers, W. H. , " Using Income Classes to Estimate Consumption Parameters for Food Policy Analysis",*FAPRI Working Papers*,1996,96 - wp159.

② Pradhan,M. P. and Ravallion M. , "Measuring Poverty Using Qualitative Perceptions Of Consumption Adequacy",*The Review of Economics and Statistics*,2000,Vol. 10,No. 3,pp. 462 - 471.

③ Matsuyama,K. , "The Rise of Mass Consumption Societies", *Journal of Political Economy*, 2002,Vol. 110,No. 5,pp. 1035 - 1070.

④ Lefebvre, M. ,"Population ageing and consumption demand in Belgium", *CREPP Working Papers*,2006,No. 0604.

⑤ Selvanathan, S. and Selvanathan, E. A. , " Consumption patterns of food, tobacco and beverages: a cross-country analysis",*Applied Economics*,2006,Vol. 38,No. 13,pp. 1567 - 1584.

⑥ 封进、余央央:《中国农村的收入差距与健康》,《经济研究》2007 年第 1 期。

⑦ 徐海云、涂雄苓、罗付岩:《我国城镇居民消费结构沿收入梯度的响应——基于对应分析》,《系统工程》2007 年第 12 期。

模型,描述了农村居民收入分配差距引起的具体消费表现。①

通过以上对相关文献的梳理,可以肯定的是,收入分配对消费结构存在影响。这里试图在以下两个方面加以拓展:一是研究收入分配对总体消费结构的影响,而不仅仅是关注对某一类商品消费的影响。也就是说,同时考虑收入分配对各类商品消费支出的影响。二是通过对已有或可能的研究方法评述,从中找出一个可行的研究方法,并在此基础上构建相应的理论模型和计量模型。

二、研究方法

从研究方法上来说,本章将基于第二章第一节同样的理由和方法,以收入阶层为切入点,来分析收入分配对消费结构的影响。不同的是,这里的分析还涉及消费结构的划分即商品的分类问题。在作为主流文献的现代消费理论中,存在两种消费结构划分方法:一种是把消费者所消费的商品分为"非耐用品"和"耐用品"两大类,前者包括居民日常衣食住行等一般商品和服务,后者则主要指家具、家电、汽车、住房等商品。这种划分主要是基于"非耐用品"和"耐用品"在消费性质的不同,在由 Grossman 和 Laroque 最早提出②,后经 Caballero 和 Eberly 发展的(S,s)模型中③,耐用品的购买是离散的,非耐用品的购买则是连续的。另一种划分方法是将消费者所消费的商品划分为基本层次消费和非基本层次消费两大类,这一种分析是基于 Engel 的划分方法。就第一种划分来说,分类过于简单,而且,从收入阶层的角度和社会整体角度来看,个体中的离散性耐用品消费特征可以转化为连续性耐用品消费特征,因而无须特别注重耐用品的离散性,实际上这也是现有文献所采用的"代表性消费者"方法所致。④ 就第二种划分来说,也同样过于简单。

---

① 秦海林:《农村消费结构的户间差异与农户收入分配》,《财经科学》2006 年第 11 期。

② Grossman,S. J and Laroque, G. ,"Asset Pricing and Optimal Portfolio Choice in the Presence of Illiquid Durable Consumption Goods", *Econometrica*,1990,Vol. 58,No. 1,pp. 25 - 51.

③ Caballero,R. J and Eberly,J. C. ,"Explaining Investment Dynamics in U. S. Manufactureing: A Generalized (S,s) Approach",*Econometrica*,1999,Vol. 67,No. 4,pp. 783 - 826.

④ Deaton,A. ,*Understanding Consumption*,Oxford University Press,1992,p. 36.

需要提及的是,扩展的线性支出系统模型(简称 ELES 模型)[①],是国内外学者研究消费结构的一种主要计量研究方法。从方法论上说,ELES 模型仍然是一种"代表性消费者"分析方法,因而只能用来分析某一收入阶层本身的消费结构变化,以及不同收入阶层的消费结构的横截面比较,而在横截面上不同收入阶层对总体消费结构的影响,以及时间序列上收入分配和收入水平对总体消费结构的影响则是无法加以研究的。最重要的一个可能问题是,ELES 模型本质上仍是一种线性分析方法。

第二节　理论模型和计量模型

一、理论模型

为了便于分析,这里假定整个社会分为 n 个收入阶层,第 i 个收入阶层的个体数占总体数的比例为 rh_i($i=1,2,\cdots n$),所消费的商品按种类划分,设分为 m 个商品组,以各类商品组在消费支出的比例来衡量消费结构。

(一)单一阶层的消费结构和总体消费结构

假设 t 期第 i 个收入阶层的第 j($j=1,2,\cdots m$)类商品组消费支出为 c_{ijt},总消费支出为 c_{it},则 t 期第 i 个收入阶层的第 j 类商品组消费支出比例 p_{ijt} 就可以表示为:

$$p_{ijt} = c_{ijt}/c_{it} \qquad (4.2.1)$$

很明显,式(4.2.1)就可以描述 t 期各收入阶层的消费结构,记为 $lc\,s_{it} = [p_{i1t}, p_{i2t}, \cdots p_{imt}]$。显然, $\sum_{j=1}^{m} p_{ijt} = 1$。

假设总体 t 期第 j 类商品组平均消费支出为 tc_{jt},总体平均消费支出为 tc_t,记 t 期总体消费支出中第 j 类商品组消费支出比例为 p_{jt},则 t 期总体消费结构可以记 $tc\,s_t = [p_{1t}, p_{2t}, \cdots p_{mt}]$。$p_{jt}$ 可由所有单一收入阶层第 j 类商品组消

---

① Luch,C. L. , "Life Cycle,Individual Thrift,and the Wealth of Nations",*American Economic Review*,1973,Vol. 76,pp. 297 - 313.

费支出比例 p_{ijt} 推导出来。因为

$$p_{jt} = tc_{jt}/tc_t = \sum_{i=1}^{n} (r_{hi} \cdot c_{ijt}/c_{it}) \cdot (c_{it}/yd_{it}) \cdot (yd_{it}/yd_t)/(tc_t/yd_t)$$

$$(4.2.2)$$

式(4.2.2)中，yd_{it} 为 t 期第 i 个收入阶层的可支配收入，yd_t 为 t 期总体平均可支配收入。记 $apc_{it} = c_{it}/yd_{it}$，则它就是第 i 个收入阶层的平均消费倾向；记 $pid_{it} = r_{hi} \cdot \dfrac{yd_{it}}{yd_t}$，它反映了第 i 个收入阶层的可支配收入在总体平均可支配收入中所占的比重，即其在收入规模分配中所处的分配地位；记 $apc_t = tc_t/yd_t$，则它就是总体平均消费倾向，并考虑到 $apc_t = tc_t/yd_t = \sum_{i=1}^{n} (r_{hi} \cdot c_{it}/yd_{it}) \cdot (yd_{it}/yd_t) = \sum_{i=1}^{n} pid_{it} \cdot apc_{it}$。这样一来，式(4.2.2)就可以简记为：

$$p_{jt} = tc_{jt}/tc_t = \Big[\sum_{i=1}^{n} p_{ijt} \cdot pid_{it} \cdot apc_{it} \Big] / \Big[\sum_{i=1}^{n} pid_{it} \cdot apc_{it} \Big] \quad (4.2.3)$$

显然，$\sum_{j=1}^{m} p_{jt} = 1$。需要指出的是，式(4.2.2)和式(4.2.3)并不仅仅是简单的数学变换，它反映的是总体消费结构（tcs_t）的形成是各收入阶层的消费结构（lcs_{it}）、收入分配地位（$pid_t = [pid_{1t}, pid_{1t}, \cdots pid_{nt}]$）和平均消费倾向结构（$apc_t = [apc_{1t}, apc_{2t}, \cdots apc_{nt}]$）共同作用的结果。

（二）某一阶层的消费结构对总体消费结构的影响

记 $capc_{it} = apc_{it} / \sum_{i=1}^{n} pid_{it} \cdot apc_{it}$，其经济含义是，计及第 i 个收入阶层的收入分配地位时，t 期第 i 个收入阶层的平均消费倾向与总体平均消费倾向的比值，这里称之为第 i 个收入阶层的相对平均消费倾向。这样一来，则式(4.2.3)就可以改写为：

$$p_{jt} = \sum_{i=1}^{n} p_{ijt} \cdot pid_{it} \cdot capc_{it} \quad (4.2.4)$$

记 $infl_{it} = pid_{it} \cdot capc_{it}$，则由式(4.2.4)可以看出，它代表了 t 期第 i 个收入阶层消费结构中的第 j 类商品组消费支出比例 p_{ijt}（$j = 1, 2, \cdots m$）对总体消费

结构中的第 j 类商品组消费支出比例 p_{jt}（$j=1,2,\cdots m$）的影响因子或贡献率。而从 $infl_{it}$ 的表达式可以看出,其值只与 t 期第 i 个收入阶层在收入规模分配中所处的地位 pid_{it}、相对平均消费倾向 $capc_{it}$ 相关,而与消费结构的具体划分无关。因此,可得下面的命题1:

命题1:各收入阶层的消费结构对总体消费结构的影响,与消费结构的结构无关。

(三)收入分配对总体消费结构的影响

对式(4.2.2)作如下数学变换:

$$p_{jt} = tc_{jt}/tc_t = \sum_{i=1}^{n}(r_{hi} \cdot c_{ijt}) / \sum_{i=1}^{n}(rh_i \cdot c_{it}) \tag{4.2.5}$$

由式(4.2.5)可以看出,总体消费结构中的第 j 类商品组消费支出比例 p_{jt}（$j=1,2,\cdots m$）由三个因素决定:一是各收入阶层的个体数在总体中所占比例 rh_{it};显然,一旦收入阶层既定,rh_i 就是一个定值;二是各收入阶层的各类商品组的消费支出（c_{ijt}）;三是各收入阶层的总消费支出（c_{it}）。

就第二个、第三个因素来说,它们代表了各收入阶层的两个消费函数。对此,可以运用现有消费理论加以探究。假定各收入阶层的各类商品组的消费支出以及总消费支出与他们当期的收入水平 yd_{it} 相关,受过去消费习惯、通货膨胀、存款利率(存款利率对消费的影响是其收入效应和替代效应的综合结果)、家庭负担轻重以及消费者之间存在"示范性效应"的影响。记 $cc_{ijt} = c_{ijt}/tc_t = c_{ijt}/\sum_{i=1}^{n}(rh_i \cdot c_{it})$,其经济含义是第 i 个收入阶层的第 j 类商品组消费支出与总体平均消费支出之比,称之为第 i 个收入阶层的第 j 类商品组的相对消费支出,记 $ccs_{it} = [cc_{i1t}, cc_{i1t}, \cdots cc_{imt}]$,并称之为第 i 个收入阶层 t 期的相对消费结构①,这样一来,式(4.2.5)就可以改写为:

$$p_{jt} = tc_{jt}/tc_t = \sum_{i=1}^{n}(r_{hi} \cdot c_{ijt}) / \sum_{i=1}^{n}(rh_i \cdot c_{it}) = \sum_{i=1}^{n}(rh_i \cdot cc_{ijt}) \tag{4.2.6}$$

---

① 根据相对消费支出的定义和式(4.2.1)可知 $cc_{ijt} = p_{ijt} \cdot (c_{it}/tc_t)$,因此 $ccs_{it} = lcs_{it} \cdot (c_{it}/tc_t)$。

根据 cc_{ijt} 的经济含义，可以推测 cc_{ijt} 受收入水平 yd_{it}、过去消费习惯、通货膨胀、利息率、家庭负担轻重以及消费者之间存在"示范性效应"的影响。因此，cc_{ijt} 可以表示为：

$$cc_{ijt} = f_{ij}(yd_{it}, lcc_{ij}, ex_{ijt}, pi_t, r_t, hdr_t, u_{ijt}) \tag{4.2.7}$$

式（4.2.7）中，lcc_{ij} 是第 i 个收入阶层的滞后期 cc_{ijt} 的矩阵向量，$ex_{ijt} = \left[ex_{i1jt}, ex_{i2jt}, \cdots ex_{i(i-1)jt}, ex_{i(i+1)jt}, \cdots ex_{injt} \right]$（$i = 1, 2, \cdots n$），为 t 期第 i 个收入阶层受其他收入阶层消费行为影响的矩阵向量，ex_{ikjt} 为第 k（$k \neq i$）个收入阶层的第 j 类商品的消费行为对第 i 个收入阶层第 j 类商品组的消费行为的影响。考虑到影响 cc_{ijt} 因素的多样性，以及这些因素相互之间的影响，而模型本身的解释变量有限，为此，基于研究对象，其他未纳入的影响因素均包含于随机误差项 u_{ijt}。

二、计量模型及方法

考虑到我国 1978 年以来一直进行市场化改革，在这一进程中，诸如价格、国有企业、教育、医疗和住房制度改革等因素无疑会对居民消费结构产生影响。为此，引入代表教育、医疗和住房制度改革这一虚拟解释变量（mr_t）来衡量以上一些因素对居民消费结构的影响，并将 cc_{ijt} 回归模型扩展为如下形式：

$$cc_{ijt} = f_{ij}(yd_{it}, lcc_{ij}, ex_{ijt}, pi_t, r_t, hdr_t, mr_t) + \varepsilon_{ijt} \tag{4.2.8}$$

式（4.2.8）中，ε_{ijt} 为随机误差项，并且假定随机误差项是可加的。将式（4.2.8）代入式（4.2.6），可得 p_{jt} 的回归模型：

$$\begin{aligned} p_{jt} &= \sum_{i=1}^{n} rh_i \cdot \left[f_{ij}(yd_{it}, lcc_{ij}, ex_{ijt}, pi_t, r_t, hdr_t, mr_t) + \varepsilon_{ijt} \right] \\ &= F_j(yd_{1t}, yd_{2t}, \cdots yd_{nt}, lcc_j, ex_{jt}, pi_t, r_t, hdr_t, mr_t) + \varepsilon_{jt} \end{aligned} \tag{4.2.9}$$

式（4.2.9）中，$lcc_j = \left[lcc_{1j}, lcc_{2j}, \cdots lcc_{nj} \right]$，$ex_{jt} = \left[ex_{1jt}, ex_{2jt}, \cdots ex_{njt} \right]$，$F_j(\cdot)$ 为未设定具体形式的第 j 类商品组总消费支出比例的函数，而 ε_{jt} 为总体第 j 类商品组消费支出比例的随机误差项。显然，$\varepsilon_{jt} = \sum_{i=1}^{n} rh_i \cdot \varepsilon_{ijt}$。并且，

$|\varepsilon_{jt}| \leqslant \max(|\varepsilon_{1jt}|, |\varepsilon_{2jt}|, \cdots |\varepsilon_{njt}|)$。这样一来,我们可以通过对各收入阶层的 cc_{ijt} 即式(4.2.8)回归,进而求和来获得式(4.2.9)的回归方程。也就是说,式(4.2.8)可视为式(4.2.9)的子模型。考虑到 $yd_{it} = pid_{it} \cdot yd_t / rh_i$,则可以推测各收入阶层的消费结构与收入分配相关,即可以由式(4.2.9)探究各收入阶层的收入分配地位对总体消费结构的影响。

如果利用面板数据(panel data)模型[1]进行回归,则由于考虑到了各收入阶层之间可能存在的共性即示范性效应而使式(4.2.8)回归方程简化为:

$$cc_{ijt} = f_{ij}(yd_{it}, lc_{ij}, pi_t, r_t, mr_t, hdr_{it}) + \varepsilon_{ijt} \qquad (4.2.10)$$

为了便于计量处理,这里设定面板数据模型如下:

$$cc_{ijt} = \delta_j + \alpha_{ij} + \gamma_{jt} + x_{ijt} \cdot \beta_{ij} + e_{ijt} \qquad (4.2.11)$$

式(4.2.11)中,$x_{ijt} = [\ln yd_{it}, \ln^2 yd_{it}, lc_{ij}, hdr_{it}, pi_t, r_t, mr_t]$ 为解释变量向量,$\beta_{ij} = [\beta_{ij1}, \beta_{ij2}, \beta_{ij3}, \beta_{ij4}, \beta_{ij5}, \beta_{ij6}, \beta_{ij7}]$ 为回归系数向量;截距项为 $\delta_j + \alpha_{ij} + \gamma_{jt}$,其中 δ_j 为常数,α_{ij} 度量可观测到的个体间的差异,γ_{jt} 度量可观测到的时间上的差异,e_{ijt} 为组合随机误差项。考虑到 yd_{it} 的时间序列数值和横截面数值之间变化比较大,对其取对数后可以使其数值之间变化幅度大为减少,而且也消除了使用回归模型时对度量单位的考虑[2],因此式(4.2.11)中各阶层的可支配收入(yd_{it})采用了对数形式。而且,各类商品组相对消费支出和各收入阶层可支配收入的散列图表明,这两类变量之间的关系可能是非线性的,因此在式(4.2.11)中加入了各收入阶层可支配收入对数的平方项。

面板数据模型有三种基本回归模型[3]:联合回归模型;变截距模型(包括固定影响变截距模型和随机影响变截距模型);变系数模型(包括固定影响变系数模型和随机影响变系数模型)。对于以上三种模型的设定检验可运用下式(4.2.12)的 F_2 统计量和式(4.2.13)的 F_1 进行判断和选择:

---

[1]   Baltagi, B., *Econometrics Analysis of Panel Data*, John Wiley and Sons, 1995, p. 393.

[2]   Greene, W. H., *Econometric Analysi(5th)*, Pearson Education, Inc, 2003, p. 468.

[3]   高铁梅:《计量经济分析方法与建模——EViews 应用及实例》(第二版),清华大学出版社 2009 年版,第 321—343 页。

$$F_2 = \frac{(S_3 - S_1)/[(N-1)(k+1)]}{S_1/[N \cdot T - N \cdot (k+1)]}$$

$$\sim F[(N-1)(k+1), N(T-k-1)] \tag{4.2.12}$$

$$F_1 = \frac{(S_2 - S_1)/[(N-1)k]}{S_1/[N \cdot T - N \cdot (k+1)]} \sim F[(N-1)k, N(T-k-1)]$$

$$\tag{4.2.13}$$

式(4.2.12)和式(4.2.13)中, S_1 为变系数模型的残差平方和, S_2 为变截距模型的残差平方和, S_3 为联合回归模型的残差平方和, N 为横截面上的个体数, T 为时期跨度, k 为解释变量个数。判别标准为, 当计算所得的统计量 F_2 小于给定置信水平下的相应临界值时接受联合回归数据模型, 否则继续计算 F_1。当计算所得的统计量 F_1 小于给定置信水平下的相应临界值时接受变截距模型, 否则接受变系数模型。

当检验的模型是变截距模型或者是变系数模型时, 还需要进一步考虑这些模型是否应该包含固定效应, 以及应该选择固定效应还是选择随机效应。对于后者可以运用 Hausman 检验方法, 对于前者, 可运用下式(4.2.14)的 F_3 统计量进行判断和选择:

$$F_3 = \frac{(RSS_R - RSS_U)/q}{RSS_U/[N \cdot T - p]} \sim F[(q, N(T-p)] \tag{4.2.14}$$

式(4.2.14)中, RSS_R 为模型中存在固定效应的残差平方和, RSS_U 为模型中不存在固定效应的残差平方和, N 为横截面上的个体数, T 为时期跨度, q 为受约束回归的约束个数(当检验个体固定效应时为 $N-1$, 当检验时期固定效应时为 $T-1$, 当检验个体时期固定效应时为 $N+T-2$), p 为个体或时期固定效应的模型中待估参数的个数。判别标准为, 当计算所得的统计量 F_3 大于给定置信水平下的相应临界值时接受存在固定影响的假设。

显然, 当面板数据模型中引入了自回归时, 则可以剔除随机效应模型, 也即式(4.2.11)中的 $\gamma_{jt} = 0$, 从而式(4.2.11)可改写为:

$$cc_{ijt} = \delta_j + \alpha_{ij} + x_{ijt} \cdot \beta_{ij} + e_{ijt} \tag{4.2.15}$$

考虑到各收入阶层之间可能存在的"示范性效应"和收入分配的关联性

可能会使各收入阶层方程的随机项之间存在异方差和同期相关,因而分别应用相同权重(No weighting)、截面权重(Cross-section weights)和横截面似不相关回归(Cross-section SUR)权重来回归模型并加以比较。

另外,对于变系数模型来说,各个体回归方程中的解释变量系数有些可能是相同的,可能有些是特定的,也可能全部是特定的。由于在面板数据模型中,有多个不同特性的解释变量(这里将 $\ln yd_{it}$ 和 $\ln^2 yd_{it}$ 视为特性一样的解释变量),因而有多种不同的系数组合方式,到底选择哪一种组合则需要进行判断。

对于以上面板数据方程的权重选择和系数特征组合判断,基本标准是对以下几个统计量的综合衡量:(1)调整的可决系数 R^2 越大越好;(2)各解释变量回归系数的 t 统计值以 10% 作为最大置信水平;(3)残差平方和越小越好;(4)DW 统计量越接近 2 越好。

当然,这些标准也是在由一般到特殊的计量建模过程中剔除解释力差的解释变量的判别标准。

一旦得到式(4.2.11)所表示的子模型的回归方程,就可以由式(4.2.9)得到总体消费结构各类商品组消费支出比例的回归方程,即

$$p_{jt} = \sum_{i=1}^{n}(rh_i \cdot cc_{ijt}) = \sum_{i=1}^{n}\left[rh_i \cdot (\delta_j + \alpha_{ij} + \gamma_{jt} + x_{ijt} \cdot \beta_{ij} + \varepsilon_{ijt})\right]$$

$$(4.2.16)$$

由式(4.2.16)就可以分析收入分配对城镇消费结构的影响,即收入分配地位的变化是如何影响各大类商品组消费支出比例变化的。对此,只要求出被解释变量的收入分配地位的一阶偏导数即可,即由式(4.2.16)和 $yd_{it} = pid_{it} \cdot yd_t / rh_i$ 可得:

$$\frac{\partial F_j(\cdot)}{\partial pid_{it}} = \frac{rh_i \cdot \beta_{ij1}}{pid_{it}} + \frac{2rh_i \cdot \beta_{ij2} \cdot \ln yd_{it}}{pid_{it}}, \text{对于 } i = 1,2,\cdots n, j = 1,2,\cdots m$$

$$(4.2.17)$$

式(4.2.17)表示的是,总体消费结构中第 j 类商品组消费支出比例的变化量与引起这种变化的第 i 个收入阶层的收入分配地位变化量之比,称之为

第 i 个收入阶层对总体消费结构中第 j 类商品消费支出比例影响的分配效应。由于第 i 个收入阶层的收入分配地位及其可支配收入会随着时间发生变化，这一分配效应也会随时间发生改变。

各收入阶层的收入分配地位和总体可支配收入之间存在的交互效应，即跨层次效应。可以通过对式（4.2.17）求总体平均可支配收入的偏导数得到：

$$\frac{\partial^2 F_j(\cdot)}{\partial pid_{it} \partial yd_t} = \frac{2rh_i \cdot \beta_{ij2}}{pid_{it} \cdot yd_t} \text{，对于 } i = 1,2,\cdots n, j = 1,2,\cdots m \qquad (4.2.18)$$

如果 $\frac{\partial^2 F_j(\cdot)}{\partial pid_{it} \partial yd_t} > 0$，则意味着第 i 个收入阶层的收入分配地位和总体平均可支配收入对第 j 类商品组消费支出比例的影响性质相同，即随着总体平均可支配收入的增加，收入分配的改善会加强总体平均可支配收入对第 j 类商品组消费支出比例的影响。反之，如果 $\frac{\partial^2 F_j(\cdot)}{\partial pid_{it} \partial yd_t} < 0$，则意味着第 i 个收入阶层的收入分配地位和总体平均可支配收入对第 j 类商品组消费支出比例影响性质相反，即随着总体平均可支配收入的增加，收入分配的恶化会加强总体平均可支配收入对第 j 类商品组消费支出比例的影响。

第三节 中国城镇收入分配对城镇总体 消费结构影响的实证分析

一、数据来源和处理

对于收入的规模分配，以家庭为基本计算单位。具体计算时，各收入阶层的代表性家庭可支配收入=家庭平均每人可支配收入×家庭人口规模，各收入阶层的代表性家庭消费支出=家庭平均每人消费支出×家庭人口规模。① 以家庭平均每一就业者负担人数作为家庭负担率。

---

① 城镇各收入阶层的可支配收入和总体可支配收入使用了城市居民消费价格指数进行调整（1992 年=100）。考虑到各收入阶层的各类商品的相对消费支出是一个无量纲经济变量，则不需要进行调整。

在收入阶层划分上,按收入水平由低至高的次序将城镇家庭分为最低收入户(10%)、低收入户(10%)、中等偏下收入户(20%)、中等收入户(20%)、中等偏上收入户(20%)、高收入户(10%)和最高收入户(10%)七个阶层。

对于消费结构的划分,本章第二节的命题1虽然指出了各收入阶层的消费结构对总体消费结构的影响与消费结构的构成即消费商品的种类多少无关,但考虑到数据的可获得性,依据国家统计局的消费结构分类,将城镇消费结构由八大类商品组即食品、衣着、居住、家庭设备用品及其服务、交通运输、娱乐文化教育服务、医疗保健,以及杂项商品与服务在消费支出所占比例来衡量。考虑到无论是各收入阶层的消费结构还是总体消费结构,在时点上这八大类商品组的支出比例之和恒为100%即存在线性关系,剔除杂项商品与服务的支出比例,只回归前七大类商品组的消费支出比例。

选取的数据时间跨度为1992—2008年,这一时间跨度的选取主要考虑到1992年前后《中国统计年鉴》的消费结构指标体系的不统一以及统计来源的唯一性。

二、各收入阶层的收入分配地位演变及其消费结构对总体消费结构的影响

(一)1992—2008年城镇各收入阶层的收入分配地位演变及总体消费结构演变

图4-1反映了1992—2008年我国城镇各收入阶层在收入分配中所处地位的演变情况,可以看出:(1)最低收入户、低收入户、中等偏下收入户和中等收入户四个收入阶层在收入分配中的地位呈总体下降态势,只不过中等收入户的下降速度较小,2007年开始有些逆转向上;(2)中等偏上收入户、高收入户和最高收入户三个收入阶层在收入分配中的地位呈总体上升态势,只不过中等偏上收入户的上升速度较小,2007年开始有些逆转向下;(3)从横截面和相对的角度(这里的相对是指对图4-1中的数据进行归一化处理即将表中数据均除以对应的人口比例)来看,收入层次越低的阶层,其在收入分配中所处的地位也越低,反之则越高。

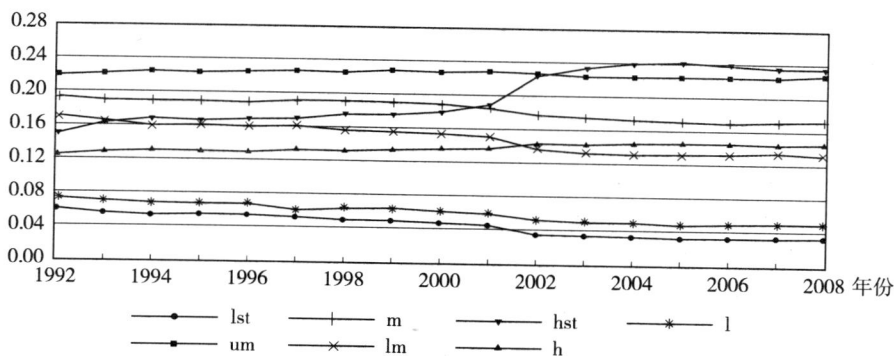

图 4 - 1 1992—2008 年的城镇收入分配情况

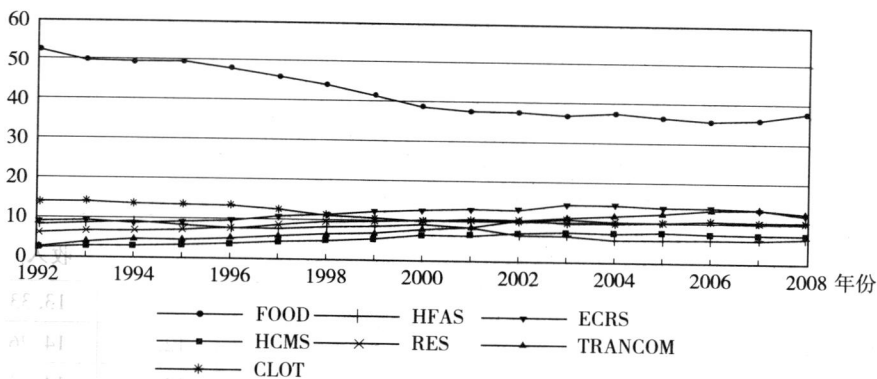

图 4 - 2 1992—2008 年城镇的总体消费结构情况

注:(1)图 4 - 1 中,lst、l、lm、m、um、h、hst 分别表示最低收入户、低收入户、中下收入户、中等收入户、中上收入户、高收入户和最高收入户;(2)图 4 - 2 中 FOOD、CLOT、RES、HFAS、HCMS、TRANCOM 和 ECRS 分别表示食品、衣着、居住、家庭设备、医疗保健、交通通讯和文教娱乐七大类食品的消费支出比例;(3)图 4 - 1 和图 4 - 2 的数据根据《中国统计年鉴》(1993—2009 年)的有关数据计算得到。

图 4 - 2 反映了 1992—2008 年我国城镇总体消费结构的演变情况。从图 4 - 2 可以看出:(1)食品、衣着类消费支出比例呈总体下降态势,前者下降幅度较大,后者下降幅度较小;(2)家庭设备的消费支出比例呈小幅周期性波动,1992—1994 年、1997—2000 年处于上升周期,1994—1997 年和 2000—2005 年则处于下降周期,2005 年以来又似乎转入上升周期;(2)居住、医疗保

健、交通通讯和文教娱乐则呈总体上升态势。其中,交通通讯上升幅度较大,其余三者的上升幅度则相对较小。

(二)城镇各收入阶层的消费结构对总体消费结构的贡献率

根据式(4.2.4)就可以计算出 1992—2008 年我国城镇各收入阶层的消费结构对总体消费结构的贡献率,表 4-1 是计算结果。

表 4-1 的纵截面数据表明:(1)最低收入户、低收入户、中等偏下收入户和中等收入户四个收入阶层的贡献率呈总体下降态势,只不过中等收入户的下降速度较小,2006 年开始似乎有些逆转向上;(2)中等偏上收入户、高收入户和最高收入户三个收入阶层的贡献率呈总体上升态势,只不过中等收入户是在波动中的略为上升;(3)从横截面和相对的角度(这里的相对是指对表4-1 中的数据进行归一化处理即将表中数据均除以对应的人口比例)来看,收入层次越低的阶层,对总体消费结构的贡献率也越低,反之,则越高。

表 4-1　1992—2008 年城镇各收入阶层的消费结构对总体消费结构的贡献率(%)

年份	最低收入户	低收入户	中偏下收入户	中收入户	中偏上收入户	高收入户	最高收入户
1992	7.28	8.24	17.96	19.90	21.54	11.78	13.33
1993	6.84	7.92	17.53	19.48	21.75	12.27	14.26
1994	6.54	7.74	17.05	19.63	21.98	12.49	14.42
1995	6.62	7.69	17.26	19.48	22.10	12.21	14.73
1996	6.62	7.67	17.29	19.47	22.16	12.29	14.53
1997	6.83	6.79	17.15	19.42	22.17	12.58	14.90
1998	6.15	7.44	16.84	19.60	21.98	12.72	15.26
1999	6.07	7.34	16.72	19.39	22.28	12.76	15.22
2000	5.78	7.12	16.56	19.25	22.39	13.03	15.73
2001	5.74	7.09	16.57	19.39	22.52	12.89	15.77
2002	4.47	5.94	14.68	18.10	22.04	13.52	19.07
2003	4.45	5.94	14.56	18.09	22.12	13.55	19.85
2004	4.49	5.97	14.77	18.15	22.15	13.76	20.85
2005	4.42	5.88	14.70	18.34	22.34	13.79	21.51

续表

年份	最低收入户	低收入户	中偏下收入户	中收入户	中偏上收入户	高收入户	最高收入户
2006	4.43	5.95	14.71	18.00	22.23	13.81	21.50
2007	4.58	6.20	14.93	18.01	21.79	13.84	20.69
2008	4.61	6.10	14.95	18.26	22.31	14.33	20.70

注:数据误差是由计算误差引起的。数据来源:根据《中国统计年鉴》(1992—2009 年)的有关数据计算得到。各年份各阶层数值相加有时并不等于100,是由四舍五入保留两位小数引起的。

三、各收入阶层的收入分配地位与总体消费结构的相关性分析

比较图4-1和表4-1可以发现,城镇各收入阶层的消费结构对总体消费结构的贡献率与其在收入分配中所处的地位的演变趋势是一致的,即存在高度的正相关关系,正如如表4-2的两者相关系数及显著性水平所表明的。

表4-2　城镇各收入阶层的消费结构对总体消费结构的影响程度与其收入分配地位的相关系数分析情况

		影响因子	收入分配地位
影响因子	Pearson 相关系数	1	.984(＊＊)
	显著性(双尾)	0.000	.000
	样本数	119	119

注:(1)表中的数据是 SPSS 统计软件的输出结果;(2)＊＊表示在 0.01 的水平下显著相关。

此外,最低收入户、低收入户、中下收入户和中等收入户的消费结构对总体消费结构的影响程度要大于其相对应的收入分配地位数值,而中上收入户、高收入户、最高收入户的消费结构对总体消费结构的影响程度要小于其相对应的收入分配地位数值。原因在于,前四者的相对平均消费倾向大于1,后三者的相对平均消费倾向则小于1。

四、各类商品组相对消费支出的面板模型选择及计量结果

以上的相关分析只是一种定性分析,以下就城镇各收入阶层的收入分配

地位对总体消费结构的影响作一定量分析。表4-3是七大类商品组相对消费支出的面板数据模型选择的结果。从表4-3可以看出食品类、衣着类、家庭设备类都应选择联合数据模型,居住类、医疗保健类、文教娱乐类和交通通讯类则应选择变系数模型。

表4-3　七大类商品组相对消费支出的面板数据模型选择

模型选择	被解释变量						
	食品	衣着	居住	家庭设备	医疗保健	文教娱乐	交通通讯
模型判别的F_2统计量	0.072	0.363	6.89	0.714	8.22	5.91	4.18
模型判别的F_1统计量	—	—	3.71	—	7.76	NA	
模型判别的F_3统计量	—	—	1.88	—	-0.837	-0.729	NA
联合数据模型	是	是	否	是	否	否	是
变截距模型	否	否	否	否	否	奇异矩阵	否
变系数模型	否	否	是	否	是	是	是
固定效应	—	—	否		否	否	奇异矩阵
随机效应	—	—	否	否	否	否	

注:(1)F统计量的临界值选取了1%显著水平上的临界值;(2)各模型的权重选择均为截面权重(Cross-section weights);(3)"—"表示不需要计算该项值;(4)"NA"表示无法计算该项值。

表4-4、表4-5、表4-6给出了七大类商品组相对消费支出的解释变量的系数、显著水平和标准误差。

表4-4　食品类、衣着类和家庭设备类的相对消费支出回归结果

解释变量	被解释变量		
	食品类	衣着类	家庭设备类
常数	4.6435(1.6935)*	1.5542(0.6757)**	-2.9024(1.0872)*
可支配收入对数的一次项	-0.8188(0.3446)**	-0.3457(0.1376)**	0.5045(0.2081)**

续表

解释变量	被解释变量		
	食品类	衣着类	家庭设备类
可支配收入对数的平方项	0.04526(0.01784)**	0.01966(0.007089)*	-0.02331(0.01070)**
家庭负担	-0.3012(0.03754)*	—	0.01920(0.01097)***
通货膨胀	—	-0.05845(0.01079)*	—
存款利率	0.6889(0.2386)*	0.2214(0.04371)*	—
教育医疗住房改革	-0.01908(0.01133)***	-0.01109(0.001559)*	0.008977(0.003103)*
一阶自回归	0.6980(0.08764)*	0.9547(0.01224)*	0.9731(0.01816)*
调整的可决系数	0.9571	0.9911	0.9655
残差平方和	0.04747	0.003206	0.007210
DW 值	2.2023	1.9686	1.9827

注:(1)括号内的数值是标准误差;(2)"—"表示该解释变量不显著;(3)"*"、"**"、"***"分别
表示解释变量的系数显著水平为1%、5%、10%。

　　从表4-4、表4-5、表4-6中可以发现:(1)各阶层的可支配收入(表中可支配收入对数的一次项和平方项)对各自的食品类、衣着类和家庭设备类相对消费支出的影响无差异,而对居住类、医疗保健类、文教娱乐类和交通通讯等其他类商品组相对消费支出的影响则存在差异;(2)各收入阶层的消费习惯(表中的一阶自回归)对食品类、衣着类、家庭设备类、文教娱乐类和交通通讯类的相对消费支出的影响且为正,说明各收入阶层对这些类商品组的相对消费支出存在路径依赖性,对居住类和医疗保健类的相对消费支出中则不存在影响;(3)家庭负担对食品类和居住类的相对消费支出存在负的显著影响,对家庭设备类则存在正的显著影响,对衣着类、医疗保健类、文教娱乐类和交通通讯类的相对消费支出则无显著影响;(4)通货膨胀对衣着类的相对消费支出存在负的显著影响,对医疗保健类则存在正的显著影响,对食品类、居住类、家庭设备类、文教娱乐类和交通通讯类的相对消费支出则无显著影响;(5)存款利率对食品类和衣着类的相对消费支出存在正的显著影响,对医疗

保健类则存在负的显著影响,对居住类、家庭设备类、文教娱乐类和交通通讯类的相对消费支出则无显著影响;(6)教育医疗住房改革对食品类和衣着类的相对消费支出存在负的显著影响,对居住类和家庭设备类则存在正的显著影响,对医疗保健类、文教娱乐类和交通通讯类的相对消费支出则无显著影响。

表 4-5　居住、医疗保健、文教娱乐的相对消费支出回归结果

解释变量	被解释变量		
	居住类	医疗保健类	文教娱乐类
常数	−3.8313(1.3131)	−5.8184(0.8006)	−12.8452(0.7243)
可支配收入对数的一次项(lst)	0.9183(0.2963)	1.3530(0.1829)	3.0193(0.1676)
可支配收入对数的一次项(l)	0.8943(0.2898)	1.3014(0.1778)	2.9126(0.1624)
可支配收入对数的一次项(lm)	0.8747(0.2839)	1.2667(0.1740)	2.8278(0.1585)
可支配收入对数的一次项(m)	0.8477(0.2785)	1.2303(0.1705)	2.7594(0.1552)
可支配收入对数的一次项(um)	0.8236(0.2729)	1.1947(0.1669)	2.6855(0.1517)
可支配收入对数的一次项(h)	0.7909(0.2675)	1.1596(0.1635)	2.6083(0.1487)
可支配收入对数的一次项(hst)	0.7346(0.2592)	1.1147(0.1581)	2.4606(0.1438)
可支配收入对数的平方项(lst)	−0.05246(0.01663)	−0.07816(0.01046)	−0.1766(0.009720)
可支配收入对数的平方项(l)	−0.04986(0.01590)	−0.07218(0.009883)	−0.1641(0.009124)
可支配收入对数的平方项(lm)	−0.04770(0.01526)	−0.06826(0.009463)	−0.1544(0.008674)
可支配收入对数的平方项(m)	−0.04472(0.01468)	−0.06426(0.009080)	−0.1467(0.008309)
可支配收入对数的平方项(um)	−0.04209(0.01410)	−0.06042(0.008702)	−0.1386(0.007945)

续表

解释变量	被解释变量		
	居住类	医疗保健类	文教娱乐类
可支配收入对数的平方项(h)	−0.03856(0.01355)	−0.05671(0.008348)	−0.1304(0.007641)
可支配收入对数的平方项(hst)	−0.03257(0.01272)	−0.05213(0.007799)	−0.1150(0.007201)
家庭负担	−0.05889(0.01178)	—	—
通货膨胀	—	0.04793(0.02159)*	—
存款利率	—	−0.1432(0.05412)	—
医疗教育住房改革	0.01770(0.005942)*	—	—
一阶自回归	—	—	0.2411(0.08199)
调整的可决系数	0.9545	0.977889	0.983275
残差平方和	0.006494	0.001915	0.007648
DW 值	1.8253	1.691771	2.137206

注:(1)第1列中 lst、l、lm、m、um、h、hst 的含义同图4－1、图4－2中的注(1);(2)括号内的数值是标准误差;(3)*表示在5%的水平上显著,未标注的均在1%的水平上显著;(4)"—"表示对应的被解释变量的回归方程中不含有该解释变量。

表4-6　交通通讯的相对消费支出回归结果

解释变量	系数、标准误差及显著水平	解释变量	系数、标准误差及显著水平
可支配收入对数的一次项(lst)	1.6465(0.3472)	常数	−7.1845(1.5063)
可支配收入对数的一次项(l)	1.5868(0.3364)	一阶自回归	0.6057(0.08973)
可支配收入对数的一次项(lm)	1.5393(0.3278)	总体统计量	
可支配收入对数的一次项(m)	1.4959(0.3202)	调整的可决系数	0.985681
可支配收入对数的一次项(um)	1.4384(0.3120)	残差平方和	0.008477
可支配收入对数的一次项(h)	1.3627(0.3045)	DW 值	1.974668

续表

解释变量	系数、标准误差及显著水平	解释变量	系数、标准误差及显著水平
可支配收入对数的一次项（hst）	1.1877(0.2941)		
可支配收入对数的平方项（lst）	-0.09385(0.02002)		
可支配收入对数的平方项（l）	-0.08695(0.01878)		
可支配收入对数的平方项（lm）	-0.08162(0.01783)		
可支配收入对数的平方项（m）	-0.07683(0.01701)		
可支配收入对数的平方项（um）	-0.07063(0.01615)		
可支配收入对数的平方项（h）	-0.06264(0.0154)		
可支配收入对数的平方项（hst）	-0.04480(0.01450)		

注:(1)第1列中 lst、l、lm、m、um、h、hst 的含义同图 4-1、4-2 中的注(1);(2)括号内的数值是标准误差;(3)各解释变量均在1%的水平上显著。

其一,各阶层的可支配收入(对数)对各自的食品类和衣着类的相对消费支出具有相同的"U"型影响,其转折点值分别为 9.0455(最低收入户的样本均在拐点的左边,最高收入户的样本均在拐点的右边,其余阶层的样本拐点左右都有分布,其规律是收入越高的阶层,其样本分布在拐点右边的比例越高)和 8.7920(中上收入户、高收入户和最高收入户的样本均在拐点的右边,其余阶层的样本拐点左右都有分布,其规律是收入越高的阶层的样本分布在拐点右边的比例越高)。

其二,各阶层的可支配收入(对数)对各自的家庭设备类的相对消费支出具有相同的倒"U"型影响,其转折点值为 10.8215(各收入阶层的样本均在拐点的左边),即是说,随着各收入阶层的不断提高,各自的家庭设备类的相对消费支出也随之不断上升。

表4-7　居住、医疗保健、文教娱乐和交通通讯类的各阶层
可支配收入(对数)的转折点值及样本分布

阶层类别	商品组类别			
	居住类	医疗保健类	文教娱乐类	交通通讯类
最低收入户	8.7524(2/17)	8.6553(3/17)	8.5484(5/17)	8.7720(2/17)
低收入户	8.9681(4/17)	9.0150(3/17)	8.8745(5/17)	9.1248(2/17)
中下收入户	8.8857(10/17)	9.2785(3/17)	9.1574(5/17)	9.4297(2/17)
中等收入户	9.2084(8/17)	9.5728(3/17)	9.4049(5/17)	9.7351(1/17)
中上收入户	9.7838(3/17)	9.8866(2/17)	9.6880(4/17)	10.1826(0/17)
高收入户	10.2554(1/17)	10.2239(2/17)	10.0012(4/17)	10.8772(0/17)
最高收入户	11.2772(0/17)	10.6915(2/17)	10.6983(2/17)	13.2556(0/17)

注:表中的括号内数据是样本在"U"型或倒"U"型右边的分布比例,括号外的数据是转折点值。数据
来源:利用表4-5、表4-6数据计算得到。

其三,各阶层的可支配收入(对数)对各自的居住类、医疗保健类、文教娱乐类和交通通讯等其他类商品组相对消费支出的影响均为倒"U"型。表4-7给出了居住类、医疗保健类、文教娱乐类和交通通讯类的各阶层的可支配收入(对数)的拐点值及样本分布。从表4-7可以看出,随着各收入阶层的收入不断提高,居住类、医疗保健类、文教娱乐类的相对消费支出已开始进入下降阶段,最低收入户、低收入户、中下收入户和中等收入户的交通通讯类的相对消费支出也已进入下降阶段,只有中上收入户、高收入户和最高收入户的交通通讯类的相对消费支出还处在上升阶段。

五、城镇收入分配对城镇总体消费结构影响的计量分析

根据表4-4、表4-5、表4-6的计量结果以及式(4.2.16)就可得总体消费结构中食品、衣着、居住、家庭设备、医疗保健、交通通讯、文教娱乐七大类商品组消费支出比例的回归方程,进而就可以运用式(4.2.17)分析收入分配对城镇消费结构的影响,即各收入阶层的收入分配地位的变化是如何影响各大类商品组消费支出比例变化的。图4-3至图4-9分别是1992—2008年各收入阶层的收入分配地位对食品、衣着、居住、家庭设备用品及其服务、交通运

输、娱乐文化教育服务和医疗保健七大类商品组消费支出的影响。

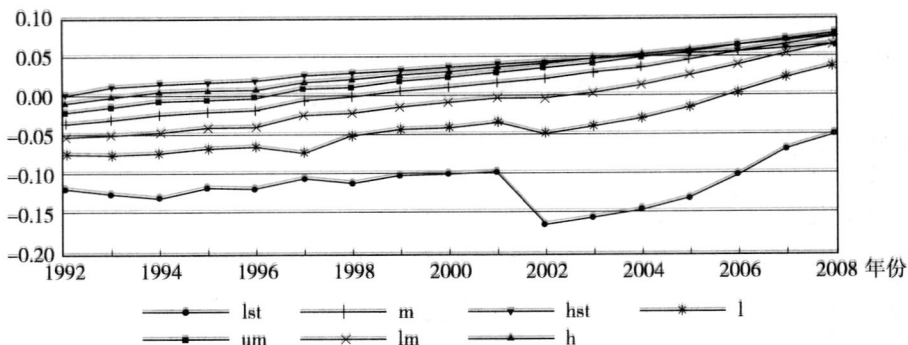

图 4－3

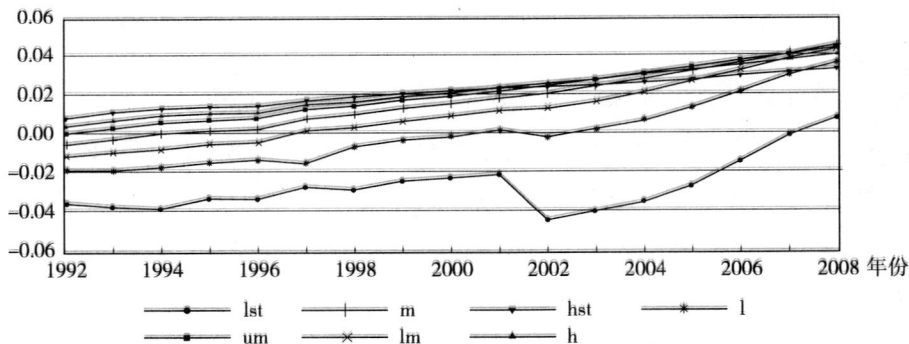

图 4－4

（一）收入分配对总体食品消费支出比例的边际影响分析（图 4－3）

图 4－3 表明:(1)除最低收入户对总体食品消费支出比例的边际影响恒
为负,其绝对值不断减小,最高收入户对总体食品消费支出比例的边际影响恒
为正,其值不断增加外,其余收入阶层对总体食品消费支出比例的边际影响存
在一种先负后正的"U 型"现象(以边际影响的绝对值表示,2006 年为最迟的
转折年份),收入层次越高,其转变年份越早;(2)1992 年以来,各收入阶层对
总体食品类消费支出比例的边际影响与其在收入分配中所处的地位呈负相关

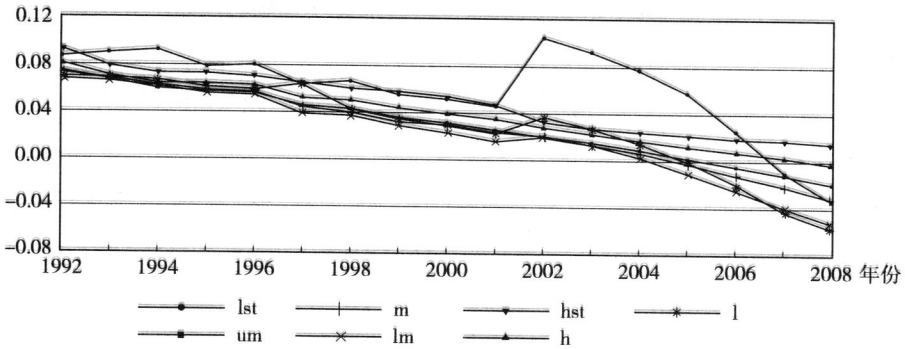

图 4 - 5

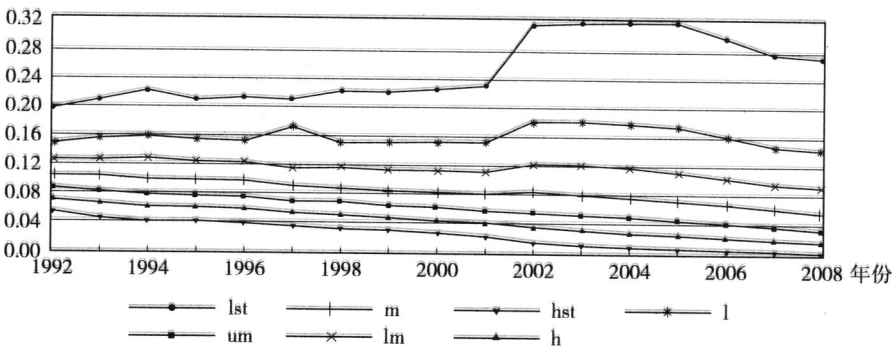

图 4 - 6

关系,即收入分配地位越低的阶层其边际影响越大,收入分配地位越高的阶层
其边际影响越小(以边际影响的绝对值表示)。

(二)收入分配对总体衣着消费支出比例的边际影响分析(图 4 - 4)

图 4 - 4 表明:(1)1992 年以来,最低收入户、低收入户、中下收入户和中
等收入户对总体衣着消费支出比例的边际影响呈先负后正的"U 型"现象(以
边际影响的绝对值表示,2007 年为最迟的转折年份),收入层次越高,其转变
年份越早,而中上收入户、高收入户和最高收入户对总体衣着消费支出比例的
边际影响恒为正并呈不断上升趋势;(2)1992 年以来,各收入阶层对总体衣着

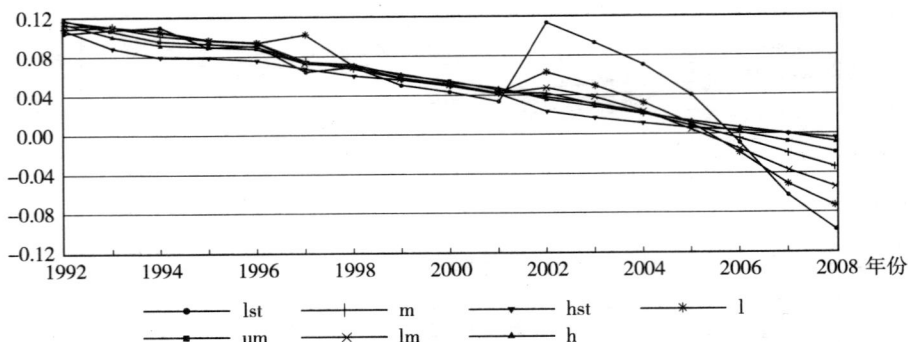

图 4 - 7

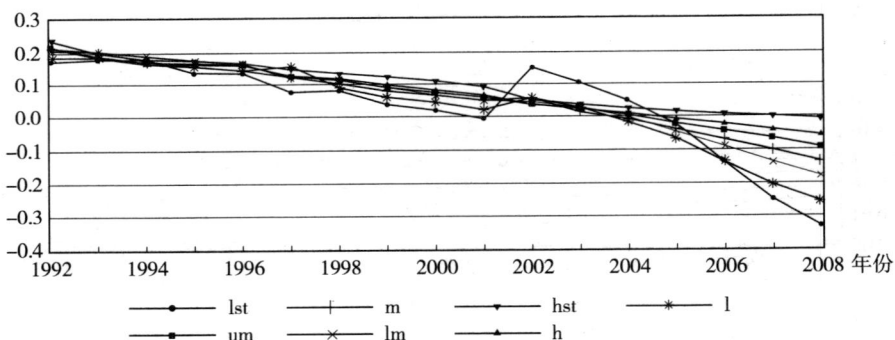

图 4 - 8

消费支出比例的边际影响与其在收入分配中所处的地位基本呈正相关关系,即收入分配地位越高的阶层其边际影响越大,收入分配地位越低的阶层其边际影响越小。

(三)收入分配对总体居住消费支出比例的边际影响分析(图 4 - 5)

图 4 - 5 表明:(1)除最高收入户对总体居住消费支出比例的边际影响恒为正,其值不断下降外,其余各收入阶层的收入分配地位对总体居住消费支出比例的边际影响存在先正后负的"U 型"现象(以绝对值表示),收入分配地位越低的阶层其发生转变的年份越早,收入分配地位越高的阶层其发生转变的

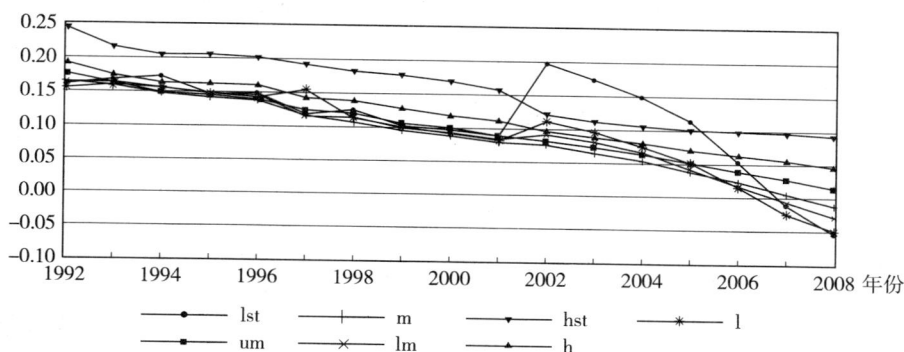

图 4 - 9

注:图 4 - 9 中,lst、l、lm、m、um、h、hst 分别表示最低收入户、低收入户、中下收入户、中等收入户、中上收入户、高收入户和最高收入户。

年份越晚;(2)在各收入阶层对总体居住消费支出比例的边际影响为正时,最低收入户对总体居住消费支出比例的边际影响最大,其余各收入阶层对总体居住消费支出比例的边际影响与其在收入分配中所处的地位基本呈正相关关系,即收入分配地位越高的阶层其边际影响越大,收入分配地位越低的阶层其边际影响越小,而在各收入阶层对总体居住消费支出比例的边际影响为负时,各收入阶层对总体居住消费支出比例的边际影响与其在收入分配中所处的地位基本呈负相关关系,即收入分配地位越高的阶层其边际影响越小,收入分配地位越低的阶层其边际影响越大(以边际影响的绝对值表示)。

(四)收入分配对总体家庭设备消费支出比例的边际影响分析(图 4 - 6)

图 4 - 6 表明:(1)1992 年以来,各收入阶层对总体家庭设备消费支出比例的边际影响恒为正;(2)1992 年以来,各收入阶层对总体家庭设备消费支出比例的边际影响与其在收入分配中所处的地位基本呈负相关关系,即收入分配地位越高的阶层其边际影响越小,收入分配地位越低的阶层其边际影响越大;(3)1992 年以来包括中等收入户、中上收入户、高收入户和最高收入户在内的四个收入阶层对总体家庭设备消费支出比例的边际影响呈不断下降趋势,而包括最低收入户、低收入户和中下收入户在内的低收入阶层,其边际影响在 2002 年才开始下降,在此之前则是在波动中呈微幅上升态势。

（五）收入分配对总体医疗保健消费支出比例的边际影响分析（图4－7）

图4－7表明：（1）1992年以来，各收入阶层的收入分配地位对总体医疗保健消费支出比例的边际影响存在先正后负的"U型"现象（以绝对值表示）。其中，最低收入户、低收入户、中下收入户和中等收入户转变的年份为2006年，而中上收入户、高收入户和最高收入户转变的年份为2007年；（2）1992年以来，各收入阶层对总体医疗保健消费支出比例的边际影响与其在收入分配中所处的地位基本上呈负相关关系，即收入分配地位越低的阶层其边际影响越大，收入分配地位越高的阶层其边际影响越小（以边际影响的绝对值表示）。

（六）收入分配对总体文教娱乐消费支出比例的边际影响分析（图4－8）

图4－8表明：（1）各收入阶层的收入分配地位对总体文教娱乐支出比例的边际影响存在先正后负的"U型"现象（以绝对值表示），收入分配地位越低的阶层其发生转变的年份越早，收入分配地位越高的阶层其发生转变的年份越晚；（2）在各收入阶层对总体文教娱乐消费支出比例的边际影响为正时，各收入阶层对总体文教娱乐支出比例的边际影响与其在收入分配中所处的地位基本呈正相关关系，即收入分配地位越高的阶层其边际影响越大，收入分配地位越低的阶层其边际影响越小，而当各收入阶层对总体文教娱乐消费支出比例的边际影响为负时，各收入阶层对总体文教娱乐消费支出比例的边际影响与其在收入分配中所处的地位基本呈负相关关系，即收入分配地位越高的阶层其边际影响越小，收入分配地位越低的阶层其边际影响越大（以边际影响的绝对值表示）。

（七）收入分配对总体交通通讯消费支出比例的边际影响分析（图4－9）

图4－9表明：（1）最低收入户、低收入户、中下收入户和中等收入户对总体交通通讯消费支出比例变化的边际影响存在先正后负的"U型"现象。其中，最低收入户、低收入户、中下收入户转变年份发生在2007年，中等收入户发生在2008年。（2）中上收入户、高收入户和最高收入户对总体交通通讯消费支出比例变化的边际影响恒为正，其值在不断下降。（3）各收入阶层对总体文教娱乐支出比例的边际影响与其在收入分配中所处的地位基本呈正相关

关系,即收入分配地位越高的阶层其边际影响越大,收入分配地位越低的阶层其边际影响越小(以边际影响的绝对值表示)。

(八)总体消费结构的各类商品组的收入分配地位和总体可支配收入的交互效应分析

根据表4-4、表4-5和表4-6的计量结果以及式(4.2.18)就可以计算总体消费结构的各类商品组的收入分配地位和总体可支配收入的交互效应。表4-8是分析结果。

从表4-8可以看出,1992—2008年总体平均可支配收入加强了各收入阶层的收入分配地位对总体食品类和衣着类支出比例的边际影响,减弱了各收入阶层的收入分配地位对总体居住类、家庭设备类、医疗保健类、文教娱乐类和交通通讯类消费支出比例的边际影响。

表4-8 总体平均可支配收入和收入分配地位的交互效应

收入阶层	被解释变量						
	食品	衣着	居住	家庭设备	医疗保健	交通通讯	文教娱乐
最低收入户	+	+	-	-	-	-	-
低收入户	+	+	-	-	-	-	-
中等偏下收入户	+	+	-	-	-	-	-
中等收入户	+	+	-	-	-	-	-
中等偏上收入户	+	+	-	-	-	-	-
高收入户	+	+	-	-	-	-	-
最高收入户	+	+	-	-	-	-	-

注:表中"+"表示总体平均可支配收入加强了该收入阶层的收入分配地位对总体某类商品组支出比例的边际影响,"-"表示总体平均可支配收入减弱了该收入阶层的收入分配地位对总体某类商品组支出比例的边际影响。

六、总结

就计量分析方法而论,计量模型的设定和回归是一种间接方法,即通过对式(4.2.11)的回归来获得式(4.2.13)的回归方程。之所以这样处理,是考虑到采用的样本数据本质上是一种面板数据,而如果直接对式(4.2.8)进行回归,就无法顾及各收入阶层的相互影响及其程度。

　　主要结论是,各收入阶层对总体消费结构的边际影响与其在收入分配中所处的地位呈负相关关系。实证分析表明,收入分配地位越低的阶层对总体消费结构的边际影响越大,随着收入分配的越来越不均等,总体消费结构升级越来越主要取决于包括最低收入户、低收入户、中下收入户在内的,占总户数比例为40%的中低收入阶层。以上的结论可以用来解释中国的一些经济事实。比如,当2003年居民消费中形成了汽车消费热点,却并没有带来总体消费结构的持续增长,内需不足仍困扰中国。原因就在于,汽车对在家庭总数占绝对比例(60%)的中、低收入阶层来说是一种奢侈品(参见表4-9),因此,当包括中上收入户、高收入户、最高收入户在内的中高收入阶层的汽车消费上升幅度较快时,这种速度并没有传递到中低收入阶层。也就是说,高收入阶层与中低收入阶层过大的收入差距决定了这种消费结构升级的传递性差,从而是短期的,不能持续。因而,促进居民消费结构升级的关键是合理调节收入分配,促使收入分配结构向正态分布转变。

　　这里的分析方法也适用于对中国农村的实证研究。这种分析方法也表明,由于城镇和乡村内部都存在着组内收入差异问题,因此仅从城乡收入差距的角度来分析中国整体上的收入差距对消费结构的影响可能会出现偏差。

表4-9　2003—2008年城镇各收入阶层每百户拥有的家用汽车数量

年份	最低收入户	低收入户	中下收入户	中等收入户	中上收入户	高收入户	最高收入户
2003	0.20	0.25	0.42	0.62	1.00	1.97	6.57
2004	0.13	0.69	0.64	0.81	1.93	3.45	10.79
2005	0.29	0.64	0.91	1.73	3.26	5.57	16.20
2006	0.52	0.52	1.30	1.90	4.20	8.22	20.11
2007	0.44	1.03	2.01	3.11	5.90	11.88	25.25
2008	0.82	1.80	3.17	5.67	10.24	16.98	33.04

数据来源:《中国统计年鉴》(2004—2009年)。

第四节　中国农村收入分配对农村总体
消费结构影响的实证分析

依照国家统计局《中国统计年鉴》的分类,将中国农村分为低收入户、中低收入户、中等收入户、中高收入户和高收入户五个阶层,总体消费结构和各阶层的消费结构以食品、衣着、居住、家庭设备用品及服务、交通通讯、文教娱乐用品及服务、医疗保健七大类消费支出在各自总消费支出所占的比例来衡量。

一、各收入阶层的消费结构

表4-10是农村低收入户在2002—2008年间的消费结构变迁。由表4-10可以看出:(1)横向来看,在2002—2008年,食品、居住消费支出比例始终居于低收入户消费结构的第一位和第二位,衣着消费支出比例和家庭设备消费支出比例始终居于低收入户消费结构的倒数第二位和末位,在2002—2007年文教娱乐消费支出比例居于低收入户消费结构的第三位,在2008年则让位于交通通讯消费支出比例,而文教娱乐消费支出比例则退居第四位,在2002—2003年交通通讯消费支出比例小于医疗保健消费支出比例,此后各年交通通讯消费支出比例大于医疗保健消费支出比例;(2)纵向来看,在2002—2008年,低收入户的食品消费支出比例、家庭设备消费支出比例和医疗保健消费支出比例呈现小幅波动态势,居住消费支出比例和交通通讯消费支出比例呈现持续上升态势,衣着消费支出比例和文教娱乐消费支出比例则呈基本下降态势。

表4-10　低收入户的消费结构

年份	食品	衣着	居住	家庭设备	交通通讯	文教娱乐	医疗保健
2002	0.380372	0.083432	0.152498	0.057479	0.061720	0.143896	0.085043
2003	0.376208	0.079703	0.154307	0.053221	0.077167	0.149073	0.086550
2004	0.381621	0.076593	0.152473	0.050517	0.086493	0.143906	0.083232

续表

年份	食品	衣着	居住	家庭设备	交通通讯	文教娱乐	医疗保健
2005	0.373975	0.074967	0.157929	0.050706	0.095591	0.133677	0.091516
2006	0.359826	0.075596	0.171434	0.051156	0.104225	0.118196	0.094878
2007	0.375741	0.077422	0.181655	0.051748	0.100748	0.101603	0.087469
2008	0.385388	0.072413	0.192049	0.052515	0.100568	0.087814	0.087174

表4-11是农村中低收入户在2002—2008年间的消费结构变迁。由表4-11可以看出:(1)横向来看,在2002—2003年,食品、文教娱乐消费支出比例居于中低收入户消费结构的第一位和第二位,2004—2008年食品、居住消费支出比例居于中低收入户消费结构的第一位和第二位,衣着消费支出比例和家庭设备消费支出比例始终居于中低收入户消费结构的倒数第二位和末位,在2004—2006年文教娱乐消费支出比例居于中低收入户消费结构的第三位,在2007—2008年则让位于交通通讯消费支出比例,而文教娱乐消费支出比例则退居于第四位,除2002年交通通讯消费支出比例小于医疗保健消费支出比例外,其余各年则为交通通讯消费支出比例大于医疗保健消费支出比例;(2)纵向来看,在2002—2008年,中低收入户的食品消费支出比例、家庭设备消费支出比例和医疗保健消费支出比例呈现小幅波动态势,居住消费支出比例在2002—2005年呈小幅波动,2005—2008年则呈持续上升态势,交通通讯消费支出比例呈持续上升态势,衣着消费支出比例和文教娱乐消费支出比例则基本上呈持续下降态势。

表4-11 中低收入户的消费结构

年份	食品	衣着	居住	家庭设备	交通通讯	文教娱乐	医疗保健
2002	0.369169	0.078298	0.154875	0.056000	0.071831	0.154493	0.079508
2003	0.371176	0.076751	0.149359	0.051237	0.083742	0.160701	0.081362
2004	0.381204	0.072971	0.150143	0.049268	0.095040	0.145847	0.079693
2005	0.372499	0.072664	0.148905	0.050900	0.103400	0.140828	0.086438
2006	0.364920	0.072582	0.164611	0.052747	0.110214	0.124829	0.084776
2007	0.368867	0.072937	0.180713	0.052147	0.109502	0.104031	0.085843
2008	0.383897	0.068889	0.184262	0.056788	0.104211	0.090423	0.087026

表4-12　中等收入户的消费结构

年份	食品	衣着	居住	家庭设备	交通通讯	文教娱乐	医疗保健
2002	0.359634	0.074486	0.169763	0.053837	0.079968	0.153794	0.072194
2003	0.363621	0.071762	0.154735	0.049065	0.095541	0.161898	0.077301
2004	0.376495	0.071365	0.149320	0.047354	0.102372	0.146766	0.078282
2005	0.372512	0.070486	0.150844	0.050673	0.110615	0.140128	0.079161
2006	0.354702	0.069878	0.175205	0.051228	0.113763	0.127620	0.080985
2007	0.360910	0.071360	0.186325	0.054245	0.115766	0.106979	0.078323
2008	0.377444	0.069335	0.181212	0.056074	0.109395	0.100249	0.081112

表4-12是农村中等收入户在2002—2008年间的消费结构变迁。由表4-4可以看出:(1)横向来看,除2003年食品、文教娱乐消费支出比例居于中等收入户消费结构的第一位和第二位外,其余各年为食品、居住消费支出比例居于中等收入户消费结构的第一位和第二位,除2002年衣着消费支出比例居于中等收入户消费结构的第五位外,其余各年衣着消费支出比例和家庭设备消费支出比例始终居于中等收入户消费结构的第六位和第七位,在2002年和2004—2006年文教娱乐消费支出比例居于中等收入户消费结构的第三位,在2007—2008年则让位于交通通讯消费支出比例,而文教娱乐消费支出比例则退居于第四位,在2002—2006年交通通讯消费支出比例居于中等收入户消费结构的第四位,医疗保健消费支出比例除2002年居于中等收入户消费结构的第六位外,其余各年均居于第五位;(2)纵向来看,在2002—2008年,中等收入户的食品消费支出比例、家庭设备消费支出比例和医疗保健消费支出比例呈现小幅波动态势,居住消费支出比例和交通通讯消费支出比例呈现持续上升态势,衣着消费支出比例和文教娱乐消费支出比例则呈持续下降态势。

表4-13　中高收入户的消费结构

年份	食品	衣着	居住	家庭设备	交通通讯	文教娱乐	医疗保健
2002	0.351464	0.071808	0.178823	0.054620	0.090195	0.144891	0.068386
2003	0.357218	0.069268	0.171303	0.049532	0.101907	0.153971	0.069446

续表

年份	食品	衣着	居住	家庭设备	交通通讯	文教娱乐	医疗保健
2004	0.369526	0.067973	0.157360	0.048131	0.108898	0.146195	0.074779
2005	0.364176	0.068431	0.156487	0.052247	0.115447	0.141533	0.075250
2006	0.345966	0.069156	0.172609	0.052687	0.124728	0.133201	0.075095
2007	0.352564	0.069074	0.189403	0.055239	0.120546	0.111057	0.074724
2008	0.363513	0.067347	0.197177	0.055877	0.112072	0.104629	0.074632

表 4-13 是农村中高收入户在 2002—2008 年间的消费结构变迁。由表 4-13 可以看出:(1)横向来看,在 2002—2008 年,食品、居住消费支出比例居于中高收入户消费结构的第一位和第二位,医疗保健消费支出比例居于中高收入户消费结构的第五位,衣着消费支出比例和家庭设备消费支出比例始终居于中高收入户消费结构的倒数第二位和末位,2002—2006 年文教娱乐消费支出比例居于中高收入户消费结构的第三位,2007—2008 年则让位于交通通讯消费支出比例,2007—2008 年文教娱乐消费支出比例居于中高收入户消费结构的第四位,在 2002—2006 年交通通讯消费支出比例居于中高收入户消费结构的第四位;(2)纵向来看,在 2002—2008 年,中高收入户的食品消费支出比例、家庭设备消费支出比例和医疗保健消费支出比例呈现小幅波动态势,居住消费支出比例和交通通讯消费支出比例呈现持续上升态势,衣着消费支出比例和文教娱乐消费支出比例则呈持续下降态势。

表 4-14　高收入户的消费结构(%)

年份	食品	衣着	居住	家庭设备	交通通讯	文教娱乐	医疗保健
2002	0.323978	0.063326	0.216067	0.053683	0.102664	0.133163	0.064435
2003	0.323325	0.062953	0.205387	0.053520	0.121621	0.137160	0.067338
2004	0.329210	0.062301	0.198477	0.054458	0.126545	0.132778	0.067702
2005	0.343228	0.065698	0.173859	0.053395	0.128548	0.136193	0.072714
2006	0.328705	0.065539	0.200689	0.052492	0.128284	0.124635	0.073521
2007	0.324586	0.064854	0.214480	0.053886	0.129150	0.117752	0.067326
2008	0.327182	0.062229	0.230996	0.053801	0.126662	0.104043	0.070937

表4-14是农村高收入户在2002—2008年间的消费结构变迁。由表4-14可以看出:(1)横向来看,在2002—2008年,食品、居住消费支出比例、医疗保健消费支出比例、衣着消费支出比例和家庭设备消费支出比例分别居于高收入户消费结构的第一位、第二位、第五位、倒数第二位和末位,2002—2005年文教娱乐消费支出比例居于高收入户消费结构的第三位,2006—2008年则让位于交通通讯消费支出比例,2006—2008年文教娱乐消费支出比例居于高收入户消费结构的第四位,在2002—2005年交通通讯消费支出比例居于高收入户消费结构的第四位;(2)纵向来看,在2002—2008年,高收入户的食品消费支出比例、家庭设备消费支出比例和医疗保健消费支出比例呈现小幅波动态势,居住消费支出比例和交通通讯消费支出比例基本上呈现持续上升态势,衣着消费支出比例和文教娱乐消费支出比例则基本上呈持续下降态势。

综合起来,可以发现农村五个收入阶层的消费结构在2002—2008年具有一些共同的演变规律:一是食品和居住的消费支出始终是各收入阶层的最重要的两项支出,其次是交通通讯、文教娱乐和医疗保健,最后是衣着和家庭设备消费支出;二是从动态来看,各收入阶层的食品消费支出比例、家庭设备消费支出比例和医疗保健消费支出比例均呈现出小幅波动,居住消费支出比例和交通通讯消费支出比例均呈现持续上升态势,衣着消费支出比例和文教娱乐消费支出比例均呈现持续下降态势。

二、各收入阶层的消费结构比较及其对总体消费结构的影响

综合表4-10、表4-11、表4-12、表4-13和表4-14可以发现,农村五个收入阶层的消费结构随着收入水平和收入地位的不同具有以下特点:

一是收入水平越高的阶层,其食品消费支出比例在其总消费支出中越低,反之则越高。也就是说,食品支出比例与收入阶层所处的地位呈负相关关系。

二是收入水平越高的阶层,其衣着消费支出比例在其总消费支出中越低,反之则越高。也就是说,衣着支出比例与各收入阶层所处的地位呈负相关关系。

三是收入水平越高的阶层,其居住消费支出比例在其总消费支出中越高,

反之则越低。也就是说,居住支出比例与收入阶层所处的地位呈正相关关系。

四是家庭设备用品及其服务消费支出比例与各收入阶层的收入水平和收入地位不存在明显的正相关和负相关关系。

五是收入水平越高的阶层,其交通通讯消费支出比例在其总消费支出中越高,反之则越低。也就是说,交通通讯消费支出比例与收入阶层所处的地位呈正相关关系。

六是文教娱乐用品及其服务消费支出比例与各收入阶层的收入水平和收入地位不存在明显的正相关和负相关关系。

七是收入水平越高的阶层,其医疗保健消费支出比例在其总消费支出中越低,反之则越高。也就是说,医疗保健支出比例与收入阶层所处的地位呈负相关关系。

对于上述结论,一种可能的解释是,食品和衣着作为人们的基本生活必需品,其消费支出一般来说会保持小幅上升,从而与更快速度上升的收入水平和总消费支出水平相比,会呈现出在总消费支出所占比例下降的特征;而居住消费支出,对农村居民而言是一项比较大的耐用品开支,因而收入水平越高的阶层对居住条件的期望值越高,从而居住支出比例越高;家庭设备用品及其服务消费支出作为一种耐用品支出,收入水平越高的阶层其对家庭设备用品及其服务的需求档次越高,因而绝对支出会更大一些,但由于其收入水平也是递增的,其家庭设备用品及其服务的消费支出比例可能会与收入水平低的阶层的家庭设备用品及其服务的消费支出比例相差不大;文教娱乐用品及其服务消费支出作为日常支出,收入水平越高的阶层,其对文教娱乐用品及其服务的需求档次越高,因而绝对支出会更大一些,但由于其收入水平也是递增的,其文教娱乐用品及其服务的消费支出比例可能会与收入水平低的阶层的家庭设备用品及其服务的消费支出比例相差不大;而交通通讯消费支出,对农村居民而言是一项比较大的耐用品开支,因而收入水平越高的阶层对交通通讯条件的期望值越高,从而交通通讯消费支出比例越高;就医疗保健消费支出来说,农村居民的医疗保健支出由于缺乏保健消费习惯,其大部分支出集中在一旦生病时的治疗费用上,由于农村居民缺乏医疗保障体系,这些治疗费用都是自己负担的,因而无论是收入水平高的阶层还是收入水平低的阶层,这些一旦生病时的治疗费用一般来说是相差无几,因而收入水平越高的阶层,其医疗保健消费支出比例在其总消费支出中越低。

此外,根据式(4.2.4)我们还可以计算出农村各收入阶层的消费结构对农村总体消费结构的影响,表4-15是计算结果。

表4-15　2002—2008年农村各收入阶层对总体消费结构的影响因子

年份	低收入户	中低收入户	中等收入户	中高收入户	高收入户
2002	0.507	0.651	0.821	1.041	1.753
2003	0.498	0.648	0.813	1.032	1.773
2004	0.533	0.669	0.823	1.035	1.737
2005	0.554	0.688	0.843	1.035	1.654
2006	0.523	0.663	0.838	1.050	1.721
2007	0.529	0.668	0.835	1.051	1.706
2008	0.567	0.667	0.779	0.918	1.345

从表4-15可以看出,农村各收入阶层对农村总体消费结构的影响与其在整个农村收入阶层所处的地位呈正相关关系,也就是说,农村收入水平越高的收入阶层对农村总体消费结构的影响越大。从动态来看,低收入户和中低收入户对农村总体消费结构的影响在波动中呈上升态势,而中等收入户、中高收入户和高收入户对农村总体消费结构的影响在波动中呈下降态势。

第五章　1985年以来中国收入分配对需求结构的影响

无论是居民与政府和企业间的收入分配,还是居民间的收入分配,均会通过影响居民的总消费和总储蓄、政府消费、社会总投资来影响居民消费/社会总投资、居民消费/政府消费、城乡居民消费比例和居民消费/出口总额这些需求结构指标。本章运用协整检验、误差修正模型等方法来实证分析1985年以来中国收入分配对需求结构的影响。

第一节　中国1985—2008年的需求结构及收入分配状况

始于1978年的改革开放使中国经济进入一个持续高速发展的阶段,国内生产总值从1978年的3645.2亿元上升到2008年的300670亿元,年均增长率约为9.8%,但从需求结构的角度来说,经济增长的背后主要是投资和出口拉动的结果,图5-1反映了1985—2008年三大需求对我国GDP贡献率的变化情况①。

显然,如果经济增长主要依靠扩大出口拉动,这种经济增长不可避免地会受到国际经济环境变化的影响,同时也容易引起国际贸易摩擦。而如果增长主要依靠投资拉动,这种增长方式一方面会受到自然资源、环境等因素的约

---

① 除特别说明外,本章的数据直接来源于《中国统计年鉴》(1985—2009年)利用《中国统计年鉴》数据经计算得到。

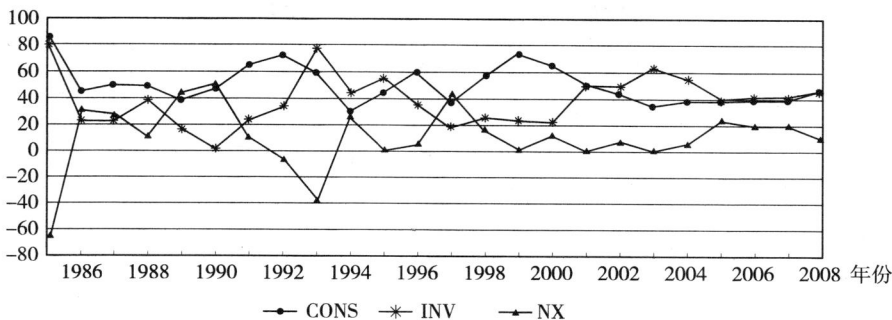

图 5-1

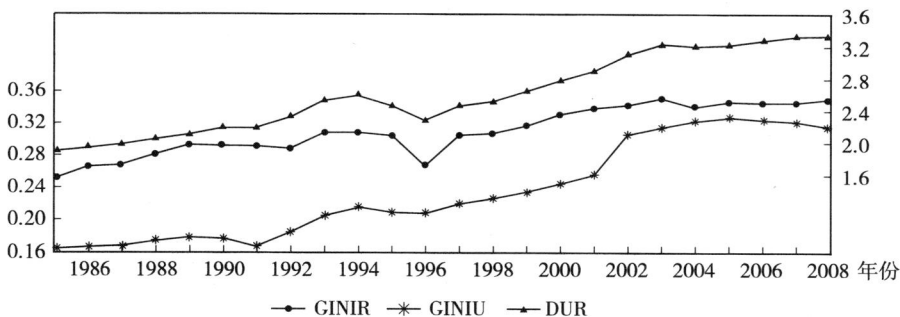

图 5-2

注:(1)图 5-1 中,CONS、INV 和 NX 分别表示消费需求、投资需求和净出口;(2)图 5-2 中,GINIR、GINIU 和 DRU 分别表示农村基尼系数、城镇基尼系数和城乡收入差距;(3)图 5-2 中,GINIR 和 GINIU 对应着左侧的刻度,DRU 对应着右侧的刻度。

束,另一方面在缺乏消费的引导和配合的情形下,投资将具有很大的盲目性,进而影响经济增长的质量,并极有可能导致经济的剧烈波动,其结果是经济增长难以持续。也正因为如此,中央近年来一直强调和采取措施促进经济增长由主要依靠投资、出口拉动向依靠消费、投资、出口协调拉动转变,但问题是这种经济增长方式转变并不明显。同时我们也注意到中国收入分配状况也在不断恶化(参见图 5-2)。1985—2008 年农村基尼系数从 0.2512 上升到 0.3492,1985—2005 年城镇基尼系数则从 0.1634 上升到 0.3280,此后虽略有

下降,但 2008 年仍维持在 0.3148,城乡收入差距则从 1985 年的 1.8924 上升
到 3.3149。

如果将上述两个问题结合在一起,一个是自然而然的疑问是,中国收入分
配状况恶化和经济增长过程中需求结构不协调同时出现是否是一种必然? 显
然,这需要有相关的理论和实证研究。也正因为此,有必要分析收入分配对经
济增长过程中的需求结构的影响。这里所指的收入分配既包括居民与政府和
企业间的收入分配,也包括城乡居民间的收入分配,还包括城镇内部收入分配
和农村内部收入分配。

第二节　文献回顾及收入分配对需求结构的影响机制

在现代宏观经济学理论中,消费、投资和净出口通常被认为是拉动经济增
长的"三驾马车",而在发展经济学中,这三种需求在经济增长中的贡献率不
同则可以归纳为不同的经济发展方式。一方面,协调的需求结构才能保证经
济增长的可持续性;另一方面,经济增长通常表现为国家财政收入、企业收入
和居民收入的不断提高,并且在这一过程中,无论是居民与政府和企业之间的
收入分配,还是居民间的收入分配都会发生变化。显然,由于需求结构和收入
分配都与经济增长存在关联,因此从理论上可以猜测需求结构和收入分配也
会存在关联。

从已有的研究来看,专门研究收入分配对需求结构的影响的文献并不多
见,大部分文献都集中在收入分配对需求结构的某一方面的影响上。

一是收入分配对消费的影响。袁志刚和朱国林认为,探讨收入分配与总
消费的关系必须在消费理论的框架内进行,并总结了各种消费理论所蕴涵的
收入分配对消费的影响形式,结论是收入分配确实会影响总消费。[①] 例如,根
据凯恩斯提出的绝对收入假说,由于边际消费倾向与收入水平呈负相关,收入
越高,边际消费倾向(MPC)越小,因此采取"劫富济贫"式的收入再分配政策,

[①]　袁志刚、朱国林:《消费理论中的收入分配与总消费》,《中国社会科学》2002 年第 2 期。

就能提高全社会的总消费水平。根据弗里德曼的持久收入假说和莫迪利安尼的生命周期假说,勃兰德(Blinder)认为,如果只考虑生命周期储蓄,此时 MPC不影响总消费,但如果还考虑遗赠储蓄,那么收入分配会影响总消费,可以得到与凯恩斯相似的结论。根据霍尔(Hall)的"随机游走"假说,人们的消费行为会出现随机游走现象,但由于遗赠动机仍起决定性作用,由此得到的收入分配对总消费的影响的结论应是和莫迪利安尼一致的。朱国林、范建勇、严燕的研究表明,虽然勃兰德提出的"预防性储蓄假说"中的预防储蓄主体主要是低收入阶层,不会影响高收入阶层的遗赠储蓄倾向,但预防性储蓄的存在会使收入分配对总消费的影响复杂化[1]。以上的一些理论观点也得到一些计量研究的证实。[2]

中国作为一个处于转型期的发展大国,其收入分配对消费的影响也引起了学者们的极大关注。比如,Ravallion 基于中国农村调查数据发现,初始的财富不均对家庭和农村的人均消费都不利。[3] 臧旭恒、张继海采用弗里德曼的持久收入假说实证研究了 1985—2002 年城镇收入分配对消费的影响,得出它们之间负相关的结论。[4] 方福前基于 1995—2005 年中国分省面板数据,分析了居民收入差距对其消费水平的影响,运用实物交易数据解释了 1997 年以来中国居民消费低迷的原因。[5] 娄峰、李雪松通过所构建的动态半参数面板数据模型,使用 1991—2005 年中国分省数据分析了中国城镇居民收入差距影响

---

[1] 朱国林、范建勇、严燕:《中国的消费不振与收入分配:理论和数据》,《经济研究》2002 年第 5 期。

[2] 比如,(1)Menchik, P. L. and David, M. , "Income Distribution, Lifetime Savings and Bequests", *American Economic Review*, 1983, Vol. 73, No. 4, pp. 672 – 690. (2)Musgrove, P. , "Income distribution and the aggregate consumption function", *Journal of Political Economy*, 1980, Vol. 88. No. 3, pp. 504 – 525.

[3] Ravallion, M. , "Does aggregate hide the harmful effects of inequality on growth?", *Economics Letter*, 1998, Vol. 61. No. 1, pp. 73 – 77.

[4] 臧旭恒、张继海:《收入分配对中国城镇居民消费需求影响的实证分析》,《经济理论与经济管理》2005 年第 6 期。

[5] 方福前:《中国居民消费需求不足原因研究——基于中国城乡分省数据》,《中国社会科学》2009 年第 2 期。

其消费的动态轨迹,发现这种影响是负向的,并呈双峰型状态。

二是收入分配对消费和积累(投资)比例的影响。在经典文献中,马克思通过对资本主义简单再生产和扩大再生产的过程分析,系统阐述了由于资本主义分配方式导致劳动者劳动收入份额不断下降,如何引起有效需求不足和资本积累不断增加之间不可调和的矛盾,实际上蕴涵了收入分配影响消费和积累比例的思想。[1] 20世纪五六十年代,发展经济学的代表人物对收入分配如何影响消费和投资给予相当的关注。比如,刘易斯的二元结构模型以劳动力无限供给为假设前提,认为工资份额会保持在低水平,从而整个社会会因收入分配状况恶化而积累更多的资本。[2] 库兹涅茨也持有类似的观点。[3] 速水佑次郎指出平均收入或人均产值的增长是有形资本和无形资本共同作用的结果,认为借用技术的资本利用、劳动节约的程度越高,资本收入份额就越大。[4]也就是说,依赖于资本积累的经济增长通常是收入分配不平等加剧联系在一起的。Alesina和Perotti从收入不平等会引起经济社会不稳定角度,得出了收入分配和投资存在负相关的结论,而对45个国家1968—1985年数据的实证分析也支持这一假设。[5] Perotti将经济社会不稳定、资本市场不完善和政府支出三者结合起来,对上述论点加以了拓展。[6] 陆铭、陈钊、万广华使用1987—2001年中国省级面板数据实证分析发现,中国收入差距在即期对投资有非常强的负面影响。[7] 汪同三、蔡跃州研究了改革开放以来,中国收入分配

①　马克思:《资本论》第2卷,人民出版社1975年版,第97页。

②　阿瑟·刘易斯:《二元经济论》,施炜等译,北京经济学院出版社1989年版,第29页。

③　Kuznets,S.,"Economic Growth and Income Inequality",*American Economic Review*,1955,Vol.45,No.1,pp.1-28.

④　速水佑次郎:《发展经济学——从贫困到富裕》,李周译,社会科学文献出版社2003年版,第198—200页。

⑤　Alesina,A. F. and Perotti,R.,"Income Distribution Political Instability and Investment",*NBER Working Paper*,1993,No. W4486.

⑥　Perotti,R.,"Income distribution and investment",*European Economic Review*,1994,Vol.38,No.3-4,pp.827-835.

⑦　陆铭、陈钊、万广华:《因患寡,而患不均——中国的收入差距、投资、教育和增长的相互影响》,《经济研究》2005年第12期。

对资本积累和投资结构的影响,发现投资结构重化的倾向主要是城镇居民收入差距的扩大引起的。[1]

三是收入分配对出口的影响。Agarwal、Paelinck、Reinet 和 Stough 对印度的研究发现,出口增长和城乡家庭间的不平等是相伴随的。[2] Acharyya 和 Jones 的研究发现,收入分配不平等会妨碍出口的质量。[3] Prechel 研究了出口对收入分配的影响,给出了出口的增长会加剧收入不平等的结论。[4] 虽然如此,如果我们从经济社会是一个相互联系的复杂系统角度来看,可以猜想收入分配的不平等反过来可能会影响出口。这是因为,如果收入分配恶化导致居民消费疲软,同时政府和企业的收入份额上升导致投资增加并与潜在的劳动力价格低廉优势结合在一起时,无疑会提升本国的出口竞争优势,进而提高GDP 中出口需求比例。

从以上对文献的回顾可以得出结论,收入分配对需求结构确实存在影响,其中的机制可以概括如下:(1)收入水平和收入分配能够影响总消费水平,而根据不同的消费理论,收入分配的恶化既有可能提高总消费水平,也有可能降低总消费水平;(2)在宏观经济学的用支出法计算的 GDP 静态总量中,总消费水平的变动意味着投资的变动,从而影响投资消费比例;(3)在开放经济中,由收入分配引起的总投资变动也意味着出口部门的投资会发生波动,并最终影响出口。

然而,就中国的研究而言,仅仅停留在以上的一般性结论是不够的,还需要细化和深化。首先,就消费本身而言,它不但包括居民消费,还包括政府消

①　汪同三、蔡跃州:《改革开放以来收入分配对资本积累及投资结构的影响》,《中国社会科学》2006 年第 1 期。

②　Agarwal, V. , Paelinck, J. H. P. , Reinert, K. A. and Stough, R. R. , "Trade Liberalization and Income Inequality in India: A Poisson Distributed-Lag Analysis", *Applied Econometrics and International Development*, 2008, Vol. 8, No. 2, pp. 187 – 192.

③　Acharyya, R. and Jones, R. W. , "Export quality and income distribution in a small dependent economy", *International Review of Economics & Finance*, 2001, Vol. 10, No. 4, pp. 337 – 351.

④　Prechel, H. , "The Effects of Export, Public Debt, and Development on Income Inequality", *The Sociological Querterly*, 1985, Vol. 26, No. 2, pp. 213 – 234.

费,既然居民的收入水平和居民间的收入分配会影响居民消费,那么据此可以推测,政府和居民间的收入分配也可能会影响政府消费和居民消费比例,这是因为当把政府视为一个消费主体的话,其收入水平即财政收入决定了其消费水平(与居民消费不同,政府消费在没有限制或限制力量有限时,其消费倾向将呈上升态势),而由于其财政收入的来源又相当于对居民收入的分流,从而不可避免地影响居民消费。①

其次,中国是一个典型二元结构国家,城乡之间的收入差距无疑会对城镇居民消费和农村居民消费比例发生影响。当然,城镇居民内部的收入差距和农村居民内部的收入差距也无疑会对各自的消费发生影响。

最后,中国的经济是一种典型的政府强干预性经济,保持一定的经济增长率是政府的一贯目标(就现阶段来说,就是保持8%—10%左右的经济增长率),为此,政府会运用自己所掌握的强制力量来实现这一目标。也就是说,当消费不足以拉动经济增长达到所要求的目标时,政府会通过强制性投资来加以弥补,而金融体制改革的滞后则为政府将居民储蓄强制转化为投资提供了体制保证。②

第三节　实证分析

一、变量选取和数据描述

采用以下变量衡量中国的需求结构:一是中国的居民总消费与社会总投

---

① 可参见(1)Evans,P. and Karras,G.,"Private and Government Consumption with Liquidity Constraints",*Journal of International Money and Finance*,1996,Vol. 15,No. 2,pp. 255 – 266.(2)Karras,G.,"Government Consumption and Private Consumption:Some International Evidence",*Journal of Money,Credit,and Banking*,1994,Vol. 26,No. 1,pp. 9 – 22.(3)Ni,S. A.,"An Empirical Analysis on the Substiutability between Private Consumption and Government Purchases",*Journal of Monetary Economics*,1995,Vol. 36,No. 3,pp. 593 – 605.(4)潘彬、罗新星、徐选华:《政府购买与居民消费的实证研究》,《中国社会科学》2006 年第 5 期。

② 中国经济增长与宏观稳定课题组:《金融发展与经济增长:从动员性扩张向市场配置的转变》,《经济研究》2007 年第 4 期。

资比例,记为 $purid_t$,其值为 t 期居民总消费与总投资的比值;二是居民消费与出口总额比例,记为 $purxd_t$,其值为 t 期居民消费与出口总额的比值;三是居民消费与政府消费的比例,记为 $purgd_t$,其值为 t 期居民消费与政府消费的比值;四是城镇居民消费和农村居民消费之间的比例,记为 $purd_t$,其值为 t 期城镇居民消费与农村居民消费的比值。

为了比较真实反映中国的二元经济结构和政府强干预性经济特点,这里使用 t 期的居民总可支配收入与国家财政收入和企业收入之比表示 t 期居民与国家和企业间的收入分配①,记为 $durg_t$,以 t 期城镇家庭平均可支配收入水平和农村家庭纯收入水平之比来衡量表示 t 期的城乡居民收入差距,记为 dur_t,以 t 期的城镇居民内部的基尼系数和农村居民内部的基尼系数②,来分别衡量 t 期的城镇居民内部收入差距和农村居民内部收入差距,并分别记为 $giniu_t$ 和 $ginir_t$。

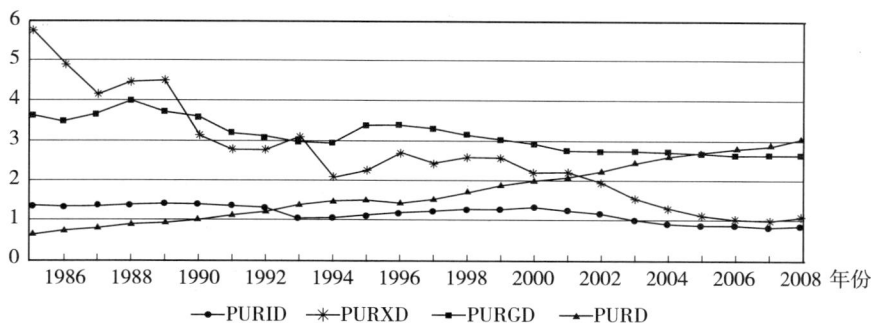

图 5 - 3　1986—2008 年 purid、purxd、purgd、purd 的变化轨迹

从图 5 - 3 可以看出,(1)1985—2008 年居民总消费与社会总投资比例,总体上来说是波动中呈下降趋势,可以划分为三个阶段:1985—1990 年呈总

① 具体计算时,$R_B > R_A$ 期国家财政收入和企业收入以 t 期的 GDP 减去居民总可支配收入作为近似值。
② 城镇基尼系数和农村基尼系数是分别以城镇居民收入分组数据和农村收入居民分组数据计算得出的。

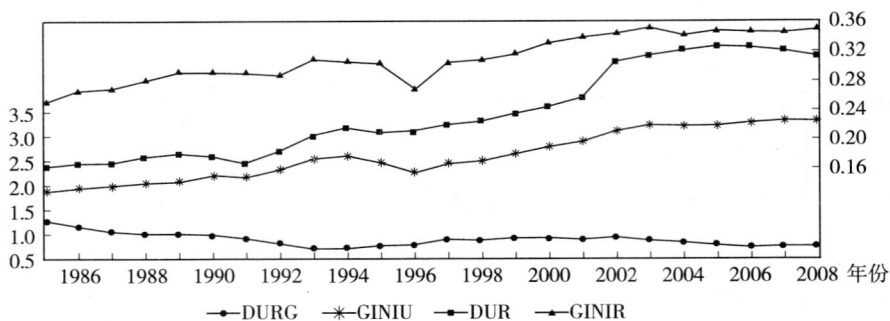

图 5-4 1985—2008 年 durg、dur、ginir、giniu 的变化轨迹

注:(1)图 5-3 中,PURID、PURXD、PURGD 和 PURD 分别表示居民总消费与社会总投资之比、居民总消费与出口总额之比、居民总消费与政府消费之比和城镇居民总消费与农村居民总消费之比;(2)图 5-4 中,DURG、DUR、GINIR 和 GINIU 分别表示居民总可支配收入与国家财政收入企业收入之和的比值、城乡收入差距、农村基尼系数和城镇基尼系数;(3)图 5-4 中,GINIR 和 GINIU 对应着右侧的刻度,DURG 和 DUR 对应着左侧的刻度。

体上升趋势,1990 年达到最高;1990—1993 年呈下降趋势;1993—2000 年再次表现为上升趋势;2000—2007 年则重新呈现下降趋势,2008 年略有上升。(2)1985—2008 年居民消费与出口总额比例,总体上来说是在锯齿型波动中呈下降趋势,并且每一次波动中下降幅度远大于上升幅度,2000—2007 年下降趋势最具持久性,2008 年略有上升。(3)1985—2008 年居民总消费与政府消费的比例,总体上来说呈总体下降趋势,可以划分为三个阶段:1985—1988 年小幅波动呈总体上升趋势,1988 年达到最高;1988—1994 年呈下降趋势;1994—1996 年呈小幅上升趋势;1996—2007 年则呈持续下降趋势,2008 年略有上升。(4)1985—2008 年城镇居民总消费与农村居民总消费的比值呈持续上升演变趋势,2008 年这一比值为 3.05。

从图 5-4 可以看出,(1)1985—2008 年居民总可支配收入与国家财政收入和企业收入之比,总体上来说是波动中呈下降趋势,可以划分为三个阶段:1985—1993 年呈总体下降趋势,1993 年达到最低;1993—1999 年呈上升趋势;1999—2007 年再次表现为下降趋势,2008 年略有上升。(2)1985—2008 年城乡收入差距,除 1994—1996 年略有小幅下降外,总体上来说是呈持续上升趋势。(3)1985—2008 年城镇基尼系数,除 1990—1991 年、1994—1996 年和 2005—2008 年略有下降外,总体上来说是呈持续上升趋势。(4)1985—2008 年农村基尼系数,总体上来说呈上升趋势,1985—1989 年持续上升,1989—1997 年呈小幅波动且略有上升,1997—2003 年则呈持续上升趋势,2004 年有所下降,此后则进入小幅上升阶段。

综上可以发现,在 1985—2008 年,居民消费与社会总投资比例的降低、居民消费与出口总额比例的降低、居民消费与政府消费的比例的降低、城乡居民消费比例的上升这些需求结构指标的演变,是与居民总可支配收入与国家财政收入和企业收入之比的下降、城乡收入差距的上升、城镇基尼系数的上升、农村基尼系数的上升这些收入分配指标的演变相伴随的。

二、各变量的平稳性检验、协整检验及结果分析

本部分主要是运用计量经济学中的 Johansen 协整检验以及误差修正模型(ECM)来分析 1985 年以来中国收入分配对需求结构影响的长期均衡关系和均衡恢复机制。

(一)平稳性检验及结果分析

在对时间序列数据进行线性回归分析时,所回归的时间序列数据必须是平稳的,因此首先需要对各时间序列数据进行平稳性检验,这里利用Eviews5.0 进行 ADF 单位根检验,其结果如表 5-1 所示。

表 5-1　各时间序列数据平稳性检验结果

变量	阶数及形式	t 统计值	收尾概率	变量	阶数及形式	t 统计值	收尾概率
purid	1,C	−3.057520	0.0450	durg	1,N	−3.000691	0.0045
purxd	0,T	−4.143823	0.0221	dur	1,C	−3.687610	0.0120
purd	1,C	−3.223110	0.0321	giniu	1,C	−3.334138	0.0255
purgd	0,T	−3.901253	0.0343	ginir	1,T	−6.321208	0.0002

注:(1)第二列的 0、1、2 分别代表水平值检验、一阶平稳检验和二阶平稳检验,T、C、N 分别代表"包括截距及趋势项"、"只包括截距项"、"既不包括截距项也不包括趋势项";(2)所有检验的零假设为:所检验的时间序列存在单位根;(3)收尾概率的含义是,拒绝零假设后犯错误的概率;(4)所有序列拒绝单位根假设的判断标准均以 5% 作为显著水平;(5)最大滞后期设定为 5。

从表 5-1 可以看出,除 purxd 和 purgd 为平稳序列外,其他序列均为一阶单稳序列,对它们进行回归分析时可能会产生伪回归问题,但是当两个或多个非平稳变量之间存在协整关系时,即这些非平稳变量的特定线性组合稳定时,非平稳变量导致的伪回归问题则不复存在。

(二)变量间的协整关系检验及结果分析

根据表 5-1 的结果,我们可以猜测 purid、purd、durg、dur、giniu、ginir 相互之间可能存在协整关系。对此,采用 Johansen 最大似然估计检验法,通过计算基于最大特征值的似然比统计量来判断这些时间序列数据之间的协整关系。考虑到 Johansen 检验基于 VAR 模型进行,必须首先确定最佳的滞后期。因为滞后期太短,误差项的自相关可能很严重,但滞后期过长又会减少自由度,影响模型参数估计值的有效性。

表 5-2 是 purid 与 durg、dur 之间的滞后期检验和 Johansen 检验结果[①]。表 5-2 表明,这三个变量之间只存在三个协整关系。

表 5-2　**purid**、**durg** 和 **dur** 之间的协整检验及其结果

协整类别	特征值	迹统计量	迹统计量的 5% 评判值	最大特征值	最大特征值的 5% 评判值
None	0.931890	85.77097(0.0000)	29.79707	51.04597(0.0000)	21.13162
At most 1	0.745025	34.72501(0.0000)	15.49471	25.96522(0.0005)	14.26460
At most 2	0.369374	8.75979(0.00531)	3.841466	8.759790(0.0031)	3.841466

注:(1)最佳滞后期是在选择了 4 期作为最大滞后期情形下得出的;(2)协整检验的最佳滞后期为 4 期。

表 5-3 是 purd 与 durg、dur 之间的滞后期检验和 Johansen 检验结果。表 5-3 表明,这三个变量之间只存在两个协整关系。

---

① 在具体检验过程中,检验的原则和顺序是:从每一个被解释变量与所有解释变量的协整关系检验开始,若检验到协整关系个数符合要求(就 i 个待检验的变量来说,这一个数要求为 C_i^2),则停止检验;否则,将解释变量的个数依次递减,继续进行检验,直到剩下一个解释变量为止。

表 5-3 purd、durg 和 dur 之间的协整检验及其结果

协整类别	特征值	迹统计量	迹统计量的5%评判值	最大特征值	最大特征值的5%评判值
None	0.999321	181.0583(0.0001)	29.79707	138.5973(0.0001)	21.13162
At most 1	0.878760	42.46102(0.0000)	15.49471	40.08968(0.0000)	14.26460
At most 2	0.117333	2.371341(0.1236)	3.841466	2.371341(0.1236)	3.841466

注:(1)最佳滞后期是在选择了 4 期作为最大滞后期情形下得出的;(2)协整检验的最佳滞后期为
4 期。

表 5-4 是 purd、durg、dur、giniu 和 ginir 两两之间滞后期检验和 Johansen
检验结果。表 5-4 表明,除 purd 与 dur 之间以及 durg 与 dur 之间存在协整关
系外(这恰好印证了表 5-2 的结果),其他时间序列数据之间均不存在协整
关系。

表 5-4 变量两两之间滞后期检验及协整检验结果

协整关系组名	最佳滞后期	统计量			
		不存在协整关系		最多存在一个协整关系	
		迹统计量	最大特征值	迹统计量	最大特征值
(purd,durg)	2	7.8549(0.4810)	5.7426(0.6465)	2.1124(0.1461)	2.1124(0.1461)
(purd,dur)*	4	41.8737(0.0000)	35.1419(0.0000)	6.7317(0.0095)	6.7317(0.0095)
(purd,giniu)	2	9.8973(0.2887)	7.9619(0.3826)	1.9354(0.1642)	1.9354(0.1642)
(purd,ginir)	1	10.7425(0.2278)	9.5137(0.2459)	1.2287(0.2677)	1.2287(0.2677)
(durg,dur)*	4	30.1086(0.0002)	28.9060(0.0001)	1.2025(0.2728)	3.6582(0.2728)
(durg,giniu)	2	6.0805(0.6860)	5.5259(0.6745)	0.5545(0.4565)	0.5545(0.4565)
(durg,ginir)	2	11.8112(0.1662)	9.9207(0.2172)	1.8905(0.1691)	1.8905(0.1691)
(dur,giniu)	1	8.5094(0.4126)	7.8367(0.3955)	0.6727(0.4121)	0.6727(0.4121)
(dur,ginir)	2	14.4559(0.0712)	14.0112(0.0548)	0.4447(0.5049)	0.4447(0.5049)
(giniu,ginir)	1	12.9348(0.1172)	11.5313(0.1295)	1.4034(0.2361)	1.4034(0.2361)

注:(1)最佳滞后期是在选择了 4 期作为最大滞后期情形下得出的;(2)根据不同标准,最佳滞后期不
同,第 2 列表示的是符合各种标准的最佳滞后期;(3)第 3、4、5 和 6 列括号内表示的是拒绝假设后
犯错误的概率,这些数值是 MacKinnon-Haug-Michelis 的 P 值;(4)* 表示所指定的变量组存在协整
关系;(5)变量间的协整关系判断标准以 5% 作为显著水平。

三、回归及结果分析

在构建被解释变量与解释变量的回归方程过程中,可能会得到多种回归方程,需要进行比较,判断基本标准是对以下几个统计量的综合衡量:(1)调整的可决系数 R^2 越大越好;(2)赤池信息值(Akaike Information Criterion,AIC)和施瓦茨标准越小越好(Schwartz Criterion,SC);(3)各解释变量回归系数的 t 统计值以小于 10% 作为置信水平且越小越好;(4)差平方和越小越好;(5)DW 统计量越接近于 2 越好;(6)F 统计值越大越好并以 1% 作为置信水平。此外,这些标准也是在由一般到特殊的计量建模过程中剔除解释力差的解释变量的判别标准。

(一)居民消费/社会总投资比例 purid 的协整回归及结果分析

根据表 5-3 可知,purid 与 durg、dur 之间存在三个协整关系,因此可以对它们进行 OLS 协整回归。表 5-5、表 5-6 是协整回归关系结果。其中,表 5-5 是既无截距项又无趋势项的回归结果,表 5-6 是有截距项无趋势项的回归结果。

表 5-5　被解释变量 purid 与 durg、dur 的协整回归结果及统计值(1)

解释变量	单体统计量			
	系数	标准差	t 统计值	收尾概率
durg	1.339322	0.109047	12.28209	0.0000
dur	−0.011669	0.037149	−0.314117	0.7564
总体统计量				

R^2	可调整的 R^2	F 值	DW 值	残差平方和	AIC	SC	LogL
0.4746	0.4507	—	0.2607	0.4495	−0.9732	−0.8749	13.6779

注:"—"表示 F 值不存在。

表 5-6　被解释变量 purid 与 durg、dur 的协整回归结果及统计值(2)

解释变量	单体统计量			
	系数	标准差	t 统计值	收尾概率
截距项	1.526546	0.267191	5.713310	0.0000

续表

解释变量	单体统计量			
	系数	标准差	t 统计值	收尾概率
durg	0.392882	0.179774	2.185425	0.0403
dur	−0.270225	0.051127	−5.285317	0.0000
总体统计量				

R²	可调整的 R²	F 值	DW 值	残差平方和	AIC	SC	LogL
0.7943	0.7747	40.5444	0.4181	0.1759	−1.8276	−1.6804	24.9316

注:F 的显著水平为 1%。

根据上述判断标准,选择表 5 – 6 作为 purid 与 durg、dur 的协整回归结果,即存在如下协整关系:

$$purid = 1.5265 + 0.3929 \cdot durg - 0.2702 \cdot dur \qquad (5.3.1)$$

从式(5.3.1)可见,居民可支配总收入与国家财政收入和企业收入之和的比值(durg)对居民消费/社会总投资比例会产生正向影响,而城乡居民收入差距则会对居民消费/社会总投资比例产生负向影响。对于前者,一种可能的解释是,在总收入水平既定的情形下,一方面,居民可支配总收入与国家财政收入和企业收入之和的比值的减少意味着总的居民可支配收入的相对减少,而根据凯恩斯的绝对收入假说,这就意味着总的居民消费需求的相对减少;另一方面,居民可支配总收入与国家财政收入和企业收入之和的比值的减少又意味着国家财政收入和企业收入的相对增加,从而国家的公共投资需求和企业的投资需求会增加。综合起来,居民消费/社会总投资比例就会减少。对于后者,在居民总的可支配收入既定的情形下,城乡居民收入差距越大意味着城乡居民消费水平的差距加大,而根据凯恩斯的边际消费倾向递减规律,这就意味着城市居民的边际消费倾向和平均消费倾向的下降速度将大于农村居民的边际消费倾向和平均消费倾向的下降速度,加上在城市化进程中,城镇居民可支配收入的总规模越来越大于农村居民纯收入的总规模,致使城镇居民用于储蓄或投资的比重上升的速度大于农村居民用于储蓄或投资的比重上升的速度,其结果是,总的居民可支配收入中用于储蓄或投资的比例增加。

根据格兰杰定理,考虑到 purid 与 durg、dur 均是一阶单整时间序列,它们一定可以建立误差修正模型(ECM)。可运用 Hendry 提出的一般到特殊建模方法,基于 ADL 模型,构建 purid 与 durg、dur 之间的 ECM 模型。表 5 - 7 是 ADL 模型的回归结果。据此,可以通过变换得到所需的 ECM 模型。

表5-7 被解释变量 purid 的 ADL 模型回归结果及统计值

单体统计量	解释变量				
	截距项	durg	dur	durg(-1)	purid(-1)
系数	0.557845	1.141474	-0.143061	-0.791772	0.586940
标准差	0.165119	0.223934	0.029461	0.176069	0.089112
t 统计值	3.378433	5.097371	-4.855978	-4.496949	6.586564
收尾概率	0.0033	0.0001	0.0001	0.0003	0.0003
总体统计量					
R^2	可调整的 R^2	F 值	DW 值	残差平方和	AIC	SC	LogL
0.9634	0.9552	118.3930	2.1825	0.030045	-3.3679	-3.1210	43.73096

注:F 的显著水平为 1%。

就 purid 的线性回归方程来说,由于其中存在滞后项,DW 检验不太可能有效,通过 LM 检验可以确认模型不存在自相关。同时,Q 统计量也表明模型的随机误差项是一个白噪声序列。

根据表 5 - 7 的回归结果,可得如下的 ECM 模型:

$$\Delta purid_t = 1.1415 \cdot \Delta durg_t - 0.1431 \cdot \Delta dur_t - 0.4131 \cdot (purd_{t-1} + 1.3505 - 0.8466 \cdot durg_{t-1} + 0.3463 \cdot dur_{t-1}) \qquad (5.3.2)$$

式(5.3.2)中,右边第三项代表误差修正项。显然,其前面的系数为负且绝对值小于 1。也就是说,当居民消费/社会总投资比例与居民可支配总收入与国家财政收入和企业收入之和比例和城乡居民收入差距之间的长期均衡关系被打破后,会有一种机制使得前者和后两者之间的关系向均衡状态恢复。

(二)居民消费/出口总额比例 purxd 的协整回归及结果分析

由于 purxd 为平稳序列,而 durg 与 dur 之间又存在一阶协整关系,因此可以对它们进行 OLS 回归。考虑到居民消费/出口总额比例 purxd 可能存在累积效应,这里分别检验其不滞后、滞后一期、滞后两期对其本身的影响。表 5 - 8 是运用 Hendry 提出的一般到特殊的建模法对 purxd 的协整回归结果。

表 5 - 8　被解释变量 purxd 的协整回归结果及统计值

解释变量	单体统计量			
	系数	标准差	t 统计值	收尾概率
截距项	3.472187	1.024942	3.387693	0.0028
durg	4.022234	0.689609	5.832626	0.0000
dur	−1.688004	0.196124	−8.606809	0.0000
总体统计量				
R^2	可调整的 R^2	F 值	DW 值	残差平方和	AIC	SC	LogL
0.9334	0.9271	147.1708	1.5762	2.5893	0.8612	1.0085	−7.3347

注:F 的显著水平为 1%。

由表 5 - 8 可知,居民可支配总收入与国家财政收入和企业收入之和的比值会对居民消费/出口总额比例产生正向影响,而城乡居民收入差距则会对居民消费/出口总额比例产生负向影响。对于前者,其可能的原因是,居民可支配总收入与国家财政收入和企业收入之和的比值的减少一是意味着居民总消费的相对减少,二是意味着社会总投资的增加,而投资的增加也意味着出口供给能力的增加,从而增加出口需求(这里假定出口供给自行创造出口需求),并最终导致居民消费与出口总额之比下降。

对于后者,在居民总的可支配收入既定的情形下,城乡居民收入差距越大,一是意味着居民消费的减少,二是意味着总的居民可支配收入中用于储蓄或投资的比例增加,从而增加出口供给能力,综合在一起,将最终导致居民消费与出口总额之比下降。

(三)居民消费/政府消费比例 purgd 的协整回归及结果分析

由于 purgd 为平稳序列,而 durg 与 dur 之间又存在一阶协整关系,因此可以对它们进行 OLS 回归。考虑到居民消费/政府消费比例 purgd 可能存在累积效应,这里分别检验其不滞后、滞后一期、滞后两期对其本身的影响。表5-9 是运用 Hendry 提出的一般到特殊的建模法对 purgd 的协整回归结果。

表5-9　被解释变量 purgd 的协整回归结果及统计值

解释变量	单体统计量			
	系数	标准差	t 统计值	收尾概率
截距项	5.850132	0.890259	6.571271	0.0000
durg	1.055850	0.437209	2.414975	0.0266
dur	−0.930432	0.142910	−6.510599	0.0000
purgd(−2)	−0.371242	0.191126	−1.942394	0.0679
总体统计量				

R^2	可调整的 R^2	F 值	DW 值	残差平方和	AIC	SC	LogL
0.8787	0.8585	43.4722	1.5419	0.3942	−0.8205	−0.6221	13.0252

注:F 的显著水平为1%。

由表5-9 可知,居民可支配总收入与国家财政收入和企业收入之和的比值会对居民总消费/政府消费比例产生正向影响,而城乡居民收入差距则会对居民消费/政府消费比例产生负向影响。对于前者,其可能的原因是,正如前文所叙述的,居民可支配总收入与国家财政收入和企业收入之和的比值的减少一是意味着居民总消费的相对减少,二是意味着政府消费的相对增加,其结果是导致居民消费与政府消费之比下降。

对于后者,正如前已述及的,在居民总的可支配收入既定的情形下,城乡居民收入差距越大意味着居民消费的减少,在政府消费假定不变的条件下,将最终导致居民消费与政府消费之比下降。

(四)城乡居民消费比 purd 与城乡居民收入差距 dur 的协整回归及结果分析

由于 purd 与 dur 之间存在协整关系,因此可以对它们进行 OLS 回归。表5-10 和表5-11 是两种回归结果。其中,表5-10 是既无截距项又无趋势项的回归结果,表5-11 是有截距项无趋势项的回归结果。

比较表 5 - 10 和表 5 - 11 的回归及相应统计量,根据前已述及的判断标准,可以确定 purd 与 dru 存在如下协整关系:

$$purd = -2.237976 + 1.517775 \cdot dur \tag{5.3.3}$$

由式(5.3.3)可见,城乡居民收入差距会对城乡居民消费比例产生正向影响,这恰好印证了凯恩斯的绝对收入假设。具体来说,城乡居民收入差距越大,其消费水平的差距也就越大,而且在城市化进程中,城镇居民可支配收入的总规模越来越大于农村居民纯收入的总规模,致使城镇居民的总消费水平也越来越高于农村居民的总消费水平。

表 5 - 10　被解释变量 purd 的协整回归结果及统计值(1)

解释变量	单体统计量			
	系数	标准差	t 统计值	收尾概率
dur	0.687259	0.033239	20.67637	0.0000
总体统计量				

R²	可调整的 R²	F 值	DW 值	残差平方和	AIC	SC	LogL
0.6698	0.6698	—	0.03974	4.2849	1.1982	1.2473	-13.3789

注:"—"表示 F 值不存在。

表 5 - 11　被解释变量 purd 的协整回归结果及统计值(2)

解释变量	单体统计量			
	系数	标准差	t 统计值	收尾概率
截距项	-2.237976	0.150797	-14.84102	0.0000
dur	1.517775	0.056890	26.67895	0.0000
总体统计量				

R²	可调整的 R²	F 值	DW 值	残差平方和	AIC	SC	LogL
0.9700	0.9687	711.7662	0.9255	0.3891	-1.1174	-1.0192	15.4085

注:F 的显著水平为 1%。

根据格兰杰定理,考虑到 purd 与 dur 均是一阶单整时间序列,它们一定可以建立误差修正模型(ECM)。可运用 Hendry 提出的一般到特殊建模方法,基于 ADL 模型,构建 purd 与 dur 之间的 ECM 模型。表 5 - 12 是 ADL 模型的回归结果,据此,可以通过变换得到所需的 ECM 模型。

表 5 - 12 中,同样,由于 purd 的线性回归方程中存在滞后项,DW 检验不太可能有效,通过 LM 检验可以确认模型不存在自相关。同时,Q 统计量也表明模型的随机误差项是一个白噪声序列。根据表 5 - 12 的回归结果,可得如下的 ECM 模型:

$$\Delta purd_t = 0.3759 \cdot \Delta dur_t - 0.2167 \cdot (purd_{t-1} + 2.4373 - 1.7345 \cdot dur_{t-1})$$

$$(5.3.4)$$

表 5 - 12　被解释变量 purd 的 ADL 模型回归结果及统计值

解释变量	单体统计量			
	系数	标准差	t 统计值	收尾概率
截距项	−0.528268	0.149079	−3.543542	0.0020
dur	0.375935	0.094124	3.994048	0.0007
purd(−1)	0.783259	0.062636	12.50485	0.0000
总体统计量				
R²	可调整的 R²	F 值	DW 值	残差平方和	AIC	SC	LogL
0.9962	0.9959	2679.345	1.5090	0.04397	−3.1609	−3.0128	−39.3509

注:F 的显著水平为 1%。

式(5.3.4)中,右边第二项代表误差修正项。显然,其前面的系数为负且绝对值小于 1。也就是说,当城乡居民消费比例与城乡居民收入差距之间的长期均衡关系被打破后,会有一种机制使得两者之间的关系向均衡状态恢复。

第四节　政策建议

经分析表明,居民与政府和企业间的收入比的减少和城乡居民收入差距的扩大是引起居民消费/社会总投资比值的减少、居民消费/政府消费比值的减少和居民消费/出口总额比值的减少的显著原因;城乡居民收入差距的扩大是引起城乡居民消费比增加的显著原因；未发现城镇基尼系数和农村基尼系数与需求结构存在协整关系。

实证研究还表明，1985 年以来，我国居民收入分配中的城乡收入差距的拉大，以及国民收入分配格局中，我国居民部门的收入份额的下降，是导致我国在经济增长过程中需求结构不协调的显著原因。因此，促使我国经济增长主要由投资、出口拉动向由消费、投资和出口协调拉动，必须扭转我国收入分配状况不断恶化的态势。基于此提出以下政策建议：

其一，提高居民可支配总收入在国民收入分配中所占比重，以提高需求结构中的居民消费/政府消费比值、居民消费/社会总投资比值和居民消费/出口需求比值，促进居民消费在经济增长中的贡献率不断提高。具体措施包括：一是通过降低生产税率①，完善社会保障制度，提高劳动收入在要素收入分配中的份额（这是因为在国民收入分配格局中，企业收入来源主要是资本收入）；二是在收入再分配中，政府应以更大的幅度提高对诸如低收入家庭、残障人士、孤寡老人等社会弱势群体的福利支出，在教育、医疗服务的支出中，加大政府负担的比例，减轻个人负担的比重；三是改变过低存款率的金融抑制政策，积极发展资本市场，拓展城乡居民投资渠道，以不断增加居民的财产收入；四是鼓励城乡居民创业，为城乡居民创业提供政策支持和制度保障，增加居民的经营性收入。

其二，缩小城乡居民间的收入差距，通过拉动农村居民消费，以提高需求结构中的居民消费/政府消费比值、居民消费/社会总投资比值、居民消费/出口需求比值和城镇居民消费/农村居民消费比值，促进居民消费在经济增长中的贡献率不断提高。政策重点应着力于：一是逐步打破城乡二元结构，加快推进城乡一体化，特别是要改变现行的偏向城市的金融制度、公共物品供应制度、教育制度、社会保障制度、财政制度等，比如，在政府的转移支付方面，要特别注意对农村人口的针对性和适当倾斜；二是进一步推广和完善农村新型合

---

① 白重恩、钱震杰：《谁在挤占居民的收入——中国国民收入分配格局分析》，《中国社会科学》2009 年第 5 期。

作医疗制度、农村养老保险等农村社会保障制度,这对于缓解农村居民的生活压力、减缓城乡收入差距的扩大会产生直接的作用;三是加快出台城镇农民工社会保险全国流转制度,为农民工合理流动,减少流动成本和顾虑,农村居民收入稳定快速提高提供一个长期的体制保障;四是加大"少取多予"惠农措施,比如,扩大农业生产补贴范围,适当提高补贴标准,使农村居民收入在短期内有一个切实的增长;五是进一步加大对农村科技和农村教育的投入,着力提高对农村劳动力的农业科技和技能的培训,发展农村职业教育,推进农村的信息化建设和远程教育,提高农村居民的科学文化素质,使农村居民收入在长期内能保持持续增长。

第六章 收入和收入分配对自主创新的影响

——基于专利生产视角的中国实证检验

居民收入水平和居民收入分配、国民收入分配格局和要素收入分配可以通过影响自主创新产品的有效需求和自主创新的投入两种途径来影响自主创新的生产。基于三大专利生产视角的分析表明:其一,国民收入中的政府收入份额对发明专利和实用新型专利生产存在显著的正向影响;其二,城镇基尼系数对发明专利生产存在显著的负向影响;其三,要素收入分配中的劳动收入份额对实用新型专利生产存在显著的负向影响;其四,居民收入水平和国民收入中的企业收入份额对外观设计专利生产均存在正向的显著影响;其五,三大专利生产均呈现累积效应。

第一节 问题的提出及相关文献综述

1978 年以来的改革开放使中国经济进入一个持续、快速、稳定的发展阶段。国内生产总值从 1978 年的 3645.2 亿元增加到 2008 年的 300670 亿元,年均增长率约为 9.8% 。但与此同时我们也看到,长期以来中国经济走了一条粗放型经济增长道路。随着资源的消耗和劳动力比较优势的弱化,中国经济增长的动力将逐渐枯竭。为了加快转变经济发展方式,推动产业结构优化升级以及为未来的经济增长提供持续发展的动力,中国应该提高自主创新能力,建设创新型国家。

在熊彼特的经典著作《经济发展理论》中,"创新"是一个"内在的因素",

经济发展也就是这种"来自内部自身创造性的关于经济生活的一种变动"。①很明显,如果从经济社会的内在性出发,那么,创新的供给和需求无疑是经济发展最为重要的两个内在因素。此后的有关创新的研究,都是在此基础上加以发展和深化的。

在创新的供给方面,Rosenberg 认为创新活动的决定因素包括科学知识的发现、技术机会等。Dosi 认为创新活动的决定因素还应考虑研究实验室的效率、投资的机会成本。② Furman 等研究了国家创新能力的供给方面,指出一国创新基础设施包括知识存量、人力资本和研发投入、教育、对外开放程度,以及产权和税收制度因素。③ Romer 的基于研究和开发的内生增长模型也代表了这种思想。在 Romer 的"点子"生产函数(idea production function)中,知识(技术进步)的生产取决于从事知识创造人员的数量、知识存量和知识生产效率三个要素。④ Grossman 和 Helpman 的模型⑤以及 Aghion 和 Howitt 的模型⑥都表明产品质量的提高是研究与开发(Research and Development,R&D)人员数量的线性函数,本质上与 Romer 的模型是一致的。其共同的结论是,经济增长具有规模效应,经济规模越大,被分配从事 R&D 的人员越多,经济增长率越高。虽然这一结论在 Jones 看来,并不符合 OECD 国家近 100 年来的经济事实⑦,但笔者认为,即使 R&D 人员数量与创新率存在争论,但如果没有更多的

---

① 约瑟夫·熊彼特:《经济发展理论——对于利润、资本、信贷、利息和经济周期的考察》,何畏译,商务印书馆 1990 年版,第 36 页。

② Dosi,G. "Source Procedurea and Microeconomic Effects of Innovation",*Journal of Economic Literature*,1988,Vol. 26,No. 3,pp. 1120 – 1171.

③ Furman,J. L.,Michael E. P. and Scott S.,"The Determinants of National Innovative Capacity",*Research Policy*,2002,Vol. 31,No. 2,pp. 899 – 933.

④ Romer,P. M.,"Endogenous Technological Change",*Journal of Political Economy*,1990,Vol. 98,No. 5,pp. 71 – 102.

⑤ Grossman,G. M. and Helpman E.,*Innovation and Growth in the Global Economy*,MIT Press. 1991,p. 203.

⑥ Aghion,P. and Howitt,P.,"A Model of Growth through. Creative Distribution",*Econometrica*,1992,Vol. 60,No. 2,pp. 323 – 351.

⑦ Jones,C. I.,"R&D-Based Models of Economic Growth",*Journal of Political Economy*,1995,Vol. 103,No. 4,pp. 759 – 784.

R&D 人员数量,就不可能有更进一步的创新这一结论应该是明确的。Baumol 的理论分析和实证分析也证明了这一观点。Baumol 认为,常规化创新存在军备竞赛情形和棘轮特征,而这正是资本主义增长奇迹的一个主要源泉。① 也就是说,一个国家或地区的 R&D 人员数量和质量是该国或该地区创新程度的必要条件,而不是充分条件。

因此,有必要关注创新的需求对创新供给资源配置的影响。这是因为,如果创新活动是供给推动的,那么为什么世界上绝大多数优秀科学家、工程师和实验室仅聚集在少数发达国家,而且技术机会总是降临在这些国家?②

在创新的需求方面,Lach 和 Schankerman 使用美国制造业部门中 191 个企业的样本数据发现,研究与开发在 Granger 因果关系(Granger Causality)意义上导致资本投资,认为只有当经济环境有利于消费和投资活动的增长时,才会进行创新的引进。③ Judd 认为销售规模和可赢利性的变化刺激了研发投入。④ Porter 认为国内需求规模大,能帮助厂商建立竞争优势,迫使厂商不断改进、创新产品。⑤ 范红忠的实证研究表明,需求规模对创新能力的长期影响可能比需求拉动的短期影响更重要,因为需求规模不仅影响创新活动的需求面,在长期,需求规模还通过影响产业分工与协作、市场结构、产业集群的微观创新环境,进而对创新活动的效率和动力有着决定性影响。⑥

上述文献的结论如果应用到一个国家或地区,实际上探讨的就是一个国家或地区的自主创新能力的决定因素。这里的自主创新能力,按 Furman 和美

---

① Baumol, W. J., *The Free-Market Innovation Machine : Analyzing the Growth Miracle of Capitialism*, Princeton University Press, 2002, p. 266.

② 范红忠:《有效需求规模假说、研发投入与国家自主创新能力》,《经济研究》2007 年第 3 期。

③ Lach, S. and Schankerman, M., "Dynamics of R&D and Investment in the Scientific Sector", *Journal of Political Economy*, 1989, Vol. 97, No. 4, pp. 880 - 904.

④ Judd, K., "On the Performance of Patents", *Econometrica*, 1985, Vol. 53, No. 3, pp. 567 - 585.

⑤ Poter, M. E., *Competitive Advantage of Nations*, The Free Press, 1990, p. 306.

⑥ 范红忠:《有效需求规模假说、研发投入与国家自主创新能力》,《经济研究》2007 年第 3 期。

国专利商标局的定义是指,一国在长期内创造世界领先技术并使之商业化的能力。具体来说,就是指通过拥有自主知识产权的核心技术以及在此基础上实现新产品价值的过程,其成果一般体现为新的科学发现以及拥有自主知识产权的技术、产品、品牌。

而无论是创新的供给因素,还是创新的需求的因素,从微观层面来看,都会受制于居民的收入水平、居民收入分配、国民收入分配格局和要素收入分配的影响。范红忠的实证研究也表明,收入差距扩大对一国的研发投入规模和自主创新能力有着十分重要的决定性影响,只不过没有进一步深究其他收入分配形式对自主创新的影响机制。①

第二节　收入和收入分配对自主创新的作用机制

收入和收入分配影响自主创新的作用机制可以通过其对创新的供给因素和需求因素的影响来展开分析。

其一,居民部门的收入和收入分配会影响自主创新的供给和需求因素。原因在于,从供给方面来看,无论是科学知识的发现,还是 R&D 效率的提高,都必须建立在经济社会的教育水平、人力资本等基础上。众所周知,R&D 人员数量则与教育密切相关。在教育还不是完全免费的情形下(比如,就我国来说,真正的小学、初中义务教育是 2003 年开始实施和逐步普及的,而高中和大学教育还是一种收费教育),教育就是家庭的一种投资。对低收入阶层来说,这种投资可能会造成基本生活出现困难,因此不得不放弃对孩子的教育投资。或者,即使能勉强支付得起教育上的花费,但由于教育的机会成本过大,对孩子的教育投资也会因这种短视性而被放弃。很明显,当一个经济社会的总体收入分配中,中低收入阶层比例过大,这个经济社会就会出现整体教育水平低下的状态,人力资本的投资也是如此。这样一来,不合理的居民间收入分配将导致从事知识创造人员的数量、知识存量的减少,从而使建立在以前知识

---

① 范红忠:《有效需求规模假说、研发投入与国家自主创新能力》,《经济研究》2007 年第 3 期。

积累基础上的经济社会创新会受到阻碍。就人力资本的获得而言,居民间收入分配显然也会影响人们的再教育与培训。

其二,从需求方面来看,一方面,居民部门的收入和收入分配会影响创新产品的总消费。凯恩斯的绝对收入假说认为收入差距扩大,会减少消费需求。Blinder 提出的广义生命周期假说表明,居民收入差距在一定条件下,会影响消费。[①] Menchik 和 David 的实证研究也支持收入分配影响总消费的观点。[②] 无疑,作为总消费中组成部分的创新产品消费也会受到收入分配的影响。此外,无论是质量提高型的创新产品还是新产品型的创新产品,其价格往往很高,在一国的总可支配收入不变的条件下,居民收入差距越大,则该国买得起质量提高型和新产品型创新产品的家庭就会越少。因此,居民收入分配影响了质量提高型和新产品型创新产品的需求规模。另一方面,居民间收入分配会影响创新需求的扩散。所谓创新需求的扩散,是指经济社会中的个人和组织采用一个新产品、新技术或用新的产品和技术替代原有产品、技术的过程。只有通过创新的扩散,才会产生对某一创新的需求。Rogers 的创新扩散理论认为,创新在一个经济社会中扩散,主要受两方面影响:一方面是大众传媒,另一方面是人际传播。[③] 而 Mahajan、Muller 和 Bass 对创新扩散过程的研究发现,早期阶段的市场成长主要受大众传媒的影响,但后续的市场成长则主要受人际传播影响,而且,随着扩散过程的展开,人际传播对于创新扩散的作用更加显著。[④] Kumar、Granesh 和 Echambadi 的实证研究表明,与先扩散市场相比,后扩散市场的创新受人际传播的因素影响更大,扩散速度也更快。[⑤] 这样

① Blinder, A. S. "A Model of Inherited Wealth", *Quarterly Journal of Economics*, 1975, Vol. 90, No. 4, pp. 946 – 970.

② Menchik, P. L. and David, M., "Income Distribution, Lifetime Savings and Bequest", *American Economic Review*, 1983, Vol. 73, No. 4, pp. 667 – 683.

③ Rogers, E. M., *Diffusion of Innovations*, The Free Press, 1983, p. 203.

④ Mahajan, V., Muller, E. and Bass, F. M., "New Product Diffusion Model in Marketing: A Review and Directions for Research", *Journal of Marketing*, 1990, Vol. 54, No. 1, pp. 1 – 26.

⑤ Kumar, V., Ganesh, J., and Echambadi, R., "Cross-National Diffusion Research: What We Know and How Sureare We?", *Journal of Product Innovation Management*, 1998, Vol. 15, No. 1, pp. 255 – 268.

一来,如果人们的收入水平存在显著差异,创新的扩散速度就会受到影响,从而抑制了创新的市场需求。也就是说,随着居民收入差距的拉大,中高收入阶层的对新产品或质量提升型产品的消费方式无法向低收入阶层发生转移。此外,当研究中国市场的创新需求扩散时,还需要考虑中国市场的城乡分割结构,这种城乡分割结构不但体现在城乡收入差距,而且还体现在城乡市场所固有的巨大差异。显然,随着城乡收入差距的不断扩大,城镇居民对创新产品的消费方式将无法向农村转移,从而也抑制了创新的市场需求。

其三,国民收入和国民收入分配格局也会影响创新的供给和需求。这是因为,在其他条件不变的情形下,政府收入在国民收入分配中份额的增加,有可能导致政府对基础科学研究、工程科学研究和社会科学研究支持力度的增加,教育投入的增加,人力资本培训的增加等等,进而对国家重大的基础创新产生推动作用;而从企业方面来说,在激烈的市场竞争中保持不断向市场推出创新产品,获取创新利润,是企业立于不败之地并获得持久发展的不竭源泉,因此企业收入在国民收入分配中份额的增加意味着企业可用于创新投入的增加,即为创新的拓展提供了更多的资本,包括科技活动人员人力投入、R&D 经费支出、技术引进经费、技术改造经费、消化吸收经费等方面的增加。当然,当整个经济社会的国民收入既定时,居民部门在国民收入分配中所占的份额即居民部门的总收入,则会影响居民部门对自主创新产品的消费需求。需要指出的是,当自主创新的产品是中间产品时,在一些企业是这些自主创新产品的供给者的同时,必有另外一些企业是这些自主创新产品的需求者。显然,当企业是自主创新产品的需求者时,它对自主创新的需求受到其购买力,以及经济社会对其以自主创新作为投入要素所生产出的产品的需求的约束,前者取决于企业的可支配收入,后者则取决于国民收入及其分配和居民部门及其收入分配状况。

其四,要素收入分配也会影响自主创新的需求和供给。这是因为,一方面,在其他条件不变的情形下,资本收入在要素收入分配中份额的增加,也有可能导致企业可用于创新投入的增加。另一方面,当整个经济社会的国民收入既定时,劳动收入在要素收入分配中所占的份额即劳动总收入,则会影响大多数以劳动收入作为收入来源的居民对自主创新产品的消费需求。

与创新研究相关的国内外文献虽然很多,但将收入和收入分配独立出来,着重考察其对自主创新的影响的文献并不多见。除了上述已提到的一些文献外,Foellmi and Zweimüller 通过将非相似偏好引入创新经济增长模型,发现收入和财富不平等会通过价格效应对创新产品的市场扩散产生影响,收入和财富越不平等,新产品的市场就会越小,转变为大市场的速度越慢。[1] 朱恒源等以彩电为例,考察了我国城乡二元结构及地区经济发展水平差异对创新需求扩散的影响。[2] 卢方元、焦科研从技术创新投入、研究开发、制造能力、技术创新产出和创新环境等方面分析了中国大中型企业技术创新区域差异。[3] 刘小玄、吴延兵的研究发现,中国企业的效率改进主要是由市场景气和需求增长拉动所致,而不是来自创新引致的技术进步,其更深层次的原因在于外部市场环境的不完善。[4] 万广华等从人口、经济发展水平、研发投入、地理位置以及开放度解释了中国区域和省份间创新能力不平等现象。[5]

第三节　1985 年以来中国的收入分配对
自主创新需求影响的实证分析

结合计量经济学中的"Granger 因果检验"、"协整分析"以及"误差修正模型"等方法,可以对中国 1985—2008 年的收入和收入分配对自主创新的影响

---

① Foellmi, R. and Zweimüller, J. ,"Income distribution and demand-induced innovation", *Review of Economic Studies*, 2006, Vol. 73, No. 4, pp. 941 – 960.

② 朱恒源、刘广、吴贵生:《城乡二元结构对产品扩散的影响研究:以彩电采用为例》,《管理世界》2006 年第 4 期。

③ 卢方元、焦科研:《中国大中型工业企业技术创新区域差异分析》,《中国工业经济》2008 年第 2 期。

④ 刘小玄、吴延兵:《企业生产率增长及来源:创新还是需求拉动》,《经济研究》2009 年第 7 期。

⑤ 万广华、范蓓蕾、陆铭:《解析中国创新能力的不平等:基于回归的分解方法》,《世界经济》2010 年第 2 期。

进行实证分析。① 虽然"Granger 因果检验"仅仅是从统计特征上检验两个变量之间是否存在因果关系,而且对变量之间的影响方式和影响程度也无法给出更具体的信息,但恰好可以以此为基础,选择可能存在的因果关系的相关变量,进而利用协整及误差修正模型等手段作更为细致的分析。"协整分析"刻画的是变量之间的一种长期均衡关系,"误差修正模型"则反映了这种均衡关系打破之后,系统自身如何实现自我恢复。

一、数据来源和处理

对自主创新实证研究的一个重要问题是对国家自主创新能力的衡量。创新能力可以用不同的指标来衡量,比如研究和开发投入、专利数量、专利引用数量和新产品数量等。Hagedoorn 和 Cloodt 发现不同指标之间的相关度很高,任何一个指标都可用来表示创新能力。② 而从实际情况来看,不少经济学家认为专利数量是最合适的指标。③ 因此,遵循 Audretsch 和 Feldman 的研究思路④,可采用中国对国内专利的批准量来反映我国的自主创新能力⑤,即以我国对发明专利批准量、实用新型及外观设计专利批准量来衡量我国的自主创新能力。

就解释变量而言,为了比较真实地反映中国的二元经济体制和政府强干

---

① 需要指出的是,影响自主创新的因素是多方面的,但由于中国专利的年度数据很有限,很难利用 Hendry 的一般建模思想将能考虑到的所有因素包括进去,而运用分省面板数据进行检验,由于不同省份差别可能很大,其结果可能很难从整个国家层面加以总结。这里的计量经济分析实际上是一种局部回归。

② Hagedoorn,J. and Cloodt,M.,"Measuring Innovative Performance:Is There an Advantage in Using Multiple Indictors?",*Research Policy*,2003,Vol. 32,pp. 1365 – 1379.

③ 可参见(1)Barsberg, B. L.,"Patents and the Measurement of Technological Change:A Survey of the Literture",*Reseach Policy*,1987,Vol. 16,pp. 131 – 141. (2)Griliches, Z,"Patent Statistics as Economic Indicators:A Survey",*Journal of Economic Lierature*,1990,Vol. 28,pp. 1661 – 1707. (3)Mansfield,E. J.,"Patents and Innovation:An Empirical Study",*Mangement Science*,1986,Vol. 32,pp. 173 – 181.

④ Audretsch,D. and Feldman,M.,"Knowledge Spillovers and Geography of Innovation",in J. V. Henderson and J. F. Thisse,eds,*Handbook of Regional and Urban Economics*,Elsevier,2004.

⑤ 当然,采用专利数据来衡量创新能力也存在一定的缺陷,因为不是所有的创新都会申请专利,也不是所有的专利都意味着有经济效益的新技术。

预性经济特点,本章使用 t 期的居民人均可支配收入代表居民收入水平,使用 t 期的国民收入代表总体需求规模①,以政府收入占国民收入之比、企业收入占国民收入之比来衡量国民收入分配格局②,以城镇家庭平均可支配收入水平和农村家庭纯收入水平之比来衡量表示城乡居民收入差距,以城镇居民内部的基尼系数和农村居民内部的基尼系数③,来分别衡量城镇居民内部收入差距和农村居民内部收入差距。

　　在以上的解释变量和被解释变量中,考虑到发明专利量、实用新型专利量和外观设计专利量、国民收入和居民收入水平的时间序列数值变化比较大,对其取对数后可以使其数值之间变化幅度大为减少,而且也消除了使用回归模型时对度量单位的考虑④,并分别记为 LNPAT1、LNPAT2、LNPAT3、LNNI、LNDPI,而对国民收入分配中的政府收入份额和企业收入份额、城乡收入差距、城镇基尼系数、农村基尼系数和要素收入分配中的劳动收入份额则未取对数,并分别记为 PGNI、PFNI、DUR、GINIU、GINIR 和 PLW。

二、数据描述

　　图 6-1 描述了 1985—2008 年中国发明专利批准量、实用新型专利批准量和外观设计专利批准量(以对数表示)的演变轨迹,以及国内收入规模和居民可支配收入的演变轨迹。

　　从图 6-1 可以看出,(1)三大国内专利批准量在 1985—1993 年呈上升态势,1993—1996 年呈小幅下降,1996 年以后各年重新呈现上升态势,从横

---

　　① 国民总收入按国内生产总值指数进行了平减(以 1985 年为 100)。
　　② 具体计算时,期居民部门可支配收入是利用《中国统计年鉴》(1986—2009 年)的城乡居民家庭抽样调查数据,将城镇居民可支配收入和农村居民纯收入分别与城乡人口数相乘,然后求其和得到;政府收入以财政收入和预算外收入作为近似值(严格说来,政府收入不仅包括财政收入和预算外收入,还应包括没有纳入预算外管理的制度外收入,由于数据的可获得性,略去这种制度外收入,企业收入则是以 t 期的 GDP 减去居民部门可支配收入和政府收入之和作为近似值)。
　　③ 城镇基尼系数和农村基尼系数分别以城镇居民收入分组数据和农村收入居民分组数据计算得出。
　　④ Greene,W. H.,*Econometric Analysi*(5*th*),Pearson Education,Inc. 2003,p. 468.

向来看,实用新型专利批准量最高,外观设计专利批准量次之,发明专利批准量最小;(2)1985—2008 年国民总收入和居民可支配收入均呈指数式上升态势。

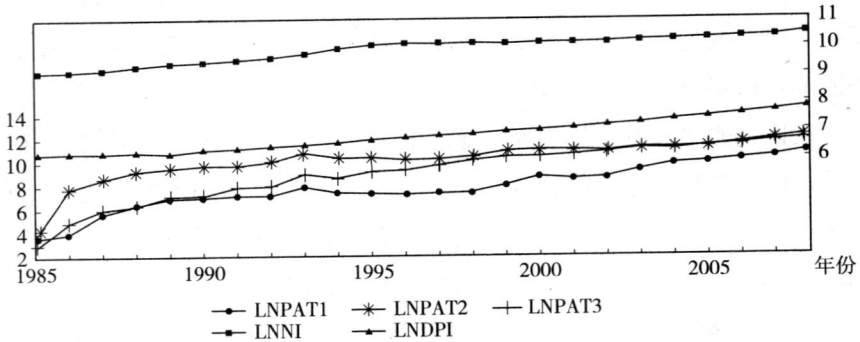

图 6-1

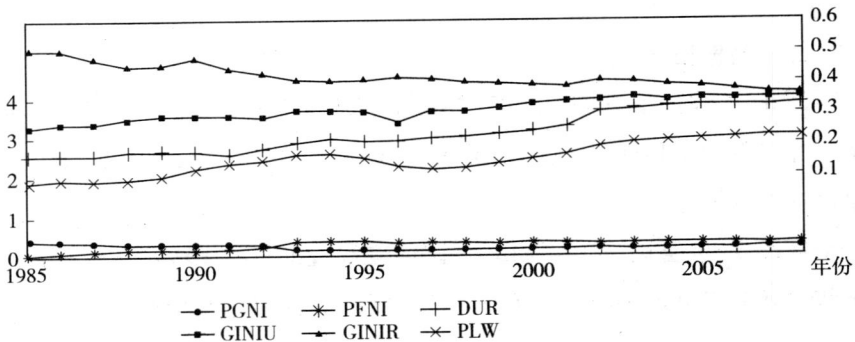

图 6-2

注:(1)图 6-1 中,LNPAT1、LNPAT2 和 LNPAT3 分别表示发明专利量、实用新型专利量和外观设计专利量的对数,对应着右侧的刻度,LNNI、LNDPI 分别表示国民收入和居民收入水平的对数,对应着左侧的刻度;(2)图 6-2 中,PGNI、PFNI 和 DUR 分别表示政府收入份额、企业收入份额和城乡收入差距,对应着左侧的刻度,GINIR、GINIU、PLW 分别表示城镇基尼系数、农村基尼系数和要素收入分配中的劳动收入份额,对应着右侧的刻度。

　　图 6-2 给出了 1985—2008 年国民收入分配中的政府收入份额和企业收入份额、城乡收入差距、城镇基尼系数、农村基尼系数、要素收入分配中的劳动

收入份额的变化轨迹。

从图 6-2 可以看出,(1)国民收入分配中的政府收入份额在 1985—1995 年呈下降态势,1995—1997 年有所波动,1997—2008 年则出现上升态势;(2) 国民收入分配中的企业收入份额在 1985—1994 年呈总体上升态势,1995— 2002 年呈波动中下降态势,2002—2008 年则在波动中呈总体上升态势;(3) 城乡收入差距在 1985—1994 年呈持续上升态势,1994—1997 年略呈下降态 势,但 1997 年及其以后各年城乡收入差距不断扩大,总体来看,1985 年这一 数值为 1.89,2008 年则上升到 3.3;(4)除 1996 年稍微下降偏低外,1985— 2008 年农村基尼系数总体上呈上升态势,而城镇基尼系数除 1991 年稍微下 降偏低外,总体上也呈上升态势;(5)1985—2008 年劳动收入在国民收入中所 占比重在波动中呈总体下降态势,1985 年这一数值为 50.3%,2008 年则下降 到 35.9%。

三、收入和收入分配与专利相关变量的平稳性、协整和 Granger 因果 检验

(一)平稳性检验和协整检验

前文就收入和收入分配对自主创新的影响作了一个基本判断,为了进一 步验证变量之间是否存在因果关系,可以在对各变量进行平稳性检验的基础 上,进行 Granger 因果检验,检验结果见表 6-1。

表 6-1 的结果表明,LNNI 为二阶平稳序列,LNPAT1、LNDPI、PFNI、DUR、 GINIU、GINIR 为一阶平稳序列,可以猜测这些变量之间可能存在协整关系, LNPAT2、LNPAT3、PGNI 和 PLW 为零阶平稳序列。为此,采用 Johansen 最大 似然估计检验法,通过计算基于最大特征值的似然比统计量,来判断这些时间 序列数据之间的协整关系。考虑到 Johansen 检验基于 VAR 模型进行,必须首 先确定最佳的滞后期,因为滞后期太短,误差项的自相关可能很严重,但滞后 期过长又会减少自由度,影响模型参数估计值的有效性。表 6-2 是滞后期检 验结果。

表6-1　各变量平稳性检验结果

变量	阶数及形式	t统计值	收尾概率	变量	阶数及形式	t统计值	收尾概率
LNPAT1	(1,T)	-2.7135	0.0429	PFNI	(1,C)	-3.1871	0.0346
LNPAT2	(0,C)	-8.0238	0.0000	DUR	(1,N)	-1.9872	0.0470
LNPAT3	(0,T)	-4.1532	0.0180	GINIU	(1,C)	-3.1690	0.0139
LNNI	(2,C)	-3.0594	0.0456	GINIR	(1,T)	-6.3212	0.0002
LNDPI	(1,T)	-5.5201	0.0010	PLW	(0,C)	-2.4643	0.0162
PGNI	(0,C)	-2.0132	0.0444	—	—	—	—

注:(1)第二列的0、1、2分别代表水平值检验、一阶平稳检验和二阶平稳检验,T、C、N分别代表"包括截距及趋势项"、"只包括截距项"、"既不包括截距项也不包括趋势项";(2)所有检验的零假设为:所检验的时间序列存在单位根;(3)收尾概率的含义是,拒绝零假设后犯错误的概率;(4)所有序列拒绝单位根假设的判断标准均以5%作为显著水平;(5)最大滞后期设定为5。

表6-2　滞后期检验结果

滞后期	LogL	LR	FPE	AIC	SC	HQ
0	157.3948	NA	4.25e-14	-13.76316	-13.46561	-13.69307
1	304.2227	200.2199	2.05e-18	-23.83843	-21.75553	-23.34776
2	381.8367	63.50240*	1.17e-19*	-27.62152*	-23.75328*	-26.71028*

注:(1)根据不同标准,最佳滞后期不同;(2)*表示是符合各种标准的最佳滞后期。

表6-3　变量两两之间滞后期检验及协整检验结果

协整关系组名	最佳滞后期	统计量			
		不存在协整关系		最多存在一个协整关系	
		迹统计量	最大特征值	迹统计量	最大特征值
(LNPAT1,LNDPI)*	2	36.4871(0.0017)	26.3570(0.0041)	10.1301(0.1214)	10.1301(0.1214)
(LNPAT1,PFNI)*	2	32.0610(0.0075)	21.4286(0.0249)	10.6324(0.1012)	10.6324(0.1012)
(LNPAT1,DUR)*	2	33.7971(0.0004)	26.7384(0.0007)	7.0587(0.1233)	7.0587(0.1233)
(LNPAT1,GINIU)*	1	24.1931(0.0019)	24.0346(0.0011)	0.1585(0.6906)	0.1585(0.6906)
(LNPAT1,GINIR)*	1	18.2269(0.0189)	16.3194(0.0233)	1.9075(0.1672)	1.9075(0.1672)
(LNDPI,PFNI)*	4	49.6732(0.0000)	48.9617(0.0000)	0.7114(0.4578)	0.7114(0.4578)
(LNDPI,DUR)*	2	28.6598(0.0219)	21.6765(0.0229)	6.9832(0.3463)	6.9832(0.3463)
(LNDPI,GINIU)*	1	24.7547(0.0112)	16.9085(0.0346)	7.8462(0.0884)	7.8462(0.0884)
(LNDPI,GINIR)*	1	29.4109(0.0021)	22.3629(0.0042)	7.0480(0.1239)	7.0480(0.1239)

续表

协整关系组名	最佳滞后期	统计量			
		不存在协整关系		最多存在一个协整关系	
		迹统计量	最大特征值	迹统计量	最大特征值
（PFNI，DUR）*	4	23.5050(0.0025)	20.3901(0.0048)	3.1150(0.0776)	3.1150(0.0776)
（PFNI，GINIU）	1	4.7421(0.8356)	4.3432(0.8215)	0.3988(0.5277)	0.3988(0.5277)
（PFNI，GINIR）*	4	25.4381(0.0088)	19.1463(0.0148)	6.2919(0.1694)	6.2919(0.1694)
（DUR，GINIU）	2	12.3881(0.1393)	12.3794(0.0972)	0.00870(0.9253)	0.00870(0.9253)
（DUR，GINIR）*	4	16.5242(0.0349)	16.4696(0.0220)	0.05460(0.8152)	0.05460(0.8152)
（GINIU，GINIR）	2	13.4568(0.0991)	13.4277(0.0675)	0.02914(0.8644)	0.02914(0.8644)

注：(1)最佳滞后期是在选择了4期作为最大滞后期情形下得出的；(2)根据不同标准，最佳滞后期不同，第2列表示的是符合各种标准的最佳滞后期；(3)第3、4、5和6列括号内表示的是拒绝假设后犯错误的概率，这些数值是 MacKinnon-Haug-Michelis 的 P 值；(4)＊表示所指定的变量组存在协整关系；(5)变量间的协整关系判断标准以5%作为显著水平。

表6-3是两两之间滞后期检验和 Johansen 检验结果。表6-3表明，除 PFNI 与 GINIU 之间、DUR 与 GINIU 之间以及 GINIU 与 GINIR 之间不存在协整关系外，其他时间序列数据之间均存在协整关系。

（二）变量间的 Granger 因果检验及结果分析

根据表6-1的结果，可以对 LNPAT1 与 LNDPI、LNPAT1 与 PFNI、LNPAT1 与 DUR、LNPAT1 与 GINIU、LNPAT1 与 GINIR、LNDPI 与 PFNI、LNDPI 与 DUR、LNDPI 与 GINIU、LNDPI 与 GINIR、PFNI 与 DUR、PFNI 与 GINIR、DUR 与 GINIR 这些存在协整关系的变量组进行 Granger 因果检验。而 LNPAT2、LNPAT3、PGNI 和 PLW 均为零阶平稳序列，因而也可以对这些变量进行 Granger 因果检验。在将一阶平稳序列差分后，可检验这些差分序列与零阶平稳序列之间是否存在 Granger 因果关系[①]。所有的 Granger 检验结果见

[①] 显然，差分后的序列表示的是原序列的增量，同原序列相比并不相同，但考虑到在数学意义上，原序列可以视为差分序列的积分或累加，因此如果某序列的差分序列与其他序列之间存在 Granger 因果关系，那么该序列与其他序列之间也应存在 Granger 因果关系。此外，Granger 因果检验只是从序列的数学特征来判断序列之间是否存在因果关系，它对判断序列之间真正的因果关系来说只是一个必要条件而非充分条件。这里使用 Granger 因果检验的目的，只是作一个粗略的判断。

表 6-4。

<h3 style="text-align:center">表 6-4 Granger 因果检验结果</h3>

变量组名	自变量	因变量	变量组名	自变量	因变量
(LNPAT1,LNDPI)	LNDPI	LNPAT1	(LNPAT3,PLW)	LNPAT3	PLW
(LNPAT1,PFNI)	无 Granger 因果关系		(PGNI,PLW)	无 Granger 因果关系	
(LNPAT1,DUR)	LNPAT1	DUR	(LNPAT1,LNPAT2)	LNPAT2	DLNPAT1
(LNPAT1,GINIU)	GINIU	LNPAT1	(LNPAT1,LNPAT3)	DLNPAT1	LNPAT3
(LNPAT1,GINIR)	无 Granger 因果关系		(LNPAT1,PGNI)	PGNI	DLNPAT1
(LNDPI,PFNI)	LNDPI	PFNI	(LNPAT1,PLW)	PLW	DLNPAT1
(LNDPI,DUR)	LNDPI	DUR	(LNPAT2,LNDPI)	LNPAT2	DLNDPI
(LNDPI,GINIU)	LNDPI	GINIU	(LNPAT2,PFNI)	无 Granger 因果关系	
(LNDPI,GINIR)	无 Granger 因果关系		(LNPAT2,DUR)	无 Granger 因果关系	
(PFNI,DUR)	无 Granger 因果关系		(LNPAT2,GINIU)	无 Granger 因果关系	
(PFNI,GINIR)	无 Granger 因果关系		(LNPAT2,GINIR)	无 Granger 因果关系	
(DUR,GINIR)	GINIR	DUR	(LNPAT3,LNDPI)	DLNDPI	LNPAT3
(LNPAT2,LNPAT3)	互为影响		(LNPAT3,PFNI)	DPFNI	LNPAT3
(LNPAT2,PGNI)	PGNI	LNPAT2	(LNPAT3,DUR)	无 Granger 因果关系	
(LNPAT2,PLW)	PLW	LNPAT2	(LNPAT3,GINIU)	DGINIU	LNPAT3
(LNPAT3,PGNI)	无 Granger 因果关系		(LNPAT3,GINIR)	无 Granger 因果关系	

注:(1)加了下画线的变量表示该变量的一阶差分;(2)差分的目的在于保证进行 Granger 因果检验时,序列是平稳的;(3)零假设为"自变量不能引起 Granger 引起因变量";(4)表中"自变量"和"因变量"的含义是,当变量组存在 Granger 因果关系时,"自变量"在 Granger 意义上是引起"因变量"的原因;(5)表中的结论是分别在滞后 1 期、滞后 2 期和滞后 3 期综合得出的。

根据表 6-4 的检验结果,可以作出以下一些判断:

(1)居民可支配收入(LNDPI)对发明专利(LNPAT1)、外观设计专利生产(LNPAT3)会产生影响。

(2)企业收入占国民收入比(PFNI)对发明专利生产和实用新型专利生产(LNPAT2)基本没有影响,对外观设计专利生产会产生影响。可能的原因是,就企业而言,外观设计专利生产的风险性相对发明专利生产和实用新型专利生产来说,风险性要小一些,并且也容易转化为生产效益,因此企业所增加的收入可能更倾向于外观设计专利的生产。

（3）政府收入占国民收入比（PGNI）对发明专利生产、实用新型专利生产会产生影响，对外观设计专利生产基本没有影响。原因可能在于，政府对基础研究和工程研究的支持主要体现在能更好反映国家创新能力的发明专利生产（LNPAT1）和实用新型专利生产上。也就是说，诸如政府支持的"863"计划、"973"计划、国家自然科学基金、国家工程研究和国家重点实验室、"985"高校工程体现的是对原始创新和集成创新的资助。

（4）城乡收入差距（DUR）对三大专利生产均不产生影响。一种可能的解释是：专利生产从其生产的角度来说，主要集中在非农业领域，因而与城乡居民的收入差距关联性不大，而从专利生产的需求角度来看，由于创新产品刚出现时，其价格的昂贵性使得其市场主要面向城镇居民，因而也与城乡居民差距无关。

（5）城镇居民收入差距（GINIU）对发明专利和外观设计专利生产会产生影响。这是因为城镇居民的收入差距一方面影响了创新的初始市场的需求大小，另一方面也影响了创新产品的扩散。

（6）农村居民收入差距（GINIR）对三大专利生产均不存在影响。其原因可能是创新产品的初始市场主要是面向城镇而不是农村。

（7）劳动收入份额（PLW）对发明专利和外观设计专利生产会产生影响。对此，可以这样解释，一方面劳动收入份额的大小就是资本收入份额大小的对立面，会影响企业对专利生产的投入，另一方面劳动收入份额的大小也决定了专利生产的整个社会需求。

（8）发明专利对外观设计专利生产存在影响，实用新型专利生产和外观设计专利生产之间互为影响，实用新型专利对发明专利生产存在影响。背后的机理可能是，三大专利都是自主技术创新的形式，存在着内在的联系。

四、收入和收入分配对三大专利生产影响的计量结果及其分析

基于上述结果，可以发明专利、实用新型专利和外观设计专利为被解释变量，以与这些被解释变量存在 Granger 因果关系的收入和收入分配作为解释变量进行回归分析,考虑到在构建被解释变量与解释变量的回归方程过程中,可能会得到多种回归方程,需要进行比较。基本判断标准是对以下几个统计量的综合衡量:(1)调整的可决系数 R^2 越大越好;(2)赤池信息值(Akaike Information Criterion,AIC)和施瓦茨标准越小越好(Schwartz Criterion,SC);(3)各解释变量回归系数的 t 统计值以小于 10% 作为置信水平且越小越好;(4)差平方和越小越好;(5)DW 统计量越接近于 2 越好;(6)F 统计值越大越好并以 1% 作为置信水平。同时,这些标准也是在由一般到特殊的计量建模过程中剔除解释力差的解释变量的判别标准。同时,引入滞后期的被解释变量来消除可能存在的序列相关。

(一)收入和收入分配对发明专利生产影响的计量结果及分析

由表6-2、表6-3和表6-4可知,LNPAT1 与 LNDPI、GINIU 之间存在协整关系和 Granger 因果关系,因而它们之间的线性组合是平稳的,而 LNPAT2、PGNI 和 PLW 均为零阶平稳序列,因此可以对它们进行 OLS 回归。其中,LNPAT1 为被解释变量,LNDPI、GINIU、LNPAT2、PGNI 和 PLW 为解释变量。表6-5是回归结果。

从表6-5可以看出,对发明专利生产有显著影响的因素有政府收入占国民收入比(PGNI)、城镇居民收入差距(GINIU)、实用新型专利(LNPAT2)和前一期的发明专利(LNPAT1(-1))。其中,政府收入占国民收入比对发明专利生产的影响为正,这正好印证了发明专利生产在很大一部分是依靠政府的支持来完成的;城镇居民收入差距对发明专利生产的影响为正,其中的解释可能是发明专利生产有一部分是纯粹出于个人的爱好,而个人要进行某些发明首先必须保证自己能够解决其中的资金问题,显然高收入者在这一方面处于有利位置,城镇收入差距越大,高收入者所掌握的资金越雄厚,其进行发明专利的可行性越大;实用新型专利对发明专利生产具有促进作用,其中的解释可能是同发明专利生产相比,实用专利生产要相对容易一些,这同时也意味着可以在已有实用新型专利生产的基础上向发明专利生产推进;前一期的发明专利生产对现期的发明专利生产存在显著的正影响,其中的解释是包括发明专利生产在内的任何创新都具有累积效应,人们可以从已有的创新中通过学习实现新的创新。

表6-5　收入和收入分配对发明专利生产影响的回归结果

解释变量	系数	t统计值	解释变量	系数	t统计值
常数项	-7.6658(1.6727)	-4.5829*	LNPAT2	1.1435(0.2263)	5.0522***
PGNI	4.3164(1.0899)	3.9604*	LNPAT1(-1)	0.2181(0.1233)	1.7692***
GNIU	4.5583(1.8597)	2.4510**	—	—	—
总体统计量					
可决系数(R²)	AIC	SC	DW	F	残差平方和(SSR)
0.9769	0.2160	0.4628	1.9299	233.5988	1.082019

注:(1)第2列和第5列括号中的数据是标准误差;(2)常数项和各解释变量的回归系数的显著水平为1%、5%和10%;(3)F值的显著水平为1%。

（二）收入和收入分配对实用新型专利生产影响的计量结果及分析

由表6-2、表6-3和表6-4可知,LNPAT2与LNPAT3、PGNI和PLW均为零阶平稳序列且存在Granger因果关系,因而它们之间的线性组合是平稳的,可以对它们进行OLS回归。其中,LNPAT1为被解释变量,LNPAT2、PGNI和PLW为解释变量。表6-6是回归结果。

表6-6　收入和收入分配对实用新型专利生产影响的回归结果

解释变量	系数	t统计值	解释变量	系数	t统计值
常数项	10.2555(2.2450)	4.5680*	LNPAT3	0.22720.06706)	3.3879*
PGNI	2.5895(0.9061)	2.8579**	LNPAT2(-1)	0.1933(0.05517)	3.5048*
PLW	-10.8215(3.8829)	-2.7870**	—	—	—
总体统计量					
可决系数(R²)	AIC	SC	DW	F	残差平方和(SSR)
0.9650	-0.3006	-0.05378	1.9302	152.5143	0.6455

注:(1)第2列和第5列括号中的数据是标准误差;(2)"*"、"**"和"***"分别表示回归系数的显著水平为1%、5%和10%;(3)F值的显著水平为1%。

从表6-6可以看出,对实用新型专利生产有显著影响的因素有政府收入占国民收入比(PGNI)、劳动收入份额(PLW)、外观设计专利(LNPAT3)和前一期的实用新型专利(LNPAT2(-1))。其中,政府收入占国民收入比对发明专利生产的影响为正,这说明实用新型专利生产在很大一部分是依靠政府的支持来完成的;劳动收入份额对实用新型专利生产的影响为负,其中的解释可能是在总收入既定的情形下,劳动收入份额越低,说明企业进行实用新型专利生产的资金投入会越高,从而生产出更多的实用新型专利;外观设计专利对实用新型专利生产具有促进作用,其中的解释可能是同实用新型专利生产相比,外观设计专利生产要相对容易一些,这同时也意味着可以在已有外观设计专利生产的基础上向实用新型专利生产推进;前一期的实用新型专利生产对现期的实用新型专利生产存在显著的正影响,其中的解释是包括实用新型专利生产在内的任何创新都具有累积效应,人们可以从已有的创新中通过学习实现新的创新。

(三)收入和收入分配对外观设计专利生产影响的计量结果及分析

由表6-2、表6-3和表6-4可知,LNPAT3为零阶平稳序列且与LNDPI、PFNI、GINIU的一阶差分存在Granger因果关系,而LNDPI、PFNI、GINIU之间均为一阶平稳序列且存在Granger因果关系,因而它们之间的线性组合是平稳的,可以对它们进行OLS回归。其中,LNPAT3为被解释变量,LNDPI、PFNI和GINIU为解释变量。表6-7是回归结果。

从表6-7可以看出,对外观设计专利生产有显著影响的因素有居民人均可支配收入水平、企业收入占国民收入比(PFNI)和前一期的外观设计专利(LNPAT3(-1))。其中,居民人均可支配收入水平(LNDPI)对外观设计专利生产的影响为正,其中的解释可能是居民人均可支配收入水平越高,其对利用外观设计专利生产出来的产品的需求越大,从而促进外观设计专利的生产;企业收入占国民收入比对外观设计专利生产的影响为正,其中可能的解释是,在总收入既定的情形下,企业收入占国民收入比越高,说明企业进行外观设计专利生产的资金投入会越高,从而生产出更多的外观设计专利;前一期的外观设计专利生产对现期的外观设计专利生产存在显著的正影响,其中的解释是包括外观设计专利生产在内的任何创新都具有累积效应,人们可以从已有的创新中通过学习实现新的创新。

表 6-7 收入和收入分配对外观设计专利生产影响的回归结果

解释变量	系数	t 统计值	解释变量	系数	t 统计值
常数项	-3.9395(1.3985)	-2.8169**	PFNI	2.3820(1.1902)	2.0013***
LNDPI	1.1412(0.2731)	4.1781*	LNPAT3(-1)	0.5324(0.08301)	6.4134*
总体统计量					
可决系数(R^2)	AIC	SC	DW	F	残差平方和(SSR)
0.9825	0.3068	0.5043	2.6851	412.5433	1.2926

注:(1)第 2 列和第 5 列括号中的数据是标准误差;(2)常数项和各解释变量的回归系数的显著水平为
1%、5%和10%;(3)F 值的显著水平为 1%。

第七章 收入分配对劳动者素质和资源资金投入产出率的影响

收入分配对劳动者素质的影响可从城镇内部、农村内部和城乡总体三个层面来分析。而收入分配对资源资金投入产出率的影响则主要从资源所有权、使用权、经营权和收益权的角度来加以展开和分析。

第一节 劳动者素质的衡量和工作能力

从家庭或个人的角度来看,不同的个人和家庭由于收入不同,其消费结构存在差异,并且同一消费品的数量也会不同,因此,收入分配会影响劳动者个人及家庭对教育文化、医疗保健和食品的消费,从而影响劳动者的物质和精神素质。

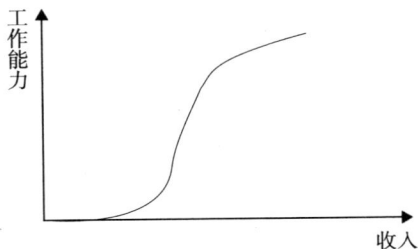

图 7 - 1 收入水平和工作能力的关系曲线——能力曲线

一、食品消费、营养与工作能力

正如德布拉吉·瑞所指出的,从极端的情形来说,收入过低即贫困会导致营养不良,并使得人们缺乏工作能力。①　人体能量平衡理论表明:其一,食物的阶段性消费是人体能量投入的主要来源,也是经济学研究营养问题的所在;其二,人体保持体温,维持心脏和呼吸活动,供给基础组织最小能量的需要,以及在不同细胞膜之间支持离子交换,即基础代谢也需要通过摄入包括食品在内的能量加以解决;其三,进行任何体力劳动需要消耗大量的能量;其四,根据收入水平和工作能力的关系曲线——能力曲线(图7-1),当收入增加也即营养增加时,会发生以下变化:最初,大部分营养被用于保持基础代谢,维持身体的基本需要,此时,很少有能量被用于工作。也就是说,工作能力很低,而且,随着营养水平上升,工作能力也不会很快地上升。但是,一旦解决了基础代谢问题,人的工作能力就会显著上升,也即很大一部分增加的能量摄入可以用于工作。此后,则呈现一段边际回报递减的区间,原因在于,人体的体力约束限制了把更多的营养转化为不断增加的工作能力的可能性。

二、教育与人力资本

富有的国家不仅拥有大量的物质资本存量,而且可以在教育中投入更多资金和时间,生产出大量的人力资本存量,这些人力资本即为生产中的熟练劳动力,这些熟练的劳动力可以操作复杂的机器,可以在经济活动中创造新思想和新方法。发展中国家和发达国家的一个重大差别是,发展中国家可能存在过多的非熟练劳动力,但却缺乏必要的熟练劳动力。教育的作用在于,它相当于家庭通过投资教育来"储蓄",因为教育会提高他们未来劳动力供给的市场价值。

因此,经济发展对各级教育都存在巨大需求,而从纵向来看,总体教育包括许多层面。无疑,小学教育是最基础的,也是覆盖面最大的,一般认为小学教育应该是义务教育,使得每个学龄儿童接受最基本的教育。但我国的真正的义务教育直到2003年才开始。也就是说,此前的每个家庭必须自己支付小学教育费用。显然,这种小学教育的得到与否,程度如何,不可避免地会影响

---

①　德布拉吉·瑞:《发展经济学》,陶然等译,北京大学出版社2002年版,第243页。

以后更高层次的教育。

随之而来的中学教育、成人教育、技术教育、学习培训甚至大学教育则需要更多的费用,并可能超过任何一个低收入家庭的负担能力,家庭不得不进行选择,这些选择包括选择教育的种类、教育的年限。当然,收入不同的家庭,其选择会相当不同。对于那些收入较高的家庭来说,他们可能绰绰有余地投入教育孩子和自己的费用,并且还有一部分收入去享受更多的文化娱乐用品。大学教育相对于中小学教育,费用更加昂贵,一般被视为受教育者对自己的一种投资,增大获取丰厚收入和更高层次社会地位的手段。因此,把大学教育主要看做是一种消费服务,把纳税人的钱主要用于提供更多的小学,或者用于使更多的孩子受到中学教育,而不是用于为少数人提供大学教育,受益面要广泛得多。从社会成员的垂直流动角度来说,对具有接受大学教育的能力而由于收入低下负担不起大学教育费用,从而丧失一种获取未来更高收入和社会地位机会的家庭来说,则可能不仅是一种单个家庭损失,特别是对于迅速发展的社会而言,可能对以大学教育为基础的人才需求量相当大,从而形成一种金字塔形的教育体系需求。在此情形下,各级教育应该同步扩大。在这一问题上,家庭的收入水平和能否负担得起大学教育费用,则对不同收入家庭的未来发展可能是一个决定性问题。①

第二节　城镇收入分配对城镇居民劳动素质的影响

本节主要分析和比较城镇内部不同收入阶层、农村内部不同收入阶层,以及城乡代表性阶层三个层面在食品、衣着、教育文化、医疗保健等方面的支出。

一、城镇各收入阶层的收入差距比较

表 7 - 1 是城镇七个收入阶层 1992—2008 年的收入差距比较。

---

① W. 阿瑟·刘易斯:《经济增长理论》,梁小民译,上海三联书店、上海人民出版社 1994 年版,第 228—232 页。

表 7-1　城镇各收入阶层的收入差距(以最低收入户为基准)

年份	最低收入户	低收入户	中下收入户	中等收入户	中上收入户	高收入户	最高收入户
1992	1.000000	1.224471	1.386935	1.569325	1.778690	2.032371	2.446180
1993	1.000000	1.237424	1.424021	1.644205	1.913539	2.249458	2.838157
1994	1.000000	1.266248	1.470699	1.739026	2.065209	2.422610	3.102440
1995	1.000000	1.238582	1.447155	1.691964	1.993961	2.330758	2.978742
1996	1.000000	1.262445	1.465258	1.723682	2.044058	2.380452	3.078543
1997	1.000000	1.153109	1.514164	1.784686	2.121313	2.507122	3.186990
1998	1.000000	1.299475	1.554387	1.889332	2.213081	2.627893	3.467685
1999	1.000000	1.295824	1.566661	1.912565	2.282479	2.711618	3.531447
2000	1.000000	1.308021	1.605676	1.960822	2.354472	2.866797	3.748888
2001	1.000000	1.324968	1.634129	2.012518	2.464719	2.984471	4.056057
2002	1.000000	1.475300	1.910340	2.449519	3.124163	3.960351	6.162184
2003	1.000000	1.478633	1.911173	2.504333	3.182700	4.112800	6.645488
2004	1.000000	1.492064	1.941716	2.538874	3.263229	4.265114	6.992315
2005	1.000000	1.502386	1.986801	2.589241	3.358331	4.403214	7.254764
2006	1.000000	1.500975	1.976072	2.538626	3.318280	4.342474	7.086936
2007	1.000000	1.498193	1.953941	2.496315	3.231588	4.208843	6.830968
2008	1.000000	1.497826	1.970909	2.553116	3.332787	4.344766	6.915622

数据来源:根据《中国统计年鉴》(1993—2009 年)数据计算得到。

从表 7-1 中可以看出,(1)1992—2008 年低收入户与最低收入户之间的收入差距呈递增态势,收入比值从 1.224 增加到 1.498,最小值为 1.153,最大值为 1.502,最大变化值为 0.349;(2)1992—2008 年中下收入户与最低收入户之间的收入差距呈递增态势,收入比值从 1.387 增加到 1.971,最小值为 1.387,最大值为 1.987,最大变化值为 0.600;(3)1992—2008 年中等收入户与最低收入户之间的收入差距呈递增态势,收入比值从 1.569 增加到 2.553,最小值为 1.569,最大值为 2.589,最大变化值为 1.020;(4)1992—2008 年中上收入户与最低收入户之间的收入差距呈递增态势,收入比值从 1.779 增加到 3.333,最小值为 1.779,最大值为 3.358,最大变化值为 1.579;(5)1992—2008 年高收入户与最低收入户之间的收入差距呈递增态势,收入比值从 2.032 增加到 4.345,最小值为 2.032,最大值为 4.403,最大变化值为 2.371;(6)1992—2008 年最高收入户与最低收入户之间的收入差距呈递增态势,收入比值从 2.446 增加到 6.916,最小值为 2.446,最大值为 7.255,最大变化值为 4.809。由此可以看出,在 1992—2008 年城镇收入分配的趋势是不断恶化的。其中各占家庭总数 10% 的最高收入户和最低收入户,其收入比值高达 7.255。

二、城镇各收入阶层的粮食类食品支出差距比较

表 7-2 是城镇七个收入阶层的粮食类食品支出差距比较。

表 7-2 城镇各收入阶层的粮食类食品支出比较(以最低收入户为基准)

年份	最低收入户	低收入户	中下收入户	中等收入户	中上收入户	高收入户	最高收入户
1992	1.000000	1.029806	1.033313	1.065800	1.093647	1.152640	1.267327
1993	1.000000	1.047255	1.060937	1.082508	1.112725	1.188518	1.217895
1994	1.000000	1.037173	1.079194	1.074453	1.113619	1.160920	1.192382
1995	1.000000	1.075284	1.075031	1.095321	1.126094	1.159107	1.233081
1996	1.000000	1.026531	1.040777	1.061224	1.099451	1.102355	1.162480
1997	1.000000	1.042463	1.050768	1.070877	1.086677	1.083625	1.181794
1998	1.000000	1.031767	1.053465	1.072847	1.091519	1.124610	1.160868
1999	1.000000	1.047755	1.079041	1.063123	1.081594	1.124243	1.201782
2000	1.000000	1.040563	1.088654	1.098284	1.121980	1.177250	1.230711
2001	1.000000	1.055646	1.075970	1.114650	1.090620	1.125130	1.192588
2002	1.000000	1.045957	1.071609	1.121350	1.196263	1.272198	1.366815
2003	1.000000	1.045764	1.104887	1.116430	1.187625	1.252432	1.289582
2004	1.000000	1.045884	1.058709	1.065439	1.129377	1.160073	1.185448
2005	1.000000	1.034300	1.061759	1.103403	1.160190	1.207809	1.218072
2006	1.000000	1.048834	1.092511	1.124686	1.176304	1.235635	1.244261
2007	1.000000	1.103778	1.176526	1.254237	1.354080	1.427990	1.457366
2008	1.000000	1.102558	1.174726	1.290171	1.368994	1.480054	1.551606

数据来源:根据《中国统计年鉴》(1993—2009 年)数据计算得到。

从表 7-2 中可以看出,(1)1992—2008 年低收入户与最低收入户之间的粮食类食品支出差距呈小幅递增态势,比值从 1.030 增加到 1.103,最小值为 1.027,最大值为 1.104,最大变化值为 0.077;(2)1992—2008 年中下收入户与最低收入户之间的粮食类食品支出差距呈小幅递增态势,比值从 1.033 增加到 1.175,最小值为 1.033,最大值为 1.177,最大变化值为 0.144;(3) 1992—2008 年中等收入户与最低收入户之间的粮食类食品支出差距呈小幅递增态势,比值从 1.066 增加到 1.290,最小值为 1.065,最大值为 1.290,最大变化值为 0.225;(4)1992—2008 年中上收入户与最低收入户之间的粮食类食品支出差距呈小幅递增态势,比值从 1.094 增加到 1.369,最小值为 1.082,最大值为 1.369,最大变化值为 0.287;(5)1992—2008 年高收入户与最低收入户之间的粮食类食品支出差距呈小幅递增态势,比值从 1.153 增加到 1.480,最小值为 1.084,最大值为 1.480,最大变化值为 0.396;(6)1992—2008 年最高收入户与最低收入户之间的粮食类食品支出差距呈小幅递增态势,比值从 1.267 增加到 1.552,最小值为 1.161,最大值为 1.552,最大变化值为 0.391。

综合起来,可以发现,在 1992—2008 年城镇各收入阶层在对粮食类食品支出的差距变化不大,比较稳定,其中的原因可能在于,粮食类食品是各类阶层的基本必需品,对它的需求与收入水平的高低关系不大,即是一种缺乏收入弹性的商品,这一点是与恩格尔规律相符合的。此外,从横向比较来看,收入水平越高的阶层,在粮食类食品的支出水平越高,与最低收入户的差距也越大,并且随着收入差距的拉大,这种粮食类食品的差距也随之加大,从这一点来说城镇居民的粮食类食品支出与收入水平变化趋势存在正相关关系。

三、城镇各收入阶层的非粮食类食品支出比较

表 7-3 是城镇七个收入阶层的非粮食类食品支出差距比较。这里的非粮食类食品包括肉禽及其制品、蛋类、水产品、奶及奶制品四大类,可以视为有助于增强居民体质的营养品。

表7-3　城镇各收入阶层的非粮食类食品支出比较(以最低收入户为基准)

年份	最低收入户	低收入户	中下收入户	中等收入户	中上收入户	高收入户	最高收入户
1992	1.000000	1.166828	1.312143	1.464903	1.604545	1.782289	2.102045
1993	1.000000	1.135878	1.268110	1.426645	1.581884	1.743821	2.013228
1994	1.000000	1.191077	1.347441	1.501695	1.654717	1.844173	2.073158
1995	1.000000	1.220871	1.366189	1.527049	1.697865	1.872470	2.172028
1996	1.000000	1.188662	1.324775	1.482051	1.664194	1.819482	2.076346
1997	1.000000	1.207168	1.367465	1.542373	1.720922	1.931227	2.219525
1998	1.000000	1.224182	1.202914	1.561926	1.749024	1.979373	2.218996
1999	1.000000	1.202315	1.364972	1.531266	1.732207	1.949951	2.265305
2000	1.000000	1.240408	1.439601	1.633348	1.864330	2.079546	2.429014
2001	1.000000	1.229636	1.422209	1.630974	1.846732	2.052103	2.406611
2002	1.000000	1.335928	1.659295	2.033071	2.495260	3.079858	4.030668
2003	1.000000	1.346070	1.651459	1.999287	2.433295	2.969376	3.908887
2004	1.000000	1.333570	1.643823	1.959286	2.406291	2.909839	3.885229
2005	1.000000	1.352443	1.674204	2.066904	2.524255	3.093121	4.059295
2006	1.000000	1.348765	1.642317	2.028619	2.480193	3.015275	4.004719
2007	1.000000	1.311734	1.594612	1.938653	2.336852	2.822332	3.638089
2008	1.000000	1.331528	1.624832	2.000619	2.438570	2.966442	3.886305

数据来源:根据《中国统计年鉴》(1993—2009年)数据计算得到。

从表7-3中可以看出,(1)1992—2008年低收入户与最低收入户之间的非粮食类食品支出差距呈小幅递增态势,比值从1.167增加到1.332,最小值为1.136,最大值为1.352,最大变化值为0.216;(2)1992—2008年中下收入户与最低收入户之间的非粮食类食品支出差距呈递增态势,比值从1.312增加到1.625,最小值为1.203,最大值为1.674,最大变化值为0.472;(3)1992—2008年中等收入户与最低收入户之间的非粮食类食品支出差距呈递增态势,比值从1.465增加到2.001,最小值为1.427,最大值为2.067,最大变化值为0.640;(4)1992—2008年中上收入户与最低收入户之间的非粮食类食品支出差距呈递增态势,比值从1.605增加到2.439,最小值为1.582,最大值为 2.524,最大变化值为 0.942;(5)1992—2008 年高收入户与最低收入户之间的非粮食类食品支出差距呈递增态势,比值从 1.782 增加到 2.966,最小值为 1.744,最大值为 3.093,最大变化值为 1.349;(6)1992—2008 年最高收入户与最低收入户之间的非粮食类食品支出差距呈递增态势,比值从 2.102 增加到 3.886,最小值为 2.013,最大值为 4.059,最大变化值为 2.046。

综合起来,可以发现,在 1992—2008 年城镇各收入阶层在非粮食类食品支出的差距随收入差距的拉大而增加,其中的原因可能在于,非粮食类食品是各类阶层增强体质的营养品,也是影响劳动者身体素质的附加食品,对它的需求与收入水平的高低关系比较大,即是一种富有收入弹性的商品。此外,从横向比较来看,收入水平越高的阶层,在非粮食类食品的支出水平越高,与最低收入户的差距也越大,并且随着收入差距的拉大,这种非粮食类食品的差距也随之加大,从这一点来说城镇居民的非粮食类食品支出与收入水平变化趋势存在正相关关系。

四、城镇各收入阶层的医疗保健支出比较

表 7-4 是城镇七个收入阶层的医疗保健支出差距比较。

表 7-4　城镇各收入阶层的医疗保健支出比较(以最低收入户为基准)

年份	最低 收入户	低收入户	中下 收入户	中等 收入户	中偏上 收入户	高收入户	最高 收入户
1992	1.000000	1.144820	1.268147	1.483791	1.671247	1.733263	2.224454
1993	1.000000	1.162829	1.389459	1.486546	1.706519	2.068793	2.783356
1994	1.000000	1.522727	1.701768	1.992172	2.448737	2.762626	3.496970
1995	1.000000	1.228047	1.388568	1.598697	1.794758	2.070931	2.801866
1996	1.000000	1.062692	1.321898	1.483998	1.751206	2.106642	2.744739
1997	1.000000	1.230494	1.557098	1.723870	2.250473	2.700315	3.430284
1998	1.000000	1.154147	1.410248	1.707078	2.093183	2.548328	3.135128
1999	1.000000	1.362516	1.652444	1.986655	2.475733	3.181640	3.682193
2000	1.000000	1.222543	1.523201	1.845553	2.297523	2.720792	3.922930
2001	1.000000	1.234588	1.625965	1.992636	2.406996	2.893812	3.851883

续表

年份	最低收入户	低收入户	中下收入户	中等收入户	中偏上收入户	高收入户	最高收入户
2002	1.000000	1.370771	1.740631	2.325396	3.098767	3.992772	5.667861
2003	1.000000	1.346988	1.849804	2.361780	3.191045	4.310007	6.088866
2004	1.000000	1.467495	1.921265	2.522886	3.598055	4.437503	6.584275
2005	1.000000	1.325290	1.755355	2.416430	3.289935	4.290710	5.538366
2006	1.000000	1.492580	1.814414	2.517910	3.251045	4.350533	5.592111
2007	1.000000	1.347028	1.784548	2.299719	3.064170	3.943336	5.237933
2008	1.000000	1.411447	1.814003	2.311240	3.018831	3.882444	4.907542

数据来源:根据《中国统计年鉴》(1993—2009年)数据计算得到。

从表7-4中可以看出,(1)1992—2008年低收入户与最低收入户之间的医疗保健支出差距呈小幅递增态势,比值从1.145增加到1.411,最小值为1.063,最大值为1.523,最大变化值为0.460;(2)1992—2008年中下收入户与最低收入户之间的医疗保健支出差距呈递增态势,比值从1.268增加到1.814,最小值为1.268,最大值为1.921,最大变化值为0.653;(3)1992—2008年中等收入户与最低收入户之间的医疗保健支出差距呈递增态势,比值从1.484增加到2.311,最小值为1.484,最大值为2.523,最大变化值为1.039;(4)1992—2008年中上收入户与最低收入户之间的医疗保健支出差距呈递增态势,比值从1.671增加到3.019,最小值为1.671,最大值为3.598,最大变化值为1.927;(5)1992—2008年高收入户与最低收入户之间的医疗保健支出差距呈递增态势,比值从1.733增加到3.882,最小值为1.733,最大值为4.438,最大变化值为2.705;(6)1992—2008年最高收入户与最低收入户之间的医疗保健支出差距呈递增态势,比值从2.224增加到4.908,最小值为2.224,最大值为6.584,最大变化值为4.360。

综合起来,可以发现,在1992—2008年城镇各收入阶层在医疗保健支出的差距随收入差距的拉大而增加,其中的原因可能在于,医疗保健是各类阶层保证和增强体质的保障,对它的需求与收入水平的高低关系比较大,即是一种富有收入弹性的商品。此外,从横向比较来看,收入水平越高的阶层,在医疗保健的支出水平越高,与最低收入户的差距也越大,并且随着收入差距的拉大,这种医疗保健的差距也随之加大,从这一点来说城镇居民的医疗保健支出与收入水平变化趋势存在正相关关系。

五、城镇各收入阶层的教育文化娱乐支出比较

表7-5是城镇七个收入阶层的教育文化娱乐支出差距比较。

从表7-5中可以看出,(1)1992—2008年低收入户与最低收入户之间的教育文化娱乐支出差距呈小幅递增态势,比值从1.240增加到1.402,最小值为1.204,最大值为3.268,最大变化值为2.064;(2)1992—2008年中下收入户与最低收入户之间的教育文化娱乐支出差距呈递增态势,比值从1.387增加到2.008,最小值为1.387,最大值为3.852,最大变化值为2.465;(3)1992—2008年中收入户与最低收入户之间的教育文化娱乐支出差距呈递增态势,比值从1.691增加到2.762,最小值为1.615,最大值为4.652,最大变化值为3.037;(4)1992—2008年中上收入户与最低收入户之间的教育文化娱乐支出差距呈递增态势,比值从1.915增加到3.843,最小值为1.915,最大值为5.757,最大变化值为3.842;(5)1992—2008年高收入户与最低收入户之间的教育文化娱乐支出差距呈递增态势,比值从2.244增加到5.415,最小值为2.244,最大值为7.042,最大变化值为4.798;(6)1992—2008年最高收入户与最低收入户之间的教育文化娱乐支出差距呈递增态势,比值从2.971增加到9.334,最小值为2.971,最大值为9.484,最大变化值为6.513。

表7-5 城镇各收入阶层的教育文化娱乐支出比较(以最低收入户为基准)

年份	最低收入户	低收入户	中下收入户	中等收入户	中上收入户	高收入户	最高收入户
1992	1.000000	1.239700	1.387190	1.691402	1.914599	2.244085	2.971033
1993	1.000000	1.203990	1.398446	1.614529	1.954012	2.261541	3.144408
1994	1.000000	1.331498	1.433257	1.867661	2.206498	2.650000	3.662920
1995	1.000000	3.267979	3.852199	4.651849	5.757104	7.041594	9.484363
1996	1.000000	1.217303	1.530256	1.862580	2.250352	2.670548	3.838981

续表

年份	最低收入户	低收入户	中下收入户	中等收入户	中上收入户	高收入户	最高收入户
1997	1.000000	1.320015	1.618037	2.023771	2.555273	3.224308	4.251777
1998	1.000000	1.244997	1.512974	1.897453	2.369721	2.890636	3.863365
1999	1.000000	1.237395	1.535385	1.924597	2.400885	2.749503	3.567650
2000	1.000000	1.360423	1.635673	2.083290	2.645609	3.226127	4.267231
2001	1.000000	1.429108	1.669527	2.084030	2.588809	3.282339	4.015708
2002	1.000000	1.339327	1.816009	2.511320	3.295211	4.326133	6.765626
2003	1.000000	1.386988	1.847884	2.477526	3.365445	4.524030	6.740624
2004	1.000000	1.381643	1.908865	2.549186	3.341503	4.731343	7.654314
2005	1.000000	1.426721	1.981244	2.710817	3.676384	4.675972	7.997552
2006	1.000000	1.409629	1.925797	2.579682	3.618126	4.683364	7.821869
2007	1.000000	1.451594	1.968455	2.630477	3.464585	4.693657	4.693657
2008	1.000000	1.401886	2.008086	2.761528	3.842834	5.415299	9.333663

数据来源:根据《中国统计年鉴》(1993—2009年)数据计算得到。

综合起来,可以发现,1992—2008年城镇各收入阶层在教育文化娱乐支出的差距随收入差距的拉大而增加,其中的原因可能是,教育文化娱乐是各类阶层人力资本的形成和积累的重要来源,对它的需求与收入水平的高低关系比较大,即是一种富有收入弹性的商品。此外,从横向比较来看,收入水平越高的阶层,在教育文化娱乐的支出水平越高,最低收入户的差距也越大,并且随着收入差距的拉大,这种教育文化娱乐的差距也随之加大,从这一点来说城镇居民的教育文化娱乐支出与收入水平变化趋势存在正相关关系。

第三节 农村收入分配对农村居民劳动素质的影响

一、农村各收入阶层的收入差距比较

表7-6是农村五个收入阶层2002—2008年的收入差距比较,可以看出,(1)2002—2008年中低收入户与低收入户之间的收入差距呈小幅递增态势,收入比值从1.805增加到1.957,最小值为1.805,最大值为1.957,最大变化

值为0.152;(2)2002—2008年中等收入户与低收入户之间的收入差距呈递增态势,收入比值从2.525增加到2.802,最小值为2.525,最大值为2.802,最大变化值为0.277;(3)2002—2008年中高收入户与低收入户之间的收入差距呈递增态势,收入比值从3.536增加到3.953,最小值为3.536,最大值为3.953,最大变化值为0.417;(4)2002—2008年高收入户与低收入户之间的收入差距呈递增态势,收入比值从6.878增加到7.527,最小值为6.878,最大值为7.527,最大变化值为0.649。

表7-6　农村各收入阶层的收入差距(以低收入户为基准)

年份	低收入户	中低收入户	中等收入户	中高收入户	高收入户
2002	1.000000	1.805479	2.524833	3.535578	6.878338
2003	1.000000	1.855330	2.625165	3.703418	7.329784
2004	1.000000	1.829422	2.560897	3.583054	6.883361
2005	1.000000	1.891185	2.671380	3.751176	7.259375
2006	1.000000	1.879159	2.662669	3.760457	7.167084
2007	1.000000	1.916823	2.716502	3.808611	7.269101
2008	1.000000	1.956667	2.802000	3.952667	7.526667

数据来源:根据《中国统计年鉴》(2003—2009年)数据计算得到。

由此可以认为,在2002—2008年农村收入分配的趋势是不断恶化的。其中,在2008年,各占家庭总数20%的高收入户和低收入户,其收入比值高达7.527。

二、农村各收入阶层的食品支出差距比较

表7-7是农村五个收入阶层的食品类支出差距比较。

表7-7　农村各收入阶层的食品类支出比较(以低收入户为基准)

年份	低收入户	中低收入户	中等收入户	中高收入户	高收入户
2002	1.000000	1.350948	1.756178	2.326274	3.940978
2003	1.000000	1.343377	1.767490	2.314687	3.954586

续表

年份	低收入户	中低收入户	中等收入户	中高收入户	高收入户
2004	1.000000	1.342726	1.728913	2.261623	3.741348
2005	1.000000	1.273218	1.602230	2.041724	3.310667
2006	1.000000	1.325116	1.701308	2.165205	3.600615
2007	1.000000	1.304424	1.657716	2.102700	3.366690
2008	1.000000	1.280497	1.616998	2.065118	3.227703

数据来源:根据《中国统计年鉴》(2003—2009 年)数据计算得到。

从表 7-7 中可以看出,(1)2002—2008 年中低收入户与低收入户之间的食品类支出差距呈小幅波动态势,其比值从 1.351 变化到 1.280,最小值为 1.273,最大值为 1.351,最大变化值为 0.078;(2)2002—2008 年中等收入户与低收入户之间的食品类支出差距呈小幅波动态势,比值从 1.756 变化到 1.617,最小值为 1.602,最大值为 1.767,最大变化值为 0.165;(3)2002—2008 年中高收入户与低收入户之间的食品类支出差距呈小幅波动态势,比值从 2.326 变化到 2.065,最小值为 2.042,最大值为 2.326,最大变化值为 0.284;(4)2002—2008 年高收入户与低收入户之间的食品类支出差距呈小幅波动态势,比值从 3.941 变化到 3.228,最小值为 3.228,最大值为 3.955,最大变化值为 0.727。

综合起来,可以发现,在 2002—2008 年农村各收入阶层在食品类支出差距随收入差距的拉大而增加,其中的原因可能在于,食品类是农村各类阶层保持和增强体质的必需品,也是决定劳动者身体素质的主要食品,对它的需求与收入水平的高低关系存在一定程度的正相关关系,即是一种比较富有收入弹性的商品。此外,从横向比较来看,收入水平越高的阶层,在食品类支出水平越高,与最低收入户的差距也越大,并且随着收入差距的拉大,这种食品类的差距也随之加大,从这一点来说城镇居民的食品类支出与收入水平变化趋势存在正相关关系。

三、农村各收入阶层的医疗保健支出比较

表 7-8 是农村五个收入阶层的医疗保健支出差距比较。

表7-8　农村各收入阶层的医疗保健支出比较(以最低收入户为基准)

年份	低收入户	中低收入户	中等收入户	中高收入户	高收入户
2002	1.000000	1.301356	1.576816	2.024505	3.505735
2003	1.000000	1.279962	1.633245	1.955977	3.579978
2004	1.000000	1.287038	1.648224	2.098441	3.527735
2005	1.000000	1.207327	1.391357	1.724002	2.866134
2006	1.000000	1.167503	1.473160	1.782390	3.054275
2007	1.000000	1.304024	1.545367	1.914396	2.999760
2008	1.000000	1.283287	1.536216	1.874392	3.093744

数据来源:根据《中国统计年鉴》(2003—2009年)数据计算得到。

从表7-8中可以看出,(1)2002—2008年中低收入户与低收入户之间的医疗保健支出差距呈小幅波动态势,比值从1.301变化到1.283,最小值为1.168,最大值为1.304,最大变化值为0.136;(2)2002—2008年中等收入户与低收入户之间的医疗保健支出差距呈小幅波动态势,比值从1.577变化到1.648,最小值为1.391,最大值为1.648,最大变化值为0.257;(3)2002—2008年中高收入户与低收入户之间的医疗保健支出差距呈小幅波动态势,比值从2.025变化到1.874,最小值为1.724,最大值为2.098,最大变化值为0.374;(4)2002—2008年高收入户与低收入户之间的医疗保健支出差距呈小幅波动态势,比值从3.506变化到3.094,最小值为2.866,最大值为3.580,最大变化值为0.714。

综合起来,可以发现,在2002—2008年农村各收入阶层在医疗保健支出的差距随收入差距的拉大而增加,其中的原因可能在于,医疗保健是各类阶层保证和增强体质的保障,对它的需求与收入水平的高低关系比较大,即是一种富有收入弹性的商品。此外,从横向比较来看,收入水平越高的阶层,在医疗保健的支出水平越高,其低收入户的差距也越大,并且随着收入差距的拉大,这种医疗保健的差距也随之加大,从这一点来说农村居民的医疗保健支出与收入水平变化趋势存在正相关关系。

四、农村各收入阶层的教育文化娱乐支出比较

表 7-9 是农村五个收入阶层的教育文化娱乐支出差距比较。

表 7-9　农村各收入阶层的教育文化娱乐支出比较（以最低收入户为基准）

年份	低收入户	中低收入户	中等收入户	中高收入户	高收入户
2002	1.000000	1.494454	1.985210	2.535025	4.281841
2003	1.000000	1.467801	1.985992	2.517828	4.233673
2004	1.000000	1.362329	1.787281	2.372807	4.001624
2005	1.000000	1.346646	1.686153	2.219886	3.675156
2006	1.000000	1.379951	1.863494	2.537831	4.156241
2007	1.000000	1.360475	1.817140	2.449420	4.516699
2008	1.000000	1.323673	1.884830	2.608639	4.504558

数据来源：根据《中国统计年鉴》(2003—2009 年)数据计算得到。

从表 7-9 中可以看出，(1)2002—2008 年中低收入户与低收入户之间的教育文化娱乐支出差距呈小幅波动中下降态势，比值从 1.494 减少到 1.324，最小值为 1.324，最大值为 1.494，最大变化值为 0.170；(2)2002—2008 年中等收入户与低收入户之间的教育文化娱乐支出差距呈小幅波动态势，比值从 1.985 增加到 1.885，最小值为 1.686，最大值为 1.986，最大变化值为 0.300；(3)2002—2008 年中高收入户与低收入户之间的教育文化娱乐支出差距呈小幅波动态势，比值从 2.535 变化到 2.609，最小值为 2.220，最大值为 2.609，最大变化值为 0.389；(4)2002—2008 年高收入户与低收入户之间的教育文化娱乐支出差距呈小幅波动态势，比值从 4.282 增加到 4.505，最小值为 3.675，最大值为 4.517，最大变化值为 0.842。

综合起来，可以发现，在 2002—2008 年农村各收入阶层在教育文化娱乐支出的差距随收入差距的拉大而增加，其中的原因是，教育文化娱乐是各类阶层人力资本的形成和积累的重要来源，对它的需求与收入水平的高低关系比较大，即是一种富有收入弹性的商品。此外，从横向比较来看，收入水平越高的阶层，在教育文化娱乐的支出水平越高，与最低收入户的差距也越大，并且随着收入差距的拉大，这种教育文化娱乐的差距也随之加大，从这一点来说农

村居民的教育文化娱乐支出与收入水平变化趋势存在正相关关系。

第四节　城乡居民收入差距对城乡
居民劳动者素质的影响

表7-10给出了2002—2008年城乡收入差距,以及城镇居民和农村居民之间的食品平均支出比值、医疗保健平均支出比值和教育娱乐文化平均支出比值。

表7-10　城乡居民收入差距对城乡居民劳动者素质形成的比较

年份	城乡收入差距	食品支出比值	医疗保健支出比值	教育文化娱乐支出比值
2002	3.111450	4.254462	3.972218	4.101907
2003	3.230902	4.196085	3.945850	3.792404
2004	3.208558	4.118734	3.878494	3.985429
2005	3.223734	3.630182	3.446427	3.554688
2006	3.278316	3.564236	3.113566	3.755502
2007	3.329616	3.588811	3.197038	4.115174
2008	3.314876	3.592327	3.065394	4.080599

数据来源:根据《中国统计年鉴》(2003—2009年)数据计算得到。

从表7-10可以看出,(1)在2002—2008年,城乡收入差距从3.111变化到3.315,呈现在波动中小幅上升的态势,最大值出现在2007年,其值为3.330,最小值出现在2002年,其值为3.111,最大变化值为0.219;(2)在2002—2008年,城镇居民和农村居民之间的食品平均支出比值从4.254变化到3.592,呈现在波动中小幅下降的态势,最大值出现在2002年,其值为4.254,最小值出现在2006年,其值为3.564,最大变化值为0.690;(3)在2002—2008年,城镇居民和农村居民之间的医疗保健平均支出比值从3.972变化到3.065,呈现在波动中小幅下降的态势,最大值出现在2002年,其值为3.972,最小值出现在2008年,其值为3.065,最大变化值为0.907;(4)在2002—2008年,城镇居民和农村居民之间的教育娱乐文化平均支出比值从

4.102 变化到 4.081,呈现小幅波动态势,最大值出现在 2007 年,其值为 4.115,最小值出现在 2005 年,其值为 3.555,最大变化值为 0.560。

综合起来,可以发现,平均可支配收入水平高于代表性农村居民纯收入水平的代表性城镇居民,其在食品支出、医疗保健支出和教育文化娱乐支出方面也高于农村居民,并且以上三项的支出比值与城乡收入差距的比值相当。如果以居民的食品支出以及食品的摄入量代表居民的身体素质的高低,也即从事生产性工作的能力,居民的医疗保健支出代表居民对身体的保障和免疫能力,以及居民在教育文化娱乐方面的支出代表居民获取知识和经验的途径大小,也即居民的人力资本大小,那么,伴随着我国代表性城乡居民的收入差距而出现的食品支出、医疗保健和教育文化娱乐支出的差距,则表明了我国城乡居民由于收入水平的差异而导致了城乡居民在营养摄入和人力资本获得方面出现了差异,从而在劳动者素质上表现出差异。也就是说,城乡收入差距影响了城乡居民的劳动者素质。

以上是从静态的角度探讨了城乡收入差距对城乡居民劳动者素质的影响,而图 7-2 则表明了 2002—2008 年食品支出、医疗保健和教育文化娱乐支出的差距与城乡收入差距的动态轨迹。

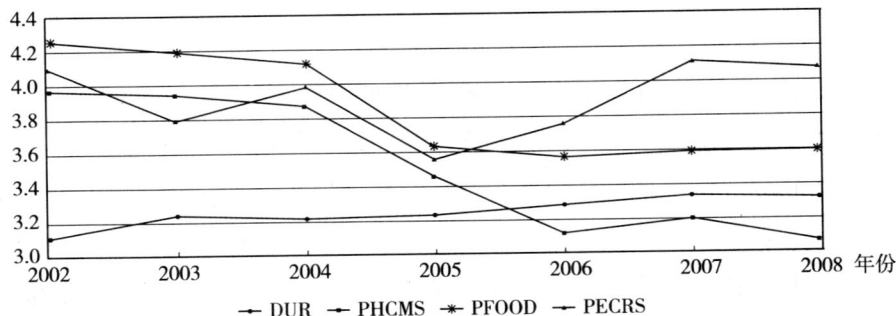

图 7-2

注:图 7-2 中,DUR 代表城乡居民收入差距,PFOOD 代表城乡居民食品支出之比,PHCMS 代表城乡居民医疗保健支出之比,PECRS 代表城乡居民教育文化娱乐支出之比。

由图 7-2 可以发现,(1)在 2002—2008 年城乡代表性居民之间对食品支出的差距随收入差距的拉大而呈递减的态势,其中的原因可能在于,食品的消费对人们来说是一种生活必需品,其收入弹性属于缺乏型,也就是说,农村居民的收入逐渐增加而引起的食品支出增加,将快于收入水平处于更高层次的城镇居民的收入水平的增加而带来的食品支出的增加;(2)在2002—2008年城乡代表性居民在医疗保健支出的差距随收入差距的拉大而呈递减的态势,其中的原因可能在于,在城乡居民收入差距不断增大的同时,城镇医疗保障制度要比农村医疗保障制度完善得多,也就是说,虽然代表性城镇居民在医疗保健总支出(包括公费支出和自费支出)可能要比代表农村居民要高得多,但从城镇居民需自己支付的那一部分来看,即使比基本上全部自费的农村居民高(农村居民医疗费用比较低还可能与农村居民一般生病时,扛一扛不去治疗,或者只去小医院、非正规医院等低收费医院有关),但比值会随着城镇医疗保障的完善而大为下降;(3)在2002—2003年和2004—2005年城乡代表性居民在教育文化娱乐支出的差距随收入差距的拉大而减少,在2003—2004年则随收入差距的减少而增大,2005—2008年则随收入差距的增大而增大,其中的原因可能在于,教育文化娱乐支出是各类阶层人力资本的形成和积累的重要来源,对它的需求与收入水平的高低关系比较大,即是一种富有收入弹性的商品,也就是说,随着收入的增加,人们更愿意在教育文化娱乐花费更多。

第五节　收入分配对资源资金投入产出率的影响

一、收入分配不公制约物质资本的形成

从根源上看,引起收入差距过大的因素可以分为两类,一类是市场经济因素。比如,人们之间的能力差异以及人们之间的资产收益差异引起的收入差异等。这种收入分配差距过大,实际上就是库兹涅茨所指的,收入不平等在前工业文明向工业文明转变的经济增长早期阶段会迅速扩大的情形。这种收入分配差距扩大,曾使西方的发达市场经济国家在其自由放任的市场经济历史阶段出现了风起云涌的工人运动。此后,由于这些国家的政府在20世纪30年代后对市场进行干预,制定相应的社会经济政策,解决了这种由市场经济本

身引起的收入差距过大问题,从而进入了稳定发展的现代市场经济阶段。

　　还有一类是不合理、不平等的竞争条件和机会因素,即不公平因素。这些不公平因素包括寻租、部门垄断、行业垄断、权钱交易、制假售假、走私贩私、偷税漏税,等等。以上两类因素对经济增长的投入结构影响既有相同之处,也存在本质上的不同。物质资本的形成,即投资,是经济增长的条件之一,从其来源看,可分为私人投资和政府投资两种。就私人投资而言,只有在确保未来的投资能够收回,并且能够获得足够的收益,才是可行的。

　　就市场经济本身而言,在市场经济中通行的一次分配原则是按生产要素的贡献及产权的大小来分配个人收入。其中,资本收入分配的严重不平等是收入差距过大的主要根源。很明显,由于私人投资的目的正是看重其中的资本收益,因此,由市场经济本身引起的收入差距过大并不会制约私人投资。然而,由寻租、部门垄断、行业垄断、权钱交易等不公平因素带来的高收入,很大一部分属于非阳光性收入或地下收入,不言而喻,拥有这种收入形式的人们,可能会将自己的大部分财产专用于个人贷款的方式来寻求权力的保护,或者将资产转移到国外;而且,他们还可能投资于黄金和珠宝这类易于隐藏和转移的资产形式,或者短期投机,比如房地产倒买倒卖,而不是投资于难易隐藏和转移的固定资产形式。很明显,一个国家或地区如果没有生产性投资的持续支撑,是不可能取得经济增长的。

　　此外,通过不公平手段获取的高收入人群可能将自己的财产用于炫耀性消费,以及奢侈性消费,而炫耀性消费和奢侈性消费的出现和蔓延,则会导致畸形消费结构的形成,从而制约正常的生产结构形成和发展。

　　对于收入分配不公社会中的相当比例的中低收入人群来说,他们对食物、衣物和住房的需求是整个经济生活的基础,满足这些需要却是当前他们生活与支出的主要去向。虽然这些人都希望为未来多存点钱,但当前的大量需求却往往使他们无法做到这一点。因此,无论从边际上还是平均而言,中低收入人群可能无法进行储蓄,也不可能进行私人投资。由不公平引起的收入差距过大制约私人投资的另一个后果是,由于投资会影响经济社会的就业问题和政府的财政收入,进而影响经济社会的稳定,因而当私人投资的自觉性不足时,政府为了弥补私人投资的不足,政府投资可能会不正常地扩大,并且造成资源的浪费,因为由不公平引起的收入差距过大的制度缺陷,同样会使政府投资缺乏有效的监督。因此,政府投资的效率就很值得怀疑。

二、物质资源消耗过多是企业粗放型生产方式的宏观体现

一个国家物质资源消耗过多的经济发展方式表面看来是宏观层面的问题,实际上是微观层面的综合表现。具体来说,就是各个企业生产方式在宏观上的反映,可以用以下数学等式来表示:$Y = F(K,L) = \sum_{i=1}^{n} Yi = Yi(Ki,Li)$,其中,$Y$ 和 $F(K,L)$ 表示总产函数,K 和 L 表示所使用的物质资本总量和人力资本总量,Yi 和 $Fi(Ki,Li)$ 表示第 i 个企业的生产函数,Ki 和 Li 表示第 i 个企业所使用的物质资本和人力资本。很明显,如果一个国家的多数企业的生产方式倾向于消耗过多资源,那么,这个国家在经济增长过程中出现过多的物质资源也就不言而喻了。现在的问题是,既然我国是一个典型的资源短缺型国家,那么,从理论上说,企业选择资源节约型的生产方式应该是合乎情理的事情,但现实却恰恰相反。下面通过对企业简单的收益—成本分析,找出其中的原因。

任何企业的收益都可以表示为 $Ri = Yi \cdot P - Ki \cdot Pk - Li \cdot Pl$,其中,$P$ 为企业的产品价格,Pk、Pl 分别为物质资本的价格和人力资本的价格。在企业产品的销售价格既定的情况下,企业的收益取决于资源价格和人力资本价格的高低。由于中国劳动力充足,一般劳动力供大于求,所以劳动力价格低廉。同样,企业大量消耗资源只说明了一个问题,这就是中国的资源获取便利及资源价格低下。同时,也就不难理解粗放式经济增长的资源消耗高是如何形成的。

三、资源分配与我国资源消耗过多

就现阶段的中国实际情况而言,水、土地、矿山、森林、草原、湿地、海洋等国土资源的所有权只有全民所有和集体所有两种形式。其中,集体所有主要是指农村的集体所有。

就国土资源的全民所有这一点来说,同国有企业的国有资产一样也存在产权不清晰问题。正是国土资源的产权不清晰才影响了公平、公正和公开地分配资源使用权,才使国土资源的价格表现为异常的低廉。这一结论的逻辑性可以简单表述如下:同国有企业中的国有资产一样,国土资源的全民所有意味着所有者虚置,必须寻找委托代理人来管理国土资源,这委托代理人就是全体人民的总代表——国家。但国家本身无法在全社会具体支配国土资源,行使全民财产所有权职能,它要通过各级政府及其主管部门来行使职能。很明显,在这一层层委托—代理的过程中,形成了相应层次的委托代理者。当然,这些代理者同国土资源的真正所有者是不同的,最根本的不同是对国土资源的关切度不同。在缺乏一定的利益约束和监督制度下,委托代理者(除个别特殊情况外)绝不会像财产所有者那样约束自己,他们会利用自己对国土资源的支配权来谋取私利。比如,通过暗箱操作、非公开拍卖和非公开竞标等手段转让国土资源的使用权,从中牟利。这样一来,国土资源的市场价格机制失去了本来的作用,从而为廉价甚至无偿使用资源的腐败提供了温床。在这种技术进步中即使不存在牟取私利的情形,各级地方政府也会对本地区的企业过多和低效率使用资源网开一面,因为企业的成长能带来本地区的经济快速增长。

就集体所有的国土资源而言,情况也并不乐观,否则也就不会出现失地农民的问题。虽然从理论上说,集体所有者由于人数有限,应该能很好地行使所有者权利的,从而可以公平、公正和公开地分配资源使用权。但现实中的两种情形却使集体所有者的权益受到侵犯。一是我国的《土地法》规定国家可以征用农村的集体所有的土地,这一点无可厚非,但由于法律上的模糊,这一项规定却为各级地方政府寻找各种借口,并通过强制力量强行征用集体所有的资源开了绿灯。二是作为集体所有者的农民是分散的,并没有形成代表自己利益的集团,导致在上级政府非法征用自己所有的资源无法抗衡。也就是说,农民是没有发言权的弱势群体。

四、资金分配与资金投入产出率低的原因分析

资金投入产出率低实际上是以下两个问题的综合体现:一个是技术进步

率低,另一个是资金配置非市场化。

(一)技术进步率低的原因分析

技术进步可分为两种类型。一类是要素数量增大型的技术进步,在这种技术进步中即使资本与劳动数量没有增加,产量也会增大。这一过程可以用以下简单的总量生产函数表示:

$$Y = F(K,L,t) = F(A(t)K,B(t)L) \qquad (7.5.1)$$

其中,$A(t)$、$B(t)$ 的变化率为正,因此,随着时间的推移,即使实际投入的资本和劳动数量不变,Y 也会增大,从而引起资金投入产出率的提高。而 $A(t)$、$B(t)$ 则体现了一个国家随时间推移的技术进步状况。

另一类是产品质量提高型的技术进步。由于产品质量好,能够更好地满足市场需求,因此相对原来的产品市场占有率高,从而提高了资金使用效率,相应地也就提高资金投入产出率。

但无论哪一种类型的技术进步都需要企业进行相关的技术创新,而技术创新则需要良好的机制。

首先,技术创新的初期阶段存在着相当大的不确定性是所有研究开发的明显特征。因此,对于技术落后的国家如何从机制上激励经济主体进行各项创新,缩短与技术先进国家的差距显得特别重要。不言而喻,政府在这方面的资助会起着重要作用。但从现实情况来看,效果并不明显。以 2008 年为例,据统计,在社会固定投资中,设备投资的 2/3 依赖进口,其中光纤制造设备的 100%,集成电路芯片制造设备的 85%,石油化工装备的 80%,轿车工业设备、数控机床、纺织机械、胶印设备的 70%,被进口产品挤占。这些事实说明中国的自主创新程度比较低,企业生产高质量的产品或新产品只能是对先进国家的一种追随。同时,这些事实也表明政府的资金资助并没有产生较优的效益,这是政府资助的资金分配缺乏竞争所致。之所以要引入竞争,原因就在于技术创新存在相当大的不确定性,因此对任何一项技术创新的成功与否进行事前评估是不可能正确的,再加上在资金分配存在的政治权力干预,评估的公正性也受到影响。

其次,无论是企业或国家,其技术创新的目的就在于提高自己的竞争力,获取更大的利益。因此,技术创新的产权保护状况(更广泛地是指知识产权)决定了技术创新者所拥有的市场垄断力量。就中国的实际情况而言,知识产权的保护不是范围过大或过窄的问题,而是保护不力甚至得不到保护的问题。最明显的一个例子是假冒伪劣产品、盗版盛行。中国的产权保护状况比较糟糕与地方保护主义存在一定的关系。

地方保护主义的盛行与地方政府的经济利益、地方官员的政绩是一体的。对地方政府来说,只有本地的企业经济效益好,才能带来本地财政收入的增加,这是一个重要的政绩指标,从而增加地方官员的良好政治前途筹码。而对企业来说,由于技术模仿的成本大大低于自己进行技术创新的成本,并且避免了技术创新不确定性带来的风险。因此,企业存在潜在侵犯知识产权的可能。当这种侵权损失很小甚至得到保护时,企业存在潜在侵犯知识产权的可能就会变成现实。很明显,企业和地方政府的利益的共存使地方政府充当了保护伞的角色。

(二)非市场化的资金配置

所有制类型不同的企业,其资金来源存在着很大的不同。其中,非国有企业的资金主要是自有资金,这一点在个体企业、民营企业表现得更为明显。国有企业的资金来源则以间接融资为主。间接融资方式的一个主要特点是企业对银行的依赖性特别大,当这一特点与我国国有企业改革、金融体制改革滞后结合在一起时,资金投入产出率低就凸显出来。

国有企业改革和金融体制改革的滞后意味着,国有企业、银行和政府三者之间形成的三位一体关系,即国有企业依赖于银行,银行听命于政府,政府受制于国有企业并没有发生根本性改变。其后果是,这种特殊的三位一体关系减少了三者承担货币资本借贷的风险,甚至不用承担货币资本借贷的风险。相比之下,个体企业、民营企业获得银行资金则要困难得多,即众多国有企业的存在及其特权,对非国有企业特别是个体企业和私有企业形成极大的挤压效应。再加上国有企业同非国有企业相比存在制度缺陷,使流向国有企业的资金使用效率低下。总的结果是,由于资金配置的这种非市场化方式的存在,带来了资源使用上的低效率,甚至是无效率。

第六节　总　结

　　人力资本是决定经济增长的一个非常重要的因素。对人力资本积累投入更多的资源将提高未来可以生产的产品数量,促进经济增长。这就需要人力资本投资,即人们通过教育、培训和卫生等手段提高自己的能力。很明显,人力资本的投资同人们的可支配收入呈正相关关系。

　　先来分析教育和培训方面的投资。教育和培训所引起的困难在于,它既是一种消费,又是一种投资服务。在我国教育还不是免费的、义务的和国家化的时候,教育和培训就需要每个家庭自己解决这些问题,即在考虑到自己的收入、投资计划及其他需求的情况下,按自己的能力来购买教育。而当一个社会的收入分配不公时,可能只有少数高收入的人们及他们的子女能够完成比较好的教育和培训,而相当比例的家庭则可能得不到应有的教育和培训,从而减少了社会的人力资本存量和积累,进而降低经济增长率,因为能否获得人力资本最重要的决定因素是,暂时将一个人转移出劳动力市场并利用这个时期来获得技能的能力,但这段时间必须有资金的融通,无论是通过贷款还是通过家庭和亲戚的支持来融资。对于低收入人群来说,这种融资几乎是不太可能的。原因在于,由于我国信用市场不完善,低收入水平会阻碍甚至完全阻止人们获得教育或培训贷款。因为赖账出现时,人力资本不能够拿走,也不能够向放贷者转移。所以,人力资本不可能像住房或企业那样作为无法还贷时的抵押品,其结果是,为积累人力资本借贷时,低收入人群所受的约束甚至更加严厉。也就是说,对于中低收入人群来说,要多受教育和培训,就得从自己所剩下的收入或财富中自己掏钱,或离开现在可以创收的工作,由于他们收入不高,这样做的边际成本就可能很高(当然这样做的边际收益也很高,但收入低到了一定点之后,边际成本将会起主导作用)。

　　而就卫生手段而言,在一个存在收入分配不公的社会内,相当比例的低收入家庭可能由于营养不良和疾病得不到医治,降低了人力资本的使用效率,从而引起了低生产率,而低生产率反过来又维持着低收入,致使人力资本得不到提高,可能会陷入一种"低收入—低人力资本—低收入"的恶性循环。

　　实际上,收入分配不公还会制约技术进步,从而制约经济增长。原因在于,技术进步既要物质资本的支撑,也需要人力资本的支撑。收入分配不公既对物质资本的形成和积累有负面影响,也对人力资本的形成和积累有负面影响。很明显,这种负面影响肯定会波及技术进步的推进。

第八章　收入分配对产业结构变迁的影响

运用 Leontief 的多部门投入—产出分析方法和 Johansen 的多部门实用一般生产函数,依据统计核算的供给和需求平衡原理,通过对产业份额及其变化值的结构分解,可进而构建中间生产和最终需求影响产业结构变迁的理论模型。理论分析表明,某产业份额与该产业的本产业中间生产结构系数和最终需求的本产业分布系数存在正相关关系,与产业间中间生产结构系数和最终需求的它产业分布系数存在负相关关系。利用中国投入产出基本流量表,比较分析 1995—1997 年、1997—2000 年、2000—2002 年、2002—2005 年的产业中间生产结构变化和最终需求的产业分布结构变化对产业结构变迁的影响程度及其贡献率,可以发现,最终需求的产业分布结构已取代产业中间生产结构成为影响我国产业结构变迁的第一位因素。

第一节　我国 1979—2008 年产业结构演变特征及研究方法

始于 1978 年的改革开放使中国经济进入一个持续高速发展的阶段,国内生产总值从 1978 年的 3645.2 亿元上升到 2008 年的 300670 亿元,年均增长率约为 9.8%,但从产业结构的角度来说,经济增长的背后主要是第二产业带动的结果,图 8-1 反映了 1979—2008 年第一、二、三产业在我国 GDP 所占份额的演变。

从图 8-1 可以看出,(1)1979—2008 年第一产业在 GDP 所占份额在波动中呈持续下降态势,1979 年这一数值为 31.27%,2008 年这一数值则为

11. 30%,最大值在 1982 年为 33. 38%,最小值在 2007 年为 11. 23%;(2)
1979—2008 年第二产业在 GDP 所占份额的变化可分为四个阶段:1979—1990
年在波动中呈下降态势,下降幅度为 5. 76%,1990—1997 年在波动中呈上升
态势,上升幅度为 6. 20%,1997—2002 年呈小幅下降,下降幅度为 2. 75%,
2002—2008 年则呈持续上升态势,上升幅度为 3. 83%,1979 年第二产业在
GDP 所占份额为 47. 10%,2008 年这一数值则为 48. 62%,最小值在 1991 年
为 41. 34%,最大值在 2007 年为 48. 64%,;(3)1979—2008 年第三产业在
GDP 所占份额的变化可分为四个阶段:1979—1992 年在波动中呈持续上升态
势,上升幅度为 13. 12%,1992—1996 年在波动中呈小幅下降,下降幅度为
1. 98%,1996—2002 年呈持续上升态势,上升幅度为 8. 69%,2002—2008 年则
呈小幅波动,波动幅度为 1. 49%,1979 年第三产业在 GDP 所占份额为
21. 6%,2008 年这一数值则为 40. 1%,最小值在 1980 年为 21. 60%,最大值在
2002 年为 41. 47%。

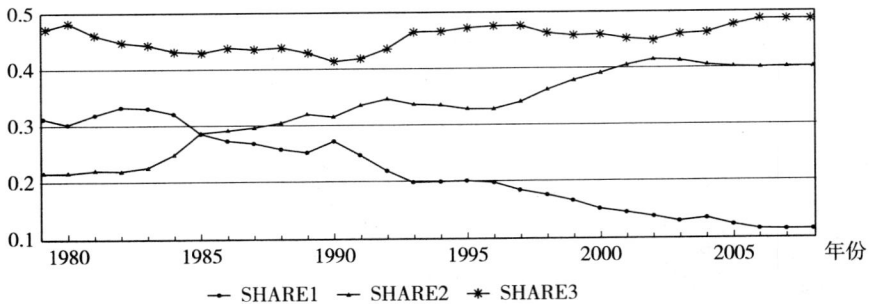

图 8 - 1

注:图 8 - 1 中,SHARE1、SHARE2 和 SHARE3 分别表示第一、二、三产业在 GDP 中所占的份额。数据来源:《中国统计年鉴》(2009 年)

  综合起来,我国 1979—2008 年的产业结构变迁主要特点是第一产业份额的持续下降,而这种下降的份额则为第二产业份额和第三产业份额在波动中的上升所替代,只不过第二产业份额的上升幅度小于第三产业份额的上升幅度,但由于第二产业份额的初始值(1979 年)高于第三产业份额的初始值

（1979 年），致使各年份的第二产业份额总体上要高于第三产业份额。显然，如果第三产业份额上升的加速度大于第二产业份额上升的加速度（前提是第一产业份额下降），或者第三产业份额上升而第二产业份额下降（考虑到第一产业份额不可能无限下降），那么，第三产业份额在某一时期超越第二产业份额就不是不可能的。因此，我们有必要探究影响产业结构变迁的内在机理。

Kuznets 在总结各国进入现代经济增长的历史指出，消费者需求结构的改变、技术革新、由技术革新带来的产业间相互关联、国际贸易和其他的国际流动等都是引起产业结构改变的因素。[1]

Chenery、Robinson 和 Syrquin 的基于投入产出分析的研究表明，工业份额增的一个原因是国内需求的变动，包括食品需求的份额显著下降，投资和消费品需求的增加，使产品、机械和社会基础设施的需求份额上升，以及由这些需求变动引致的生产结构更加迂回所导致的工业产品中间使用量的增加。[2]

Davis and Weinstein 则从经济地理学的角度解释了日本的地区产业结构；[3]Nayyar 认为政府的财政赤字和公共财政对结构调整具有决定性作用；[4]Claus 运用投入产出方法考察了新西兰的经济改革对其产业结构变迁的影响[5]。

而从研究方法来说，由 Leontief 开创的产业结构的投入产出分析[6]，是深刻揭示产业结构变动内在机理的重要方法[7]。在此基础上，由 Carter 在 1970

---

[1]　Kuznets, S. , *Economic Growth of Nations：Total Output and Production*, Harvard University Press, 1971, p. 102.

[2]　Chenery, H. , Robinson, S. and Syrquin, M. , *Industrialization and Growth：A Comparative Study*, Oxford University Press, 1986, p. 78.

[3]　Davis, D. R. and Weinstein, D. E. , " Economic Geography and Regional Production Structure：An Empirical Investigation", *NBER Working Paper*, 1997, No. 6093.

[4]　Nayyar, D. , "Macroeconomics of structural adjustment and public finances in developing Countries：A Heterodox perspective", *International Journal of Development Issues.* 2008, Vol. 7. No. 1, pp. 4 – 28.

[5]　Claus, I. , "New Zealand's economic reforms and changes in production structure", *Journal of Economic Policy Reform*, 2009, Vol. 12. No. 2, pp. 133 – 143.

[6]　Leontief, W. W. , *The Structure of the American Economy*, New York；Oxford University Press, 1951. p. 87.

[7]　新饭田宏：《投入产出分析方法》，中国统计出版社 1990 年版，第 16 页。

年正式提出①，并由 Skolta 在 1989 年，Rose 和 Caster 在 1996 年，Dietzeabacher 和 Los 在 1998 年和 2000 年，以及 Paual 在 2008 年加以改进和完善的 SDA 模型②，近年来已发展成为投入产出技术领域的一种主流经济分析工具。这是因为，SDA 模型至少有三个优点：一是克服了经典投入产出分析的静态特征，可以用来进行投入产出的比较静态分析甚至动态分析，可以检验长期的技术进步和结构变动；二是比计量经济学估计方法更为实用，分析类似的问题，计量经济学方法至少需要 15 年以上的数据，而它只需要两个年度的投入产出表；三是由于继承了投入产出分析的特点，使之相对于其他方法而言，更便于考察部门之间的联系③。

就国内的研究而言，赵进文、温宇静基于投入产出分析理论，对中国经济体系中各产业总产出变动的主要变动因素进行了模型分解；④宋辉、王振民运用投入产出分析理论的结构分解分析方法，推导出投入产出偏差分析模型，研究了产业部门发展影响因素偏差的定量计算问题；⑤沈利生、王恒应用投入产出分析法研究了中间投入贡献系数的变化对增加值率变化的影响，解释了中国增加值率下降的原因；⑥王岳平、葛岳静利用投入产出分析技术，实证分析

① Carter, A. , *Structural Change in The American Economy*, Harvard University Press, 1970, p. 119.
② 可参见（1）Skolta, J. , "Input-Output Structural Decomposition Analysis for Austria", *Journal of Policy Modeling*, 1989, Vol. 11, pp. 45 - 66. （2）Rose, A. and Caster, S. , "Input-Output Structural Decomposition Analysis: A Critical Appraisal", *Economic System Research*, 1996, Vol. 8, No. 1, pp. 33 - 62. （3）Dietzeabacher, E. and Los, B. , "Structural Decomposition Techniques: Sense and Sensitivity", *Economic System esearch*, 1998, Vol. 10, No. 3, pp. 307 - 323. （4）Dietzeabacher, E. and Los, B. , "Structural Decomposition with Dependent Determinants", *Economic System Research*, 2000, Vol. 12, No. 4, pp. 497 - 514. （5）Paual, D. B. , "Additive Structural Decomposition Analysis and Index Number Theory: An Empirical Application of the Montgomery Decomposition", *Economic System Research*, 2008, Vol. 20, No. 1, pp. 97 - 109.
③ 与此相对应，Hermann 在分析产业结构特征和演化的最小流量分析（MFA）方法是一种动态分析工具。可参见 Hermann, S. , "The Evolution of Production Structures, Analyzed by a Multi-layer Procedure", *Economic Systems Research*, 1994, Vol. 6. No. 1, pp. 51 - 68.
④ 赵进文、温宇静：《中国经济结构变动的投入产出分析》，《财经问题研究》2004 年第 4 期。
⑤ 宋辉、王振民：《利用结构分解技术（SDA）建立投入产出偏差分析模型》，《数量经济技术经济研究》2004 年第 5 期。
⑥ 沈利生、王恒：《增加值率下降意味着什么》，《经济研究》2006 年第 3 期。

了我国民经济中产业结构的关联特征;①李博、胡进基于静态投入产出模型,构建了一套测度产业结构优化升级的方法,并实证分析了中国产业结构的高度化水平和合理化程度;②吴畏应用投入产出分析法研究了我国各类最终需求变动对各部门总产出的影响③。

本章将应用 SDA 模型来分析我国的产业结构变迁,与上述文献不同,在投入产出分析中,不是以各产业总产出,而是以各产业增加值在 GDP 中所占比例即各产业份额作为因变量,以产业中间生产和最终需求作为自变量,并将它们有机结合在一起,来探究产业结构变迁的内在机理。

具体来说,拟通过对三大产业份额的结构分解分析,来解释经济社会的产业结构变迁。显然,当经济社会中的中间生产结构变化为主要原因时,总体产业结构变迁是专业化分工和迂回生产的必然结果,除非设法改变各产业部门之间的内在分工和相互协作结构,由产业中间生产结构变化导致的产业结构变迁一般难以逆转;④当经济中最终需求的产业分布结构变化为主要原因时,应重点分析影响最终需求的产业分布的各种可能因素,如各产业最终需求中的居民消费比例、政府消费比例、投资需求比例、出口需求比例和进口需求比例,据此辨别改变最终需求的产业分布结构的可行途径。

第二节　中间生产和最终需求影响产业结构变迁的数理模型

一、产业结构的定义

假设经济社会的产业被划分为 n 个,并采用每一产业增加值占 GDP 的比

---

①　王岳平、葛岳静:《我国产业结构的投入产出关联特征分析》,《管理世界》2007 年第 2 期。

②　李博、胡进:《中国产业结构优化升级的测度和比较分析》,《管理科学》2008 年第 4 期。

③　吴畏:《我国最终需求与总产出的诱发依存分析——基于中国 1997、2002、2005 年投入产出表》,《工业技术经济》2008 年第 12 期。

④　这里所指的是经济社会自身演进的专业化分工和迂回生产,不考虑政府产业政策引起的产业分工和协作的变化。需要指出的是,虽然政府产业政策会对专业化分工和迂回生产的变化,但必须与经济社会自身演进下的产业分工和协作协调,否则会人为地造成产业结构不协调。

重来定义产业结构(以下各变量除非特别说明外,均以货币价值衡量)。为了便于分析,将第 i 产业 t 期的增加值占 GDP 的比重记为 $share_t^i$(以下简称第 i 产业份额),将第 i 产业 t 期的增加值记为 $INCRE_t^i$,将 t 期的国内生产总值记为 GDP_t。显然,$share_t^i = \dfrac{INCRE_t^i}{GDP_t}$,$\sum_{i=1}^n share_t^i = 1$,而产业结构则可以定义为

$$IS_t = \left[\, share_t^1, share_t^2, \cdots share_t^i, \cdots share_t^n \,\right]。$$

二、产业增加值的计算

设经济社会 t 期对第 i 产业的总需求为 QD_t^i。其中,对第 i 产业的居民消费需求为 C_t^i,投资需求为 I_t^i,政府消费需求为 G_t^i,出口需求为 E_t^i,进口需求为 M_t^i,并记 $D_t^i = C_t^i + I_t^i + G_t^i + E_t^i - M_t^i$,即为经济社会 t 期对第 i 产业的最终需求,也即第 i 产业在 t 期的最终供给。假设 t 期第 i 产业对第 j 产业的中间供给,也即第 j 产业对第 i 产业的中间需求为 QS_t^{ij},则有:

$$QD_t^i = D_t^i + \sum_{j=1}^n QS_t^{ij} \tag{8.2.1}$$

从产业产出的角度来说,t 期第 i 产业的产出即供给 QS_t^i 可以表示如下:

$$QS_t^i = F_t^i(K_t^i, L_t^i, QS_t^{1i}, QS_t^{2i}, \cdots QS_t^{ii}, \cdots QS_t^{ni}) \tag{8.2.2}$$

式(8.2.2)中,K_t^i、L_t^i 分别为 t 期第 i 产业的固定资本和劳动的投入量,QS_t^{ji} 为在 t 期第 i 产业生产中第 j 产业的中间供给,也即 t 期第 i 产业的生产对第 j 产业的中间需求。根据式(8.2.2),以及产业增加值即产出减去中间投入的含义,可知:

$$INCRE_t^i = QS_t^i - \sum_{j=1}^n QS_t^{ji} \tag{8.2.3}$$

根据统计核算中供给和需求必须平衡的原理,则有 $QD_t^i = QS_t^i$。假设 $QS_t^{ij} = a_t^{ij} \cdot QS_t^i$,其中 a_t^{ij} 为 t 期第 i 产业对第 j 产业的中间供给系数($0 < a_t^{ij} < 1$),称之为 $i \to j$ 产业间中间生产系数。

由式(8.2.1)可得 $QS_t^i = QD_t^i = \dfrac{D_t^i}{1 - \sum_{j=1}^n a_t^{ij}}$。其中,$0 < \sum_{j=1}^n a_t^{ij} < 1$,并称

$\sum\limits_{j=1}^{n} a_t^{ij}$ 为 t 期第 i 产业的总中间生产系数。

将 $QS_t^i = \dfrac{D_t^i}{1-\sum\limits_{j=1}^{n} a_t^{ij}}$ ，$QS_t^{ji} = a_t^{ji} \cdot QS_t^j$ ，以及 $QS_t^j = \dfrac{D_t^j}{1-\sum\limits_{k=1}^{n} a_t^{jk}}$ 代入式

(8.2.3)，可得：

$$INCRE_t^i = \frac{1-a_t^{ii}}{1-\sum\limits_{j=1}^{n} a_t^{ij}} \cdot D_t^i - \sum\limits_{j=1,j\neq i}^{n} \left(\frac{a_t^{ji}}{1-\sum\limits_{k=1}^{n} a_t^{jk}} \cdot D_t^j \right) \tag{8.2.4}$$

式(8.2.4)中，$0 < \sum\limits_{k=1}^{n} a_t^{jk} < 1$。

三、产业结构的影响因素分析

根据式(8.2.4)和产业结构的定义，就可以得到 t 期第 i 产业份额，即

$$share_t^i = \frac{1-a_t^{ii}}{1-\sum\limits_{j=1}^{n} a_t^{ij}} \cdot \frac{D_t^i}{GDP_t} - \sum\limits_{j=1,j\neq i}^{n} \left(\frac{a_t^{ji}}{1-\sum\limits_{k=1}^{n} a_t^{jk}} \cdot \frac{D_t^j}{GDP} \right) \tag{8.2.5}$$

式(8.2.5)中，$\dfrac{D_t^i}{GDP_t}$、$\dfrac{D_t^j}{GDP_t}$ 分别为经济社会 t 期对第 i 产业和第 j 产业的最终需求在总最终需求中所占比例，并分别称之为 t 期最终需求的第 i 产业分布系数和 t 期最终需求的第 j 产业分布系数。显然，根据式(8.2.5)可以得出以下几个命题：

命题1　第 i 产业的总中间生产系数越大（即 $\sum\limits_{j=1}^{n} a_t^{ij}$ 的数值越大），其他产业的总中间生产系数越小（即 $\sum\limits_{k=1,j\neq i}^{n} a_t^{jk}$ 的数值越小），则第 i 产业份额越高。

命题2　第 i 产业的本产业中间生产系数越大（即 a_t^{ii} 的数值越大），则第 i 产业份额越高。

命题3　$i \to j$ 产业间中间生产系数越大（即 a_t^{ij} 的值越大，$j \neq i$），则第 i 产业份额越高。

命题4　$j \to i$ 产业间中间生产系数越小（即 a_t^{ji} 的值越小，$j \neq i$），则第 i

产业份额越高。

命题5　经济社会对第 i 产业的最终需求在总最终需求所占比例 $\dfrac{D_t^i}{GDP_t}$ 越

大,即最终需求的第 i 产业分布系数越大,则第 i 产业份额越高。

命题6　经济社会对其他产业的最终需求在总最终需求所占比例 $\dfrac{D_t^j}{GDP_t}$

越小,即最终需求的第 j ($j \neq i$)产业分布系数越小,则第 i 产业份额越高。

而对于 t_0 和 t_1 期间产业份额的变化,则可以运用式(8.2.5)进行分析。

为了便于分析,记 $\alpha_t^{ii} = \dfrac{1 - a_t^{ii}}{1 - \sum\limits_{j=1}^{n} a_t^{ij}}$,并称之为 t 期第 i 产业的本产业中间生产结

构系数(其分子中的 a_t^{ii} 代表了 t 期第 i 产业的本产业中间生产系数,其分母中

的 $\sum\limits_{j=1}^{n} a_t^{ij}$ 代表了 t 期第 i 产业的总中间生产系数);记 $\alpha_t^{ii} = \dfrac{a_t^{ji}}{1 - \sum\limits_{k=1}^{n} a_t^{jk}}$ ($j \neq i$),

并称之为 t 期 $j \to i$ 产业间中间生产结构系数(其分子即为 $j \to i$ 产业间中间生

产系数,其分母即为 t 期第 j 产业的总中间生产系数)。同时,记 $\dfrac{D_t^i}{GDP_t} = d_t^i$ 和

$\dfrac{D_t^j}{GDP_t} = d_t^j$ 。因此, t_0 和 t_1 期间产业份额的变化可以表示为:

$$share_{t1}^i - share_{t0}^i = (\alpha_{t1}^{ii} \cdot d_{t1}^i - \alpha_{t0}^{ii} \cdot d_{t0}^i) - \sum_{j=1, j \neq i}^{n} (\alpha_{t1}^{ii} \cdot d_{t1}^j - \alpha_{t0}^{ii} \cdot d_{t0}^j)$$

$$(8.2.6)$$

运用式(8.2.6)就可以分析产业结构变迁的影响因素及其影响程度。为此,
将式(8.2.6)右边的第一项和第二项分别作如下式(8.2.7)和式(8.2.8)的分解:

$$\alpha_{t1}^{ii} \cdot d_{t1}^i - \alpha_{t0}^{ii} \cdot d_{t0}^i = (\alpha_{t1}^{ii} - \alpha_{t0}^{ii}) \cdot d_{t0}^i + \alpha_{t1}^{ii} \cdot (d_{t1}^i - d_{t0}^i) \quad (8.2.7)$$

$$\sum_{j=1, j \neq i}^{n} (\alpha_{t1}^{ii} \cdot d_{t1}^j - \alpha_{t0}^{ii} \cdot d_{t0}^j) = \sum_{j=1, j \neq i}^{n} (\alpha_{t1}^{ii} - \alpha_{t0}^{ii}) \cdot d_{t0}^j + \sum_{j=1, j \neq i}^{n} \alpha_{t1}^{ii} \cdot (d_{t1}^j - d_{t0}^j)$$

$$(8.2.8)$$

这里将式(8.2.7)中的 $(\alpha_{t1}^{ii} - \alpha_{t0}^{ii}) \cdot d_t^i$ 称为第 i 产业份额的本产业中间生

产结构影响,其含义是保持最终需求的第 i 产业分布系数不变时,第 i 产业的本产业中间生产结构系数变化对第 i 产业份额变化的贡献,当其值为正时,使得第 i 产业份额上升,即第 i 产业的本产业中间生产结构影响为正,反之第 i 产业的本产业中间生产结构影响为负,也即第 i 产业份额与第 i 产业的本产业中间生产结构正相关;将式(8.2.7)中的 $\alpha_{t1}^{ii} \cdot (d_{t1}^i - d_{t0}^i)$ 称为第 i 产业份额的最终需求的本产业分布系数影响,其含义是保持第 i 产业的本产业中间生产结构系数不变时,最终需求的第 i 产业分布系数变化对第 i 产业份额变化的贡献,当其值为正时,使得第 i 产业份额上升,即最终需求的本产业分布系数影响为正,反之则为负,也即第 i 产业份额与最终需求的本产业分布系数正相关。

将式(8.2.8)中的 $(\alpha_{t1}^{ji} - \alpha_{t0}^{ji}) \cdot d_{t0}^j$（$j \neq i$）称为第 i 产业份额的 $j \to i$ 产业间中间生产结构影响,其含义是保持最终需求的第 j 产业分布系数不变时,$j \to i$ 产业间中间生产结构系数对第 i 产业份额变化的贡献,当其值为正时,使得第 i 产业份额下降,即 $j \to i$ 产业间中间生产结构影响为负,反之 $j \to i$ 产业间中间生产结构影响为正,也即第 i 产业份额与 $j \to i$ 产业间中间生产结构负相关;将 $\alpha_{t1}^{ji} \cdot (d_{t1}^j - d_{t0}^j)$（$j \neq i$）称为第 i 产业份额的最终需求的第 j 产业分布系数影响,其含义是保持 $j \to i$ 产业间中间生产结构系数不变时,最终需求的第 j 产业分布系数变化对第 i 产业份额变化的贡献,当其值为正时,使得第 i 产业份额下降,即最终需求的第 j 产业分布系数影响为负,反之则为正,也即第 i 产业份额与最终需求的第 j 产业分布系数负相关。同时,将 $\sum_{j=1, j\neq i}^{n} (\alpha_{t1}^{ji} - \alpha_{t0}^{ji}) \cdot d_{t0}^j$ 称为第 i 产业份额的它产业中间生产结构影响,将式(8.2.8)中的 $\sum_{j=1, j\neq i}^{n} \alpha_{t1}^{ji} \cdot (d_{t1}^j - d_{t0}^j)$ 称为第 i 产业份额的最终需求的它产业分布系数影响。

由式(8.2.7)和式(8.2.8)可以看出,要解释一个经济社会的产业结构变迁,可以分别测算各产业部门的产业份额、各产业的本产业中间生产结构系数、各产业的产业间中间生产结构系数、各产业的最终需求的本产业分布系数和它产业分布系数,再计算各产业的本产业中间生产结构变化、各产业的产业间中间生产结构变化、各产业的最终需求的本产业分布系数变化和各产业的最终需求的它产业分布系数变化对各自的产业份额变化的贡献,以及影响最终需求的产业分布的各种可能因素,如各产业最终需求中的居民消费比例、政府消费比例、投资需求比例、出口需求比例和进口需求比例。为此,下面通过对最终需求的第 i 产业分布系数的结构分解,来进一步界定影响各产业最终需求的产业分布系数的因素。

四、最终需求的产业分布系数的结构分析

考虑到 $D_t^i = C_t^i + I_t^i + G_t^i + E_t^i - M_t^i$ 和 $D_t^j = C_t^j + I_t^j + G_t^j + E_t^j - M_t^j$,则有:

$$D_{t1}^i - D_{t0}^i = (C_{t1}^i - C_{t0}^i) + (I_{t1}^i - I_{t0}^i) + (G_{t1}^i - G_{t0}^i)$$
$$+ (E_{t1}^i - E_{t0}^i) - (M_{t1}^i - M_{t0}^i) \qquad (8.2.9)$$

记 $c_t^i = \dfrac{C_t^i}{GDP_t}$, $inv_t^i = \dfrac{I_t^i}{GDP_t}$, $g_t^i = \dfrac{G_t^i}{GDP_t}$, $ex_t^i = \dfrac{E_t^i}{GDP_t}$ 以及 $im_t^i = \dfrac{M_t^i}{GDP_t}$,显然, c_t^i 、 inv_t^i 、 g_t^i 、 ex_t^i 和 im_t^i 分别反映了最终需求的第 i 产业分布系数结构。这样一来,则有: $d_{t1}^i - d_{t0}^i = (c_{t1}^i - c_{t0}^i) + (inv_{t1}^i - inv_{t0}^i) + (g_{t1}^i - g_{t0}^i) + (ex_{t1}^i - ex_{t0}^i) - (im_{t1}^i - im_{t0}^i) \qquad (8.2.10)$

将式(8.2.10)中的 $(c_{t1}^i - c_{t0}^i)$ 称为居民消费的第 i 产业分布系数影响,其含义是居民消费需求的第 i 产业分布系数变化对最终需求的第 i 产业分布系数的影响,当其值为正时,会使得最终需求的第 i 产业分布系数上升,即居民消费的第 i 产业分布系数影响为正,反之为负,也即最终需求的第 i 产业分布系数与居民消费的第 i 产业分布系数正相关;将式(8.2.10)中的 $(inv_{t1}^i - inv_{t0}^i)$ 称为投资需求的第 i 产业分布系数影响,其含义是投资需求的第 i 产业分布系数变化对最终需求的第 i 产业分布系数的影响,当其值为正时,会使得最终需求的第 i 产业分布系数上升,即投资需求的第 i 产业分布系数影响为正,反之为负,也即最终需求的第 i 产业分布系数与投资需求的第 i 产业分布系数正相关;将式(8.2.10)中的 $(g_{t1}^i - g_{t0}^i)$ 称为政府消费的第 i 产业分布系数影响,其含义是政府消费的第 i 产业分布系数变化对最终需求的第 i 产业分布系数的影响,当其值为正时,会使得最终需求的第 i 产业分布系数上升,即政府的第 i 产业分布系数影响为正,反之为负,也即最终需求的第 i 产业分布系数与政府消费的第 i 产业分布系数正相关;将式(8.2.10)中的 $(ex_{t1}^i - ex_{t0}^i)$ 称为出口需求的第 i 产业分布系数影响,其含义是

出口需求的第 i 产业分布系数变化对最终需求的第 i 产业分布系数的影响,当其值为正时,会使得最终需求的第 i 产业分布系数上升,即出口需求的第 i 产业分布系数影响为正,反之为负,也即最终需求的第 i 产业分布系数与出口需求的第 i 产业分布系数正相关;将式(8.2.10)中的 $(im_{t1}^i - im_{t0}^i)$ 称为进口需求的第 i 产业分布系数影响,其含义是进口需求的第 i 产业分布系数变化对最终需求的第 i 产业分布系数的影响,当其值为正时,会使得最终需求的第 i 产业分布系数下降,即进口需求的第 i 产业分布系数影响为负,反之为正,也即最终需求的第 i 产业分布系数与进口需求的第 i 产业分布系数负相关。

当然,如果记 $NX_t^i = E_t^i - M_t^i$ 为第 i 产业 t 期的净出口需求,则 $nx_t^i = \dfrac{NX_t^i}{GDP_t}$ 反映了净出口需求的第 i 产业分布系数,显然 $nx_t^i = ex_t^i - im_t^i$。这样一来,式(8.2.10)中的 $[(ex_{t1}^i - ex_{t0}^i) - (im_{t1}^i - im_{t0}^i)]$ 可以记为 $(nx_{t1}^i - nx_{t0}^i)$,并称之为净出口需求的第 i 产业分布系数影响,其含义是净出口需求的第 i 产业分布系数变化对最终需求的第 i 产业分布系数的影响,当其值为正时,会使得最终需求的第 i 产业分布系数上升,即净出口需求的第 i 产业分布系数影响为正,反之为负,也即最终需求的第 i 产业分布系数与净出口需求的第 i 产业分布系数正相关。

第三节　收入分配影响产业结构变迁的数理模型

可根据式(8.2.5)分析收入和收入分配对产业结构的影响。

首先,考虑到 $\dfrac{D_t^i}{GDP_t} = \dfrac{C_t^i}{C_t} \cdot \dfrac{C_t}{GDP_t} + \dfrac{I_t^i}{I_t} \cdot \dfrac{I_t}{GDP_t} + \dfrac{G_t^i}{G_t} \cdot \dfrac{G_t}{GDP_t} + \dfrac{NX_t^i}{NX_t} \cdot \dfrac{NX_t}{GDP_t}$,记 $cc_t^i = \dfrac{C_t^i}{C_t}$,$ii_t^i = \dfrac{I_t^i}{I_t}$,$gg_t^i = \dfrac{G_t^i}{G_t}$,$ee_t^i = \dfrac{E_t^i}{E_t}$、$mm_t^i = \dfrac{M_t^i}{M_t}$ 以及 $xx_t^i = \dfrac{NX_t^i}{NX_t}$,则式(8.2.5)可以写为:

$$share_t^i = \{\alpha_t^{ii} \cdot (cc_t^i, ii_t^i, gg_t^i, xx_t^i] - \sum_{j=1, j \neq i}^n [\alpha_t^{ji} \cdot (cc_t^j, ii_t^j, gg_t^j, xx_t^j)]\} \cdot$$

$$\left[\frac{C_t}{GDP_t}, \frac{I_t}{GDP_t}, \frac{G_t}{GDP_t}, \frac{NX_t}{GDP_t}\right]^T \tag{8.3.1}$$

下面的分析将表明,收入和收入分配对产业结构的影响可以通过其对 C_t、I_t 和 G_t 来明晰。需要指出的是,以上之所以只考虑收入和收入分配对 C_t、I_t 和 G_t 的影响,是考虑到 $\dfrac{NX_t^i}{GDP_t} = 1 - \dfrac{C_t^i}{GDP_t} - \dfrac{I_t^i}{GDP_t} - \dfrac{G_t^i}{GDP_t}$ 以及 $\dfrac{NX_t^j}{GDP_t} = 1 - \dfrac{C_t^j}{GDP_t} - \dfrac{I_t^j}{GDP_t} - \dfrac{G_t^j}{GDP_t}$。

首先,就 C_t 来说,根据已有的消费理论[1],不但与居民的可支配收入水平有关,还与收入分配有关[2],实证研究也表明了这一点[3]。据此,假定 C_t 可以表示如下:

$$C_t = \sum_{l=1}^{h} \left[np_t^l \cdot C_t^l(DPI_t^l, \Phi_t^l) \right] \tag{8.3.2}$$

式(8.3.2)中,DPI_t^l($l = 1, 2, \cdots h$)表示 t 期第 l 个收入阶层的人均可支配收入,这里假设经济社会中的居民部门按收入水平被分为 h 个收入阶层,np_t^l 表示 t 期第 l 个收入阶层的人口数量,Φ_t^l 为 t 期影响第 l 个收入阶层消费的其他因素(比如,消费者之间的示范效应、消费者的棘轮效应、预期,等等)的矩阵向量。假设 DPI_t 为经济社会 t 期的居民人均可支配收入,np_t 表示 t 期经济社会的人口总量,则 t 期居民总消费需求占 GDP 的比重($\dfrac{C_t}{GDP_t}$,记为 $pcgdp_t$)可以表示为:

$$pcgdp_t = \frac{C_t}{GDP_t} = \frac{np_t \cdot YD_t}{GDP_t} \cdot \sum_{l=1}^{h} \left[\frac{np_t^l}{np_t} \cdot C_t^l \left(\frac{YD_t^l}{YD_t}, YD_t, \frac{\Phi_t^l}{YD_t} \right) \right] \tag{8.3.3}$$

① 可参见(1)Keynes, J. M., *The Genernal Theory of Employment, Interest, and Money*, Macmillan, 1936. p. 86. (2)Friedman, M., *A Theory of the Consumption Function*, Princeton University Press, 1957. p. 233. (3)Modigliani, F., "The Extended Linear Expenditure System", *European Economic Review*, 1986, Vol. 4, No. 1, pp. 297 – 313. (5)Blinder, A. S., "A model of inherited wealth", *Quarterly Journal of Economics*, 1973, Vol. 87, No. 4., pp. 608 – 626. (6)Hall, R. E., "Stochastic Implications of the Life Cycle Permanent Income Hypothesis: Theory and Evidence", *Journal of Political Economy*, 1978, Vol. 86, No. 6, pp. 971 – 987.

② 袁志刚、朱国林:《消费理论中的收入分配与总消费》,《中国社会科学》2002 年第 2 期。

③ 可参见(1)Menchik, P. L. and David, M., "Income Distribution, Lifetime Savings and Bequests", *American Economic Review*, 1983, Vol. 73, No. 4, pp. 672 – 690. (2)Musgrove, P., "Income distribution and the aggregate consumption function", *Journal of Political Economy*, 1980, Vol. 88. No. 3, pp. 504 – 525.

从式(8.3.3)可以看出，t 期居民总消费需求占 GDP 的比重取决于四个因素：一是居民人均可支配收入 DPI_t；二是居民内部的收入分配（由 $\dfrac{DPI_t^l}{DPI_t}$ 和 $\dfrac{np_t^l}{np_t}$ 共同决定）；三是居民部门可支配收入占国民收入的比例（$\dfrac{np_t \cdot DPI_t}{GDP_t}$，记为 $prrg_t$）；四是除以上诸因素之外的其他因素 Φ_t^l。其中，前三者都涉及经济社会的收入和收入分配。

其次，就 I_t 来说，可以从投资主体的角度将其分为企业投资、中央政府投资和地方政府投资三大类。据此，假定 I_t 可以表示如下：

$$I_t = I_t^F(FR_t, \Psi_t^F) + I_t^{CG}(CGR_t, \Psi_t^{CG}) + I_t^{LG}(LGR_t, \Psi_t^{LG}) \tag{8.3.4}$$

式(8.3.4)中，I_t^F、I_t^{CG} 和 I_t^{LG} 分别表示 t 期的企业部门投资、中央政府投资和地方政府投资，FR_t 表示企业部门 t 期的可支配收入，CGR_t 表示中央政府 t 期的财政收入，LGR_t 表示地方政府 t 期的财政收入，Ψ_t^F、Ψ_t^{CG} 和 Ψ_t^{LG} 分别为影响企业、中央政府和地方政府的投资的其他因素（比如政策、企业的预期和利润率、中央政府的政策目标和地方政府的政策目标，等等）。这样一来，经济社会 t 期的投资需求占 GDP 的比重（$\dfrac{I_t}{GDP_t}$，记为 $pigdp_t$）可以表示为：

$$pigdp_t = \frac{I_t}{GDP_t} = I_t(GDP_t, \frac{FR_t}{GDP_t}, \frac{CGR_t}{GR_t} \cdot \frac{GR_t}{GDP_t}, \frac{LGR_t}{GR_t} \cdot \frac{GR_t}{GDP_t}, \frac{\Psi_t}{GDP_t})$$
(8.3.5)

式(8.3.5)中，GR_t 表示政府（包括中央政府和地方政府）t 期的财政收入。式(8.3.5)表明，经济社会 t 期的投资需求占 GDP 的比重取决于以下因素：一是经济社会的 GDP；二是企业部门可支配收入占 GDP 的比重（$\dfrac{FR_t}{GDP_t}$，记为 $pfrg_t$）；三是政府可支配收入占国民收入的比重（$\dfrac{GR_t}{GDP_t}$，记为 $pgrg_t$）；四是中央政府财政收入占总财政收入的比重（$\dfrac{CGR_t}{GR_t}$，记为 $pcgr_t$）；五是地方政府财政收入占总财政收入的比重（$\dfrac{LGR_t}{GR_t}$，记为 $plgr_t$）；六是除以上诸因素之外的其他因素 Ψ_t

(即 Ψ_t^F、Ψ_t^{CG} 和 Ψ_t^{LG})。其中,前五个因素都涉及经济社会的国民收入分配格局。

再次,就 G_t 来说,考虑到政府作为一个消费主体,同居民消费一样,其收入水平决定其消费水平,不过与居民消费不同,政府消费在没有限制或限制力量有限时,其消费倾向将呈上升态势。另外,从消费主体来说,政府的消费还可以粗略地分为中央政府消费和地方政府消费。据此,假定政府 t 期的消费需求(同样,分为中央政府和地方政府的消费需求)可以表示为:

$$G_t = G_t^{CG}(CGR_t, \Omega_t^{CG}) + G_t^{LG}(LGR_t, \Omega_t^{LG}) \qquad (8.3.6)$$

式(8.3.6)中,G_t^{CG}、G_t^{LG} 分别表示 t 期中央政府的消费和地方政府消费,Ω_t^{CG} 和 Ω_t^{LG} 分别为影响中央政府消费和地方政府消费的其他因素(比如,中央政府和地方政府预算体制、中央政府和地方政府收入支出受制约程度,等等)。因此,政府 t 期的消费需求占 GDP 的比重($\frac{G_t}{GDP_t}$,记为 $pggdp_t$)就可以表示为:

$$pggdp_t = \frac{G_t}{GDP_t} = G_t\left(GDP_t, \frac{CGR_t}{GR_t} \cdot \frac{GR_t}{GDP_t}, \frac{LGR_t}{GR_t} \cdot \frac{GR_t}{GDP_t}, \frac{\Omega_t}{GDP_t}\right) \qquad (8.3.7)$$

式(8.3.7)表明,政府 t 期的消费需求占 GDP 的比重取决于以下因素:一是国民收入 GDP_t;二是政府可支配收入占国民收入的比重($\frac{GR_t}{GDP_t}$);三是中央政府财政收入占总财政收入的比重($\frac{CGR_t}{GR_t}$);四是地方政府财政收入占总财政收入的比重($\frac{LGR_t}{GR_t}$);五是除以上诸因素之外的其他因素 Ω_t(即 Ω_t^{CG} 和 Ω_t^{LG})。

综合以上分析,式(8.3.2)至式(8.3.7)就可以视为收入和收入分配影响产业结构的数理模型。这样一来,引起产业结构发生变化的因素实际上可分成三大类:第一类是收入分配,第二是收入水平,第三类是除却收入水平和收入分配以外的其他因素。需要强调的是,对不同的产业来说,收入分配和居民可支配收入的影响的性质和大小可能是不同的,进而导致各产业的增加值在 GDP 所占的份额发生不同的变化。比如,随着居民收入水平的提高,虽然会引起居民对各产业产品需求的增加,但可能对第一产业产品需求的增加比不上第二、三产业需求的增加,也就是说,从居民消费份额来说,居民对第一产业的份额反而会下降,第二、三产业的份额可能会上升,并引起企业在不同产业的投资份额发生变化。显然,这种变化的性质和大小则需要借助于计量分析加以确定。

第四节 中间生产和最终需求对产业结构变迁影响的实证分析

理论上,如果能获得各期所有产业的中间生产系数,最终需求的各产业分布系数,那么,根据式(8.2.6)、式(8.2.7)和式(8.2.8)就可以分析中间生产和最终需求对产业结构变迁的影响程度并加以比较。基于数据的可得性和统一性,这里利用《中国统计年鉴》给出的 1995 年、1997 年、2000 年、2002 年和2005 年投入产出基本流量表①,可实证研究我国的中间生产和最终需求对产业结构变迁的影响程度。

一、产业结构界定及其数据描述
(一)产业结构界定

这里以第一、二、三产业在 GDP 的比重衡量我国的产业结构,对三大产业的划分则按照《中国统计年鉴》(2008 年)给出的 2005 年投入产出基本流量表,将其中的农业归入第一产业,将采掘业、食品制造业、纺织缝纫及皮革产品制造业、电力及蒸汽热水生产和供应业、煤焦煤气煤制品及石油加工业、化学工业、建筑材料及其他非金属矿物制品业、金属产品制造业、机械设备制造业、建筑业归入第二产业,将运输邮电业、商业服务业、公用事业及居民服务业、金融保险业、其他服务业归入第三产业。

---

① 《中国统计年鉴》只给出了 1992 年、1995 年、1997 年、2000 年、2002 年和 2005 年的投入产出基本流量表,是间断性的年份数据,为此,图 8-1 的三大产业份额数据采用了《中国统计年鉴》(2009 年)所给出的国内生产总值构成数据。而按照《中国统计年鉴》(2009 年)的主要统计指标解释,第一产业是指农业、林业、畜牧业、渔业和农林牧渔服务业,第二产业是指采矿业、制造业,第三产业是指除第一、二产业以外的其他行业,显然与这里依照投入产出基本流量表所给出的产业划分存在着一些差别。但考虑到图 8-1 主要是一种数据描述,不会影响这里的定量分析。

(二)数据描述

表 8 - 1① 给出了 1995 年、1997 年、2000 年、2002 年和 2005 年各产业的产业内中间生产系数 a_t^{ii}、ij 产业的产业间中间生产系数 a_t^{ij}($j \neq i$)、ji 产业的产业间中间生产系数 a_t^{ji}($j \neq i$)、产业内中间生产结构系数 α_t^{ii}、ij 产业的产业间中间生产结构系数 α_t^{ij}($j \neq i$)、ji 产业的产业间中间生产结构系数 α_t^{ji}($j \neq i$)、产业份额 $share_t^i$ 和最终供给系数 d_t^i。

从表 8 - 1 可以看出:(1)在 1995 年、1997 年、2000 年、2002 年和 2005 年五个年份的任一年份中,均存在第二产业份额最高、第三产业份额次之、第一产业份额最低的特点,而且第一产业份额随着时间的推移,其值呈持续下降态势;(2)在五个年份的任一年份,均存在最终需求的第二产业分布系数最高、最终需求的第三产业分布系数次之、最终需求的第一产业分布系数最低的特点,结合命题 5 和命题 6,这可能是第二产业份额最高、第三产业份额次之、第一产业份额最低的一个重要原因;(3)在五个年份的任一年份,均存在第二产业的产业内中间生产系数最高、第三产业产业内中间生产系数次之、第一产业产业内中间生产系数最低的特点,结合命题 2,这可能是第二产业份额最高、第三产业份额次之、第一产业份额最低的另一个重要原因。

表 8 - 1　三大产业的中间生产系数、中间生产结构系数、
产业份额和最终需求的产业分布系数

年份 (1)	产业类别 (2)	各产业的中间生产系数			各产业的中间生产结构系数			产业份额 (9)	最终需求的产业分布系数 (10)
		I1 (3)	I2 (4)	I3 (5)	I1 (6)	I2 (7)	I3 (8)		
1995 年	I1	0.1723	0.3493	0.0225	1.8153	0.7660	0.0493	0.2045	0.1560
	I2	0.0334	0.5406	0.0768	0.0956	1.3153	0.2198	0.5088	0.6192
	I3	0.0376	0.3578	0.1723	0.0870	0.8277	1.9148	0.2867	0.2248

---

① 由于 1990 年、1992 年的投入产出表给出的行业种类和数目与后续年份相比比较粗略,并且最终使用数据也不完全,不便于比较分析,这里有纳入 1990 年和 1992 年两个年份。

续表

年份 （1）	产业 类别 （2）	各产业的中间 生产系数			各产业的中间 生产结构系数			产业 份额 （9）	最终需 求的产 业分布 系数 （10）
		I1 （3）	I2 （4）	I3 （5）	I1 （6）	I2 （7）	I3 （8）		
1997 年	I1	0.1606	0.3524	0.0304	1.8387	0.7720	0.0667	0.1947	0.1488
	I2	0.0351	0.5400	0.0925	0.1057	1.3839	0.2783	0.5232	0.5828
	I3	0.0309	0.3004	0.1899	0.0645	0.6273	1.6917	0.2820	0.2684
2000 年	I1	0.1526	0.3327	0.0434	1.7981	0.7060	0.0922	0.1656	0.1350
	I2	0.0316	0.5662	0.0961	0.1034	1.4172	0.3138	0.5247	0.5746
	I3	0.0283	0.3078	0.2025	0.0613	0.6671	1.7284	0.3097	0.2905
2002 年	I1	0.1622	0.3558	0.0537	1.9560	0.8307	0.1253	0.1365	0.1004
	I2	0.0265	0.5280	0.1239	0.0823	1.4676	0.3853	0.4522	0.5039
	I3	0.0241	0.2630	0.2017	0.0471	0.5144	1.5615	0.4114	0.3956
2005 年	I1	0.1568	0.4710	0.0638	2.7342	1.5272	0.2070	0.1239	0.0652
	I2	0.0205	0.5738	0.1202	0.0719	1.4927	0.4209	0.4857	0.5522
	I3	0.0184	0.2988	0.2027	0.0384	0.6225	1.6609	0.3904	0.3826

注：(1)I1、I2、I3 分别代表第一、二、三产业；(2)就第(3)、(4)、(5)列数据来说，当行中的产业类别与列中的产业类别相同时，其交叉处数据即为产业内中间生产系数，当行中的产业类别与列中的产业类别不同时，其交叉处数据则为产业间中间生产系数，且行中的产业为供给方，列中的产业为需求方；(3)就第(6)、(7)、(8)列数据来说，当行中的产业类别与列中的产业类别相同时，其交叉处数据即为本产业中间生产结构系数，当行中的产业类别与列中的产业类别不同时，其交叉处数据则为产业间中间生产系数，且行中的产业为供给方，列中的产业为需求方。数据来源：作者根据 1998 年、2000 年、2002 年、2005 年、2008 年的《中国统计年鉴》给出的 1995 年、1997 年、2000 年、2002 年和 2005 年的投入产出基本流量表计算得到。

二、中间生产和最终需求对产业结构变迁的影响程度

利用表 8－1 的数据并根据式(8.2.6)、式(8.2.7)和式(8.2.8)，可计算三大产业份额变化的本产业中间生产结构影响、产业间中间生产结构影响、最终需求的本产业分布系数影响和最终需求的它产业分布系数影响。表 8－2 给出了 1995—1997 年、1997—2000 年、2000—2002 年、2002—2005 年四个时期的计算结果。

观察表 8－2 可以发现，就第一产业来说，(1)第一产业份额(第 1 行第 3 列、第 4 行第 3 列、第 7 行第 3 列和第 10 行第 3 列)在以上四个时期均是下降的，并且这一下降过程是与第一产业的最终需求的本产业分布系数影响(第 1

行第 7 列、第 4 行第 7 列、第 7 行第 7 列和第 10 行第 7 列)为负相伴随的,与第三产业对第一产业的产业间中间生产结构影响为正(第 1 行第 6 列、第 4 行第 6 列、第 7 行第 6 列和第 10 行第 6 列)相伴随的;(2)除 1997—2000 年这一时期第一产业的本产业中间生产结构影响(第 4 行第 4 列)为负外,其余各期为正,除 1995—1997 年第二产业对第一产业的产业间中间生产结构影响(第 4 行第 5 列)为负外,其余各期为正;(3)除 2002—2005 年这一时期最终需求的第二产业分布系数对第一产业份额的影响(第 10 行第 8 列)为正外,其余各期为负,除 2002—2005 年这一时期最终需求的第三产业分布系数对第一产业份额的影响(第 10 行第 9 列)为负外,其余各期为正。

表 8-2 三大产业中间生产和最终需求对产业结构变迁影响的分解

相比较年份 (1)	产业类别 (2)	产业份额变化值 (3)	产业中间生产结构影响			最终需求的产业分布系数影响		
			I1 (4)	I2 (5)	I3 (6)	I1 (7)	I2 (8)	I3 (9)
t0 = 1995 年 t1 = 1997 年	I1(1)	−0.0098	0.0037	0.0063	−0.0051	−0.0132	−0.0038	0.0028
	I2(2)	0.0144	0.0009	0.0425	−0.0450	−0.0056	−0.0504	0.0274
	I3(3)	−0.0047	0.0027	0.0362	−0.0502	−0.0005	−0.0101	0.0738
t0 = 1997 年 t1 = 2000 年	I1(4)	−0.0291	−0.0060	−0.0013	−0.0009	−0.0248	−0.0009	0.0014
	I2(5)	0.0015	−0.0098	0.0193	0.0107	−0.0097	−0.0119	0.0148
	I3(6)	0.0276	0.0038	0.0206	0.0098	−0.0013	−0.0026	0.0384
t0 = 2000 年 t1 = 2002 年	I1(7)	−0.0291	0.0213	−0.0121	−0.0041	−0.0677	−0.0058	0.0050
	I2(8)	−0.0725	0.0168	0.0290	−0.0444	−0.0287	−0.1038	0.0541
	I3(9)	0.1016	0.0045	0.0411	−0.0485	−0.0043	−0.0272	0.1641
t0 = 2002 年 t1 = 2005 年	I1(10)	−0.0126	0.0782	−0.0052	−0.0034	−0.0965	0.0035	−0.0005
	I2(11)	0.0335	0.0700	0.0127	0.0428	−0.0539	0.0718	−0.0080
	I3(12)	−0.0210	0.0082	0.0179	0.0393	−0.0073	0.0202	−0.0213

注:(1)t0 代表期初年份,t1 代表期末年份;(2)I1、I2、I3 的含义同表 8-1;(3)就第(4)、(5)、(6)列数据来说,当行中的产业类别与列中的产业类别相同时,其交叉处数据即为本产业中间生产结构影响,当行中的产业类别与列中的产业类别不同时,其交叉处数据则为产业间中间生产结构影响,且行中的产业为受到影响方,列中的产业为施加影响方;(4)就第(7)、(8)、(9)列数据来说,当行中的产业类别与列中的产业类别相同时,其交叉处数据即为最终需求的本产业分布系数影响,当行中的产业类别与列中的产业类别不同时,其交叉处数据则为最终需求的它产业分布系数影响,且行中的产业为受影响方,列中的产业为影响方;(5)列数据存在以下关系:对第一产业来说,(3)= (4)−(5)−(6)+(7)−(8)−(9),对第二产业来说,(3)=(5)−(4)−(6)−(7)+(8)−(9),对第三产业来说,(3)=(6)−(4)−(5)−(7)−(8)+(9),数据误差是由计算误差引起的。数据来源:作者根据表 8-1 数据,运用式(6)、式(7)和式(8)得到。

　　就第二产业来说,(1)第二产业份额(第2行第3列、第5行第3列、第8行第3列和第11行第3列)除2000—2002年(第8行第3列)这一时期是下降外,其余各期均为上升,在这一波动过程中,第二产业的本产业中间生产结构影响均为正(第2行第5列、第5行第5列、第8行第5列和第11行第5列),最终需求的第一产业分布系数对第二产业份额的影响(第2行第7列、第5行第7列、第8行第7列和第11行第7列)均为正;(2)除1997—2000年这一时期第一产业对第二产业的产业间中间生产结构影响(第5行第4列)为负外,其余各期的影响为正,第三产业对第二产业的产业间中间生产结构影响在1995—1997年和2000—2002年两个时期(第2行第6列和第8行第6列)为负,在1997—2000年和2002—2005年两个时期(第5行第6列和第11行第6列)的影响则为正;(3)第二产业份额的最终需求的本产业分布系数影响,除2002—2005年这一时期(第11行第8列)为正外,其余各期为负,最终需求的第三产业分布系数对第二产业份额的影响,除2002—2005年这一时期(第11行第9列)为负外,其余各期为正。

　　就第三产业来说,(1)第三产业份额(第3行第3列、第6行第3列、第9行第3列和第12行第3列)在1995—1997年和2002—2005年两个时期下降,在1997—2000年和2000—2002年两个时期上升,且2000—2002年的上升幅度比较大,在这一波动过程中,第一产业和第二产业对第三产业的产业间中间生产结构影响均为正(第4列、第5列),最终需求的第一产业分布系数对第三产业份额的影响(第7列)均为负;(2)第三产业的本产业中间生产结构影响,在1995—1997年和2000—2002年两个时期(第3行第6列和第9行第6列)为负,在1997—2000年和2002—2005年两个时期(第6行第6列和第12行第6列)为正;(3)最终需求的第二产业分布系数对第三产业份额的影响,除2002—2005年这一时期(第12行第8列)为正外,其余各期为负,除2002—2005年这一时期第三产业的最终需求的本产业分布系数影响(第12行第9列)为负外,其余各期为正。

表8－3　三大产业中间生产和最终需求对产业结构变迁影响的贡献率

相比较年份 (1)	产业类别 (2)	产业中间生产结构影响贡献率				最终需求的产业分布系数影响贡献率			
		I1 (3)	I2 (4)	I3 (5)	合计 (6)	I1 (7)	I2 (8)	I3 (9)	合计 (10)
t0＝1995年 t1＝1997年	I1	0.3814	−0.6495	0.5258	0.2577	−1.3608	0.3918	−0.2887	−1.2577
	I2	−0.0625	2.9514	3.1250	6.0139	0.3889	−3.5000	−1.9028	−5.0139
	I3	−0.5745	−7.7021	−10.6809	−18.9574	0.1064	2.1489	15.7021	17.9574
t0＝1997年 t1＝2000年	I1	−0.2062	0.0447	0.0309	−0.1306	−0.8522	0.0309	−0.0481	−0.8694
	I2	7.0000	13.7857	−7.6429	13.1429	6.9286	−8.5000	−10.5714	−12.1429
	I3	−0.1372	−0.7437	0.3538	−0.5271	0.0469	0.0939	1.3863	1.5271
t0＝2000年 t1＝2002年	I1	0.7245	0.4116	0.1395	1.2755	−2.3027	0.1973	−0.1701	−2.2755
	I2	−0.2314	0.3994	0.6116	0.7796	0.3953	−1.4298	−0.7452	−1.7796
	I3	−0.0443	−0.4049	−0.4778	−0.9271	0.0424	0.2680	1.6167	1.9271
t0＝2002年 t1＝2005年	I1	6.1575	0.4094	0.2677	6.8346	−7.5984	−0.2756	0.0394	−7.8346
	I2	−2.0833	0.3780	−1.2738	−2.9792	1.6042	2.1369	0.2381	3.9792
	I3	−0.3905	−0.8524	1.8714	0.6286	0.3476	−0.9619	−1.0143	−1.6286

注:(1)t0、t1含义同表2;(2)I1、I2、I3的含义同表8－1;(3)就第(3)、(4)、(5)列数据来说,当行中的产业类别与列中的产业类别相同时,其交叉处数据即为产业内中间生产结构影响贡献率,当行中的产业类别与列中的产业类别不同时,其交叉处数据则为产业间中间生产结构影响贡献率,且行中的产业为受到影响方,列中的产业为施加影响方;(4)就第(7)、(8)、(9)列数据来说,当行中的产业类别与列中的产业类别相同时,其交叉处数据即为最终需求的本产业分布系数影响贡献率,当行中的产业类别与列中的产业类别不同时,其交叉处数据则为最终需求的它产业分布系数影响贡献率,且行中的产业为受到影响方,列中的产业为施加影响方;(5)列数据存在以下关系:(6)＝(3)＋(4)＋(5),(10)＝(7)＋(8)＋(9)。数据来源:作者根据表8－2数据计算得到。

利用表8－2的数据,可计算三大产业份额变化的本产业中间生产结构影响、产业间中间生产结构影响、最终需求的本产业分布系数影响和最终需求的它产业分布系数影响的贡献率。表8－3给出了1995—1997年、1997—2000年、2000—2002年、2002—2005年四个时期的计算结果。

观察表8－3可以看出,其一,产业中间生产结构对第一产业份额下降的贡献率,在1995—1997年、1997—2000年、2000—2002年、2002—2005年四个时期(第6列)分别为0.2577、−0.1306、1.2755、6.8346,最终需求各产业分布系数对第一产业份额下降的贡献率(第10列)分别为−1.2577、−0.8694、−2.2755、−7.8346,显然,后者的影响(持续为负)远大于前者,因此可以认为,第一产业份额的下降主要是由最终需求各产业分布系数的影响引起的,即是说,第一产业份额的下降主要是由经济社会对三大产业的最终需求比例发生变化引起的,而其中最终需求的第一产业内分布系数影响(持续为负)为最大(第7列)。

其二,1995—1997 年、1997—2000 年的第二产业份额上升主要是由于产业中间生产结构的正影响(其值分别为 6.0139 和 13.1429)大于最终需求的各产业分布系数的负影响(其值分别为 -5.0139 和 -12.1429)引起的,而2000—2002 年的第二产业份额的下降主要是由于最终需求各产业分布系数的负影响(其值为 -1.7796)大于产业中间生产结构的正影响(其值为 0.7796)引起的,2002—2005 年的第二产业份额的上升主要是由于最终需求的各产业分布系数的正影响(其值为 3.9792)大于产业中间生产结构的负影响(其值为 -2.9792)引起的。综合起来,可以认为 2000 年前引起第二产业份额变化的第一位因素是产业中间生产结构,2000 年后的第一位因素则为最终需求的各产业分布系数,即经济社会对三大产业的最终需求比例发生变化引起的。

其三,1995—1997 年的第三产业份额下降主要是由于产业中间生产结构的负影响(其值为 -18.9574)大于最终需求的各产业分布系数的正影响(其值为 17.9574)引起的,1997—2000 年、2000—2002 年两个时期的第三产业份额上升主要是由于最终需求的各产业分布系数的正影响(其值分别为 1.5271 和 1.9271)大于产业中间生产结构的负影响(其值为 -0.5271 和 -0.9271)引起的,而 2002—2005 年的第三产业份额下降主要是由于最终需求的各产业分布系数的负影响(其值为 -1.6286)大于产业中间生产结构的正影响(其值为 0.6286)引起的。综合起来,可以认为第三产业份额变化的第一位因素从 1997 年开始已由产业中间生产结构转移到最终需求的各产业分布系数,即经济社会对三大产业的最终需求比例发生变化引起的。

三、各产业的最终需求的产业分布系数结构分析

考虑到近年来我国产业结构变迁越来越由经济社会对最终需求的各产业分布系数来主导。这里有必要从最终需求的各产业分布系数结构,即居民消费的各产业分布系数、政府消费的各产业分布系数、投资需求的各产业分布系

数、出口需求的各产业分布系数和进口需求的各产业分布系数,以及净出口需求的各产业分布系数来进行更为详细的探究。

(一)数据描述

表8-4给出了1995年、1997年、2000年、2002年和2005年居民消费、政府消费、投资需求、出口需求、进口需求和净出口需求的各产业的分布系数。①

表8-4　居民消费、政府消费、投资需求、出口需求、
进口需求和净出口需求的各产业分布系数

年份	产业类别	居民消费分布系数	政府消费分布系数	投资需求分布系数	出口需求分布系数	进口需求分布系数	净出口需求分布系数
1995年	I1	0.1296	0.0000	0.0292	—	—	-0.0028
	I2	0.2559	0.0000	0.3545	—	—	0.0089
	I3	0.0912	0.1125	0.0180	—	—	0.0030
1997年	I1	0.1369	0.0000	0.0118	0.0054	0.0053	0.0001
	I2	0.2200	0.0000	0.3404	0.1775	0.1552	0.0223
	I3	0.1158	0.1152	0.0099	0.0357	0.0081	0.0275
2000年	I1	0.1186	0.0000	0.0159	0.0063	0.0059	0.0005
	I2	0.2294	0.0000	0.3329	0.2086	0.1964	0.0122
	I3	0.1324	0.1268	0.0059	0.0362	0.0108	0.0254
2002年	I1	0.0859	0.0013	0.0149	0.0039	0.0056	-0.0017
	I2	0.1554	0.0000	0.3523	0.1961	0.1999	-0.0038
	I3	0.1901	0.1556	0.0116	0.0539	0.0156	0.0383
2005年	I1	0.0560	0.0015	0.0137	0.0032	0.0092	-0.0060
	I2	0.1482	0.0000	0.3839	0.3071	0.2869	0.0202
	I3	0.1782	0.1413	0.0284	0.0574	0.0227	0.0347

注:I1、I2、I3的含义同表8-1。数据来源:作者根据1996年、1998年、2000年、2002年、2005年、2008年的《中国统计年鉴》给出的1992年、1995年、1997年、2000年、2002年和2005年的投入产出基本流量表计算得到。

从表8-4可以看出:(1)就1995年、1997年、2000年、2002年和2005年

① 由于1995年的最终使用数据只有净出口需求而没有细分的出口需求数据和进口需求数据,所以表8-4只给出了1995年的净出口需求的各产业分布系数。

五个年份居民消费的各产业分布系数来说,存在明显的产业变迁规律,由第二产业比例最高、第一产业比例次之、第三产业份额最低变化到第二产业比例最高、第三产业比例次之、第一产业份额最低,再变化到第三产业比例最高、第二产业比例次之、第一产业份额最低;(2)就五个年份的政府消费的各产业分布系数来说,均存在第三产业最高、第一产业次之、第二产业最低的特点;(3)就投资需求的各产业分布系数来说,在 1995 年、1997 年、2000 年、2002 年四个年份,均存在第二产业最高、第一产业次之、第三产业最低的特点,在 2005 年第三产业取代了第一产业的位次上升到次位;(4)就净出口需求的各产业分布系数来说,在 1995 年、1997 年、2000 年、2002 年和 2005 年均存在第三产业最高、第二产业次之、第一产业最低的特点,其中 2002 年第一、二产业的净出口供给系数为负值;(5)就出口需求的各产业分布系数来说,在 1997 年、2000 年、2002 年和 2005 年均存在第二产业最高、第三产业次之、第一产业最低的特点;(6)就进口需求的各产业分布系数来说,在 1997 年、2000 年、2002 年和 2005 年均存在第二产业最高、第三产业次之、第一产业最低的特点;(7)就各个年份的横向比较来看,在第一产业一直存在居民消费的分布系数最高、投资需求的分布系数次之的特点,在第二产业一直存在投资需求的分布系数最高、1997 年和 2000 年居民消费的分布系数次之,以及 2002 年和 2005 年出口需求分布系数次之的特点,第三产业大体上存在居民消费的分布系数最高、政府消费的分布系数次之、净出口需求的分布系数第三、投资需求的分布系数最低的特点。综上可以进一步认为第一产业份额的下降可能是由于居民消费的第一产业分布系数下降引起的,而第二产业份额的居高不下可能是由于投资需求的第二产业分布系数居高不下引起的,第三产业份额的波动则可能是由于居民消费的第三产业分布系数的波动引起的。

(二)最终需求的各产业分布系数的影响的分解及各分项的贡献率

通过计算居民消费的各产业分布系数、政府消费的各产业分布系数、投资需求的各产业分布系数、出口需求的各产业分布系数和进口需求的各产业分布系数,以及净出口需求的各产业分布系数等各分项的影响来可证实上述推测。表 8 - 5 给出了 1995—1997 年、1997—2000 年、2000—2002 年、2002—

2005 年四个时期的计算结果①。

观察表 8－5 可以发现，其一，在 1995—1997 年这一时期，引起最终需求的第一产业分布系数下降的主要原因是投资需求的第一产业分布系数下降，其作用远大于居民消费的第一产业分布系数的上升和净出口需求的第一产业分布系数上升的反向作用，在 1997—2000 年、2000—2002 年、2002—2005 年三个时期，引起最终需求的第一产业分布系数下降的主要原因是居民消费的第一产业分布系数下降的，而 2000 年以后净出口需求的第一产业分布系数下降作为第二位因素进一步加剧了最终需求的第一产业分布系数下降；其二，在 1995—1997 年这一时期，引起最终需求的第二产业分布系数下降的主要原因是居民消费的第二产业分布系数下降和投资需求的第二产业分布系数下降，在 1997—2000 年这一时期，引起最终需求的第二产业分布系数下降的主要原因是净出口需求的第二产业分布系数下降（进口需求的第二产业分布系数负影响大于出口需求的第二产业分布系数正影响）和投资需求的第二产业分布系数下降，其作用大于居民消费的第二产业分布系数上升的反向作用，在 2000—2002 年这一时期，引起最终需求的第二产业分布系数下降的主要原因是居民消费的第二产业分布系数和净出口需求的第二产业分布系数的下降，其作用大于投资需求的第二产业分布系数上升的反向作用，在 2002—2005 年这一时期，引起最终需求的第二产业分布系数上升的主要原因是投资需求的第二产业分布系数和净出口需求的第二产业分布系数的上升，两者的共同作用大于居民消费的第二产业分布系数下降的反向作用；其三，在 1995—1997 年、1997—2000 年、2000—2002 年、2002—2005 年四个时期，引起最终需求的第三产业分布系数变化的主要原因是居民消费的第三产业分布系数变化（第一位）和政府消费的第三产业分布系数变化（第二位）。稍有不同的是，在 1995—1997 年这一时期，引起最终需求的第

———————————

① 由于 1995 年的最终使用数据只有净出口需求而没有细分的出口需求数据和进口需求数据，所以表 8－5 中的 1995—1997 年这一时期只给出了净出口需求的各产业分布系数变化值及其贡献率。

三产业分布系数的上升的第二位因素是净出口需求的第三产业分布系数的上升,在2002—2005年这一时期,引起最终需求的第三产业分布系数下降的原因是,居民消费的第三产业分布系数(第二位因素)和政府消费的第三产业分布系数(第三位因素)的共同下降的作用大于投资需求的第三产业分布系数(第一位因素)上升的反向作用。

表8-5　最终需求的各产业分布系数影响的分解及各分项的贡献率

相比较年份	产业类别	最终需求的分布系数变化值	居民消费分布系数影响	政府消费分布系数影响	投资需求分布系数影响	出口需求分布系数影响	进口需求分布系数影响	净出口分布系数影响
t0=1995年 t1=1997年	I1	-0.0072 (-1.0000)	0.0073 (1.0139)	0 (0.0000)	-0.0174 (-2.4167)	—	—	0.0029 (0.4028)
	I2	-0.0364 (-1.0000)	-0.0359 (-0.9863)	0 (0.0000)	-0.0141 (-0.3874)	—	—	0.0134 (0.3681)
	I3	0.0436 (1.0000)	0.0246 (0.5642)	0.0027 (0.0619)	-0.0081 (-0.1858)	—	—	0.0245 (0.5619)
t0=1997年 t1=2000年	I1	-0.0138 (-1.0000)	-0.0183 (-1.3261)	0 (0.0000)	0.0041 (0.2971)	0.0009 (0.0652)	0.0006 (-0.0435)	0.0004 (0.0290)
	I2	-0.0082 (-1.0000)	0.0094 (1.1463)	0 (0.0000)	-0.0075 (-0.9146)	0.0311 (3.7927)	0.0412 (-5.0244)	-0.0101 (-1.2317)
	I3	0.0221 (1.0000)	0.0166 (0.7511)	0.0116 (0.5249)	-0.004 (-0.1810)	0.0005 (0.0226)	0.0027 (-0.1222)	-0.0021 (-0.0950)
t0=2000年 t1=2002年	I1	-0.0346 (-1.0000)	-0.0327 (-0.9451)	0.0013 (0.0376)	-0.001 (-0.0289)	-0.0024 (-0.0694)	-0.0003 (0.0087)	-0.0022 (-0.0636)
	I2	-0.0707 (-1.0000)	-0.074 (-1.0467)	0 (0.0000)	0.0194 (0.2744)	-0.0125 (-0.1768)	0.0035 (-0.0495)	-0.016 (-0.2263)
	I3	0.1051 (1.0000)	0.0577 (0.5490)	0.0288 (0.2740)	0.0057 (0.0542)	0.0177 (0.1684)	0.0048 (-0.0457)	0.0129 (0.1227)
t0=2002年 t1=2005年	I1	-0.0352 (-1.0000)	-0.0299 (-0.8494)	0.0002 (0.0057)	-0.0012 (-0.0341)	-0.0007 (-0.0199)	0.0036 (-0.1023)	-0.0043 (-0.1222)
	I2	0.0483 (1.0000)	-0.0072 (-0.1491)	0 (0.0000)	0.0316 (0.6542)	0.111 (2.2981)	0.087 (-1.8012)	0.024 (0.4969)
	I3	-0.013 (-1.0000)	-0.0119 (-0.9154)	-0.0143 (-1.1000)	0.0168 (1.2923)	0.0035 (0.2692)	0.0071 (-0.5462)	-0.0036 (-0.2769)

注:I1、I2、I3的含义同表8-1。数据来源:作者根据表8-4和式(9)、式(10)计算得到。

第五节　总　结

理论研究表明,各产业份额的变化即产业结构变迁,可以用产业中间生产结构变化和最终需求的产业分布结构变化来解释,具体来说,本产业中间生产结构系数变化和最终需求的本产业分布系数变化会引起产业份额的同方向变化,而产业间中间生产结构系数变化和最终需求的它产业分布系数的变化会引起产业份额的反方向变化。

实证研究表明,近年来,我国产业结构变迁所呈现的特点是,第一产业份额持续下降、第二产业份额在波动中的小幅下降和第三产业份额在波动中的大幅上升。其中,第一产业份额持续下降的主要原因是最终需求的产业分布结构负影响大于产业中间生产结构的正影响。2000 年及其以前的两个时期,产业中间生产结构的变化对第二产业份额变化的影响大于最终需求的产业分布结构变化所引起的影响,2000 年以后的两个时期则为后者大于前者。1995—1997 年,产业中间生产结构的变化对第三产业份额变化的影响大于最终需求的产业分布结构变化所引起的影响,1997 年后的三个时期则为后者大于前者。近年来最终需求的产业分布结构变化主要表现为经济社会对第一产业的最终需求比例下降、对第二产业的最终需求比例和第三产业的最终需求比例上升。其中,引起经济社会对第一产业的最终需求比例下降主要原因是居民消费的第一产业分布系数下降,引起经济社会对第二产业的最终需求比例发生变化的前两位因素是投资需求和净出口需求的第二产业分布系数,引起经济社会对第三产业的最终需求比例发生变化的前两位因素是居民消费和政府消费的第三产业分布系数。

由此可以发现,中间生产和最终需求在我国产业结构变迁中的作用,以及最终需求中的居民消费需求、投资需求、政府消费和净出口需求各分类需求在产业结构变迁中的作用,以 2000 年前后为界,具有明显的此消彼长的阶段性特点。应该说,这是与我国经济事实相吻合的。1996 年我国经济成功实现了"软着陆"后,商品市场由卖方市场向买方市场转变,经济明显表现出买方市场特征,大部分商品和服务的供给相对过剩,内需不足成为影响我国经济增长的重要因素。在这种情形下,基于市场规模和效率的专业化分工、迂回生产即中间生产在推动产业结构变迁的作用就会受到抑制,致使产业结构变迁开始越来越依赖于最终需求,这是一方面。

另一方面,在最终需求的各分类需求中,根据恩格尔定律,居民食品类消费会随着居民的收入水平提高而下降,从而可以解释以食品类生产为主的第一产业居民消费分布系数下降。与此相对应,随着经济发展,人民生活水平的提高,居民消费结构也将由消费工业消费品为主转变为以第三产业为中心的住房、医疗、教育、金融、保险、旅游等服务类商品消费为主,这一居民服务性消费需求的较快增长,会拉动第三产业,并导致其在 GDP 中的份额提高。也就是说,居民消费需求将成为拉动第三产业的首要因素。而且,当第三产业发展进入后期,即主要依靠人力资本和知识的贡献来提高增加值时,投资需求较低的现代服务业在第三产业中的比重会明显上升,从而导致投资需求在第三产业的贡献将会逐步降低。与此相反,由于买方市场主要存在于第二产业生产的消费工业品市场,致使第二产业的居民消费需求饱和,迫使未能完成转型升级的第二产业中的企业和行业转向出口需求。即是说,净出口需求将成为拉动第二产业的一大主力因素。此外,消费结构进一步提升客观上又要求第二产业与第三产业同步发展,即要求工业和为之服务的基础设施行业投资快速增长,这意味着投资需求也将是拉动第二产业的另一大主力因素。在基本实现工业化之前,这种投资需求可能将一直维持。

根据以上结论,从政策的角度来说,促使产业结构优化可以从调整最终需求的产业分布结构即最终需求的各产业分布系数入手,其中刺激居民扩大第三产业的消费和扩大政府在民生工程的服务支出可能会改变第三产业比重徘徊不前的停滞局面,而减少第二产业的投资投入和优化第二产业的出口供给结构和进口需求结构可能会改变第二产业份额居高不下的状况。

需要指出的是,在 1992—2005 年间,我国经济经历了频繁的随机冲击。例如,在 1997—2000 年间,我国经济遭遇了亚洲金融危机、洪灾等自然灾害的随机冲击,2003 年,我国又遭遇了"非典"疫情的冲击。无疑,这些随机冲击最终都可以归结为供给层面的随机扰动因素和需求层面的随机扰动因素或者两者的混合,从而影响中间生产和最终需求,进而影响产业结构。由于使用的产业结构变迁数据及其影响因素——中间生产和最终需求数据,既包括确定性趋势成分,也包括周期成分,还包括随机趋势成分,如果要考虑各个年份的随机扰动因素对产业结构变迁的影响,则需要分解出其中的确定性趋势分量、周期分量和随机趋势分量,而随机趋势分量则反映了各个年份的随机扰动因素的影响。当然,各个年份的随机扰动因素的影响可能具有时延性和累积性。由于本章的原始数据是非月度数据或季度数据,而且样本量过少且非连续,无法分解出其中的确定性趋势分量、周期分量和随机趋势分量,这也是在采用SDA 分析方法的原因之一。

第九章 中国收入分配与经济发展方式何以都出现问题？

国家和社会之间的协调决定着收入分配和经济发展方式。其作用机制可以通过社会信念层次、组织层次（包括正式组织层次和自组织层次）、操作层次三个层面对企业和家庭的行为方式，即收入分配和经济发展方式的微观基础的影响来描述。就中国而言，政治上的中央集权和经济上的地方财政分权，只影响了经济增长方面的激励机制，并没有涉及收入再分配的激励机制，这两种激励机制不匹配的结果是导致收入分配和经济发展方式同时存在问题的根本原因。

第一节 问题的提出及相关研究综述

中国改革正处于关键时期。合理调节收入分配和加快经济发展方式转变是急需解决的两大问题。一方面，就收入分配而言，如果目前农村和城镇家庭收入差距和各省农村和城镇家庭收入增长速度不平衡的趋势持续下去，收入差距将会急剧扩大，基尼系数将会从 1999 年的 0.437 上升到 2020 年的 0.474。[①] 国际经验表明，收入分配状况恶化会对社会公正提出严重挑战，导致社会冲突增加，并可能影响未来经济增长。[②]

另一方面，改革开放以来，中国经济虽一直保持高速增长[③]，但同时我们

[①]　世界银行：《中国：推动公平的经济增长》，胡鞍钢译，清华大学出版社 2005 年版，第 40 页。

[②]　王小鲁、樊纲：《中国收入差距繁荣走势和影响因素分析》，《经济研究》2005 年第 10 期。

[③]　统计数据显示，在 1979—2008 年间，GDP 年平均增长率约为 9.8%。

也看到,这种高速经济增长主要是过多地投入物质资源的结果,是投资与净出口拉动的结果,是第二产业带动的结果。众所周知,这种发展方式是存在问题的,也是不可持续的。基于此,党的十七大作出了加快经济发展方式转变的战略决策。

　　理论上,从经济发展方式是经济增长方式的广化和深化来说[①],经济发展方式决定着经济增长的实现方式和实现过程,进而决定了经济增长各因素的贡献率[②],也即决定了引起经济增长各要素的报酬分配,即收入的一次分配。对此,20 世纪 80 年代,菲尔茨(Fields)在他的重要著作《贫困,不均等和发展》中区分了三种发展类型及其对收入分配的影响:第一类是现代化部门扩大化的增长类型。[③] 在这种类型中,增长过程中的洛伦兹曲线总是交叉,收入分配在早期阶段可能首先恶化,然后改善;第二类是现代化部门富裕化的增长类型,这种类型的增长会导致相对较不均等的收入分配,洛伦兹曲线会向下移动;第三类是传统部门富裕化的增长类型。就这种类型而言,增长将导致相对较均等的收入分配,洛伦兹曲线将统一地向上移动。

　　费景汉和拉尼斯则分析了二元经济结构在转型过程中增长方式对收入分配的影响,具体解释了中国台湾地区低收入差距和高经济增长并存的原因,认为只要我们能够分析经济在转型式增长过程中的行为,并把该行为与分配结果联系起来,我们就能够接着分析发展中国家的"不平等历史",并得出一些相关的政策结论。[④]

　　当然,收入分配的状况对经济发展方式也存在反馈作用,因为它决定着经

----

　　①　前者注重经济增长与经济结构(包括需求结构、产业结构和投入结构)之间关系的转变,而后者则侧重于改变资源使用方式和提高效率。比如,人们探讨最多的粗放型和集约型经济增长方式,就是根据索洛—斯旺(Solow-Swan)新古典增长模型,以全要素生产率(TFP)的高低作为判断标准划分的。显然,改变资源使用方式和提高效率有赖于投入结构的转变。因此,前者包含后者。而且,前者进一步考虑到了经济增长过程中的经济结构运行和演变的整体性、动态性和阶段性。

　　②　罗伯特·M. 索洛:《经济增长因素分析》,史清琪译,商务印书馆 1991 年版,第 2—3 页。

　　③　Fields, G. S. ,*Poverty, Inequity and development*, Cambridge University Press, 1980, p. 108.

　　④　费景汉、拉尼斯:《增长和发展:演进观点》(中译本),洪银兴,郑江淮等译,商务印书馆 2004 年版,第 385 页。

济社会的需求结构和生产要素结构,进而决定了经济社会的产业结构和投入结构,从而影响着经济发展方式。[①]

因此,可以认为收入分配和经济发展方式存在相互影响是显然的。如果注意到这一点,那么,世界经济发展史所显现的,在类似发展水平上,低收入差距和低经济增长共存、低收入差距和高经济增长共存、高收入差距和低经济增长共存,以及高收入差距和高经济增长共存都存在的现象[②]就可以得到解释。这些例子都只不过是收入分配和经济发展方式相互影响的外在表现形式。

那么,如何解释中国的收入分配和经济发展方式为什么都出现问题的现象呢？ 显然,这需要从中国的经济社会体系去理解。改革开放以来,中国经济社会的最大特点是转型。正是在这一转型过程中,不完善的市场体系和不完善的社会治理体系的相互结合和相互影响才导致了近十多年来,收入差距越来越大,经济发展方式转变难见成效的非和谐发展局面。从国内已有的研究文献来看,大部分关注的是收入分配,或者是经济发展方式等某一方面。而上面提到的文献虽然注意到了收入分配和经济发展方式之间的关系,但并没有分析收入分配和经济发展方式各种可能搭配的经济社会根源,或者说只是对现象进行了总结。

第二节　收入分配和经济发展方式形成及演变的概念性分析框架

经济社会中各种经济社会现象是经济社会中各种行为主体微观行为方式及特征的宏观体现。而经济社会中各种行为主体的微观行为方式及特征的形成和演变过程,则可以从有机结合在一起的三个层次来加以解析。这三个层次是信念层次、组织层次与操作层次。图9-1描述了这种层次结构及作用机制。

---

① 汪同三、蔡跃洲:《改革开放以来对资本积累及投资结构的影响》,《中国社会科学》2006年第1期。

② Acemoglu, D. and Robinson. J, "The Political Economy of Kuznets Curve", *Review of Development Economics*, 2002, Vol. 6, No. 1, pp. 183-203.

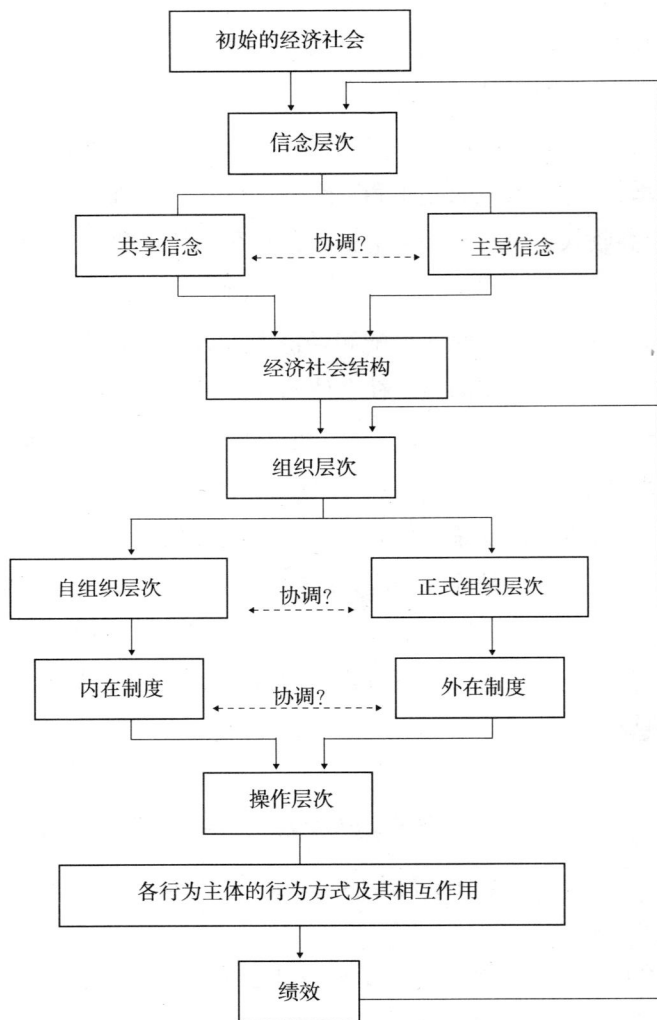

图 9-1　经济社会的层次结构及相互作用机制

图 9-1 中,信念层次反映了经济社会生活的基本思想方面,包括经济社会的自发信念和主导信念两种。自发信念是经济行为主体根据自己对经济社会的感知而形成的,经济社会应该怎样运行的规范模型。各行为主体可能广泛地持有某种信念,从而反映了信念的一致性,或者持有广泛不同的信念,从

而反映了对经济社会感知的基本分歧。虽然如此,在经济社会的自发信念中,会存在一种为人们普遍所认同的信念体系,可以称之为共享信念。而主导信念是那些处在决策位置的政治家和企业家的信念,由国家的权力组织来代表。自发信念和主导信念共同决定了经济社会的结构。比如,政治体制、经济体制、组织层次的组织构成和职能,等等。其中,主导信念在经济社会结构的形成过程中起着决定性作用,主导信念的含义也在于此。显然,经济社会的共享信念和国家的主导信念之间会产生是否协调和一致的问题。

图9-1中的组织层次反映了经济社会运行的组织机制,包括自组织层次和正式组织层次两种形式。自组织层次是经济社会中的各行为主体根据自己对经济社会的感知和经历,顺应已有秩序,在利己心的驱动下,通过与其他行为主体的交互和结合,来使自己的利益得到满意实现的一种适应性和自觉能动性结合的行为方式。正式组织层次由国家的立法、司法和行政组织来代表,具体完成主导信念层次所规定的经济社会职能。同样,自组织层次和正式组织层次也存在协调的问题,而且它们的划分也不是绝对的。无论是自组织还是正式组织都是通过制度来实施各自的行动目标,只不过自组织层次的制度是一种内在制度,而正式组织的制度是一种外在制度。这里的内在制度是指从人们经验演化而来的,能体现过去最有益于人们的各种解决方法,外在制度是指由人们设计的,并由权威机构强制执行的法规和条例。很明显,外在制度和内在制度之间也存在是否协调的问题。

操作层次是社会中的操作单位即经济社会的行为主体,包括企业、家庭、政府官员、党派,以及诸如协会之类的各类社会组织,等等。其行为方式是自组织层次上的内在制度和正式组织层次上的外在制度共同作用的结果。

也就是说,制度被视为各行为主体的联系纽带,因为占主导地位的现有制度无疑界定了行为主体的选择集,即行为方式。比如,企业的生产方式、收入分配方式、家庭的消费方式,等等。而诸多企业和家庭的行为方式的相互作用就产生社会公众所观察到的总体结果即宏观表现。比如,经济发展方式、整个经济社会的收入分配状况、总消费,等等。这些宏观表现如果不能令人满意并出现集体反应,就可能产生信念的变化,进而出现改变信念层次上或组织层次上界定各行为主体的制度选择集的动力。这种经济社会结构和行为主体行为方式之间的相互作用表明了经济社会处于不断演化过程中,而收入分配与经济发展方式只不过是其中的两种外在表现形式,因此,包括国家和地方各级权力机关、国家和地方各级行政机关、党派、各类社会组织、企业和家庭等在内的各种行为主体的交互作用构成了收入分配与经济发展方式形成和演变的微观基础。

第三节　中国收入分配和经济发展同时出现问题的缘由

一、信念层次上的分析

就中国而言,宪法、全国性的一般法律法规、中国共产党各次代表大会的报告和每五年制定一次的国民经济和社会发展五年规划都可以视为全国性的主导信念,地方性法律法规和地方的每五年制定一次的国民经济和社会发展五年规划则代表了地方性的主导信念。当然,地方性的主导信念从属于全国性的主导信念。在全国性的主导信念层次上,宪法及全国性的一般法律法规实际上反映了经济社会生活的基本意识形态。全国性的组织层次由中央政府及其各部门代表,地方性的组织层次由各级地方政府及其各部门代表,他们制定行政法规,具体管理经济社会生活的各个方面。自发层次则由市场来代表。

图9-1表明,社会信念对国家的制度安排及界定政府和社会自发作用空间起着决定性作用。因此,一个国家有着怎样的社会信念是首先需要着力分析的。就改革开放以来的中国而言,这一社会信念就是"一个中心、两个基本点",在执行过程中,则是牢牢把握发展、改革和稳定三位一体的理念。概括地说,就是发展是目的,改革是手段,稳定是前提。虽然如此,但对于什么是发展,在理论上是存在争论的,在实践中也是逐步调整的。从改革开放之初的以经济建设为中心,到党的十六大以科学发展观为指导,全面建设小康社会,实际上就是社会信念层次上的发展理念的演进。

显然,当社会信念层次上的发展理念是以经济建设为中心时,如何实现更快的经济增长就会成为其中最核心的问题,因为就经济增长对社会稳定的影响来说,正像 Adam 所指出的,只有当经济增长、资本积累和生产力提高时,有效的政府管理才能获得财政支持,政府才能在社会群体的冲突中发挥中介作用。如果没有经济增长,生活水平就会停滞甚至下降,从而造成广泛的不满和政治上的抗议和反对。[①] 而且,对中国来说,"国家这么大,这么穷,不努力发展生产,日子怎么过？我们人民的生活如此困难,怎么体现出社会主义的优越性？"[②]因此,发挥社会主义制度的优越性,迅速赶上发达国家,实现国家富强成为党和民众的强烈信念,高速增长成为整个社会内在扩张的动力。党和国家制定的国家长期发展战略、中期计划(五年计划)和短期计划(年度计划)就是这一社会信念的基本反映。

当然,就此说国家只注意经济增长,而不关心收入分配,只能是罔顾事实。"社会主义的目的就是要全国人民共同富裕,不是两极分化。如果我们的政策导致两极分化,我们就失败了;如果产生了什么新的资产阶级,那我们就真是走了邪路了。"[③]当然,对收入分配的关注除了意识形态上的因素外,收入分配对社会稳定的影响也是国家不得不考虑的现实因素。Alesina 和 Perotti 的实证研究表明,严重的收入不平等会导致政治不稳定。[④] 具体来说,日益增长的不平等,会导致更多的社会不满,并通过犯罪、罢工、示威甚至暴力活动表现出来。[⑤] 事实是,"坚持按劳分配为主体、多种分配方式并存的分配制度"成为法定的分配制度,其目的就在于注重社会公平,促进共同富裕。

总括起来,国家在社会信念层次的制度安排兼顾了经济发展方式和收入

[①]　Adam S. , *The Dynamics of Social Economic Development*：*An Introduction*, Cambridge University Press,2005,p. 67.

[②]　《邓小平文选》第三卷,人民出版社 1993 年版,第 10 页。

[③]　《邓小平文选》第三卷,人民出版社 1993 年版,第 110—111 页。

[④]　Alesina A. and Perotti R. , " Income Distribution, Politcal Instablility , and Investment ", *European Economic Review* ,1996 , Vol. 40 , No,4 , pp. 1203 - 1228.

[⑤]　就中国而言,一个社会事实是,1993—2003 年间,因利益冲突而引发的上访、集会、请愿、游行、示威、罢工等群体性事件不断增加,参与人数也由约 73 万人增加到 307 万人。参见汝信:《中国社会形势分析与预测》,社会科学文献出版社 2004 年版,第 38 页。

分配的协调。也就是说,中国收入分配和经济发展方式同时出现问题的原因不在社会信念层次上的国家制度安排这一环节上。当然,这里并不否认,国家在经济建设和收入分配两者的取舍上存在偏重点。

二、组织层次上的分析

与欧美发达市场经济国家不同,中国的政治经济体制有其特定性。这种特定性就体现在现实中的中国的政治体制是政治集权下的地方经济分权体制[1],张军等人称之为中国的分权财政与向上负责的政治体制[2]。这种体制保证了"以经济建设为中心"的发展理念在地方会得到不折不扣的执行,即做对了对地方的激励。[3] 这也就不难理解,各级地方党委和政府均会仿照中央的全国长期发展战略、中期计划(五年计划)和短期计划(年度计划),来制定地方的长期发展战略、中期计划(五年计划)和短期计划(年度计划)并努力实现,而其实现途径就是充分利用地方所掌握的资源。因为就资源而言,水、土地、矿山、森林、草原、湿地、海洋等属于硬资源类型的国土资源,其所有权只有全民所有和集体所有两种形式。这种国土资源的全民所有和集体所有,同国有企业的国有资产一样也存在产权不清晰,进而产生了委托—代理问题。最终的现实是,各级地方政府对国土资源具有事实上的处置权,并且,行政权力越大,其处置权也随之增大。此外,经济上的分权也使地方拥有了许多软资源的处置权。比如,税收优惠、劳动保障、安全生产条件、环保标准,等等。这些地方能处置的硬资源和软资源为地方促进经济增长提供了便利条件。因此,地方利用自己对资源的处置权以低价吸引资本、企业家、技术是一种必然选择,也是一种现实选择。

与此相对照,政府在收入分配方面的作为与其追求经济增长指标则形成了天壤之别,原因何在? 对此,可以运用机制设计理论加以定性分析。机制设

---

① 许成钢:《政治集权下的地方经济分权与中国改革》,《比较》2008 年第 36 辑。
② 张军、高远、傅勇:《中国为什么拥有了良好的基础设施》,《经济研究》2007 年第 3 期。
③ 在中国的地方官员那里,一种被称为"政绩观"的概括非常流行,它反映了地方官员面临的政治激励与推动地方经济增长激励之间的完美兼容性。

计理论认为一个好的经济机制应满足三个要求：它导致了资源的有效配置、有效利用信息及激励兼容。有效资源配置要求资源得到有效利用，有效利用信息要求制度在设计上具有尽可能少的信息成本，激励兼容要求个体理性和集体理性一致。[1]

从信息的角度来说，中央政府很难做对使地方政府能够关注收入分配的激励机制，因为在进行人们收入状况调查时，人们可能会对自己的实际收入进行隐瞒，具有少报瞒报的倾向，这样做一是为了获得更多的公共物品，二是逃避可能的法律问题（比如，合法的隐性收入可能存在避税倾向，不合法的收入可能要受到法律制裁等），从而政府难以得到真实的社会收入分配的真实信息，即存在真实显示偏好问题。[2] 由于中央政府在获取地方的收入分配状况存在巨大的信息成本，致使中央政府难以量化地方政府在收入分配方面的政绩。[3] 也就是说，地方政府不存在改善收入分配的压力。

从激励兼容的角度来看，地方政府也不存在改善收入分配的动力。安德烈·施莱弗和罗伯特·维什尼的"掠夺之手"政府模型认为，政治家们的目标并不是社会福利的最大化，而是追求自己的私利。[4] 而把政府的行为和经济人的行为在本质上都可以视为机会主义的看法，可能更为接近现实。[5] 从政治上的私利来看，不存在改善收入分配的政绩考核指标意味着，对地方政府来说，改善收入分配的政治收益为0，但需要付出成本，而把同样的投资花在经

---

① 田国强：《经济机制理论：信息效率与激励机制设计》，《现代经济学与金融学前沿发展》，商务印书馆2002年版。

② Hurwicz, L., "On Informationally Decentralized Systems", In Radner R. and C. B. Maguire, eds., *Decision and Organization*, North-Holland, 1972.

③ 这一点还可以解释 Haggard（见 Haggard S., *Pathways from: The Politics of Growth in the Newly Industrializing Countries*, Cornell University Press, 1990, p. 234.）的研究发现，即与民主制的政府不同，政治集权的政府往往不存在集团的压力或者再分配的压力。因为在民主制政府中，地方政府在收入分配上的政绩可以通过信息分散化机制来解决，即每一个选民们只需根据自己的收入状况，就可以对政府的政绩投上一票，所有选民的投票情况就反映了对政府政绩的评价，进而决定了它的未来。显然，只对上负责的地方政府则不必考虑所辖居民对自己的评判。

④ 安德烈·施莱弗、罗伯特·维什尼：《掠夺之手——政府病及其治疗》，赵红军译，中信出版社2004年版，第36页。

⑤ 钱颖一：《政府与法治》，《比较》2002年第5辑。

济增长上,其政绩则是明显的。从经济利益考虑,改善收入分配主要有利于低收入阶层,地方官员寻租的机会少,且租金数量也少,而专注于地方经济增长在增加地方财政收入的同时,也大大增加了地方官员的寻租机会和租金数量。这样一来,中国的收入分配就取决于收入的一次分配。而已有分析表明,转型以来中国收入的一次分配结果是收入差距不断扩大。[①]

总之,当面临财政分权和垂直政治集中的双重激励,中国的地方政府被驱动的方向更多地是经济增长而不是收入的再分配。

三、操作层次上的分析

显然,地方政府提供的低价格资源对于生产者来说可以提高自身竞争力,具有经济合理性。同时,技术开发的不确定性、耗时和成本巨大,甚至失败,使得在一定时期内生产者用资源替代技术成为最佳的竞争手段。这样一来,投入结构有问题的企业生产方式就随之出现。由于地方政府的行为具有相似性,致使企业的生产方式也相似,进而导致微观层面上的企业生产方式的加总,即宏观层面的经济发展方式也呈现出投入结构问题。

在收入的一次分配过程中导致的收入差距过大,以及政府缺乏合理调节收入差距的制度安排共同作用下,中国出现一个了低收入阶层过大的倒"丁字型"社会结构。[②] 这种情形意味着,依靠旺盛的消费需求来拉动经济增长会面临巨大困难。因此,要继续保持经济高速增长(无论是社会主义计划经济时期还是社会主义市场经济时期,实现高速增长仍然是党和政府的首要目标)。投资驱动和出口拉动是政府最常使用的主要方法。这样一来,就形成了与需求结构不协调的经济发展方式。自然,从经济中的供给和需求的关系来说,这种不协调的需求结构不可避免地带来供给结构不协调,在宏观层面上就表现为三大产业结构不合理。显然,收入分配的恶化强化了已有的经济发

---

① 世界银行:《中国:推动公平的经济增长》,胡鞍钢译,清华大学出版社 2005 年版,第 11 页。

② 李强:《"丁字型"社会结构与"结构紧张"》,《社会学研究》2005 年第 2 期。

展方式，从而形成了恶性循环，收入分配和经济发展方式都出现问题也就是必然的了。

第四节　总　结

Kuznets 认为，从逻辑的角度来说，在一定的经济社会条件下政府制定的公共政策，既影响经济增长，也同时影响收入分配，合理的态度是对这些历史条件和影响因素进行深入分析。[①]

如果国家的政策是决定经济发展方式与收入分配关系的重要因素之一，而协调的经济发展方式与合理的收入分配都是绝大多数国家所追求的目标，那么，进一步的问题是：是什么因素使国家引导社会走入了现有的经济发展方式，导致了现在的收入分配状况？这需要探究国家和社会之间的协调机制。

在 20 世纪 70 年代以前，发展几乎总是被视为一种经济现象，即发展就是国民生产总值增长，或者个人收入提高、工业化、技术进步、社会现代化等等，这种发展观被阿马蒂亚·森称之为狭隘的发展观[②]。20 世纪 80 年代后期，在经济社会事实面前，人们开始重新审视发展的含义，认为发展必须被视为是一个既包括经济增长、缩小不平等和根除贫困，又包括社会结构、国民观念和国家制度等这些变化的多元过程。[③] 无疑，国家持有怎样的发展观会反映到社会信念层次的制度安排，进而影响到政府作用和社会自发作用空间的划分，最终影响到经济发展方式和收入分配状况。就中国而言，党和政府也意识到现有的经济发展方式和收入分配状况如果持续下去将给中国带来灾难，科学发展观和"以人为本"的理念应运而生。问题是，如果一个内在劣等技术要比一

---

① Kuznets，S. ，" Economic Growth and Income Inequality" ，*American Economic Review* ，1955，Vol，45，No. pp. 1 – 28.

② 阿马蒂亚·森：《以自由看待发展》，任赜、于真译，中国人民大学出版社 2002 年版，第 1 页。

③ 迈克尔·P. 托达罗：《经济发展》（第六版），陶安达译，中国经济出版社 1999 年版，第 106 页。

个内在优等技术领先一步,并且如果存在很强的网络效应,则劣等技术可能在长时期内保持其领先地位,直至随机力量使得优等技术取而代之。① 因此,合理调节收入分配和加快经济发展方式应首先克服这种惰性。这是因为,就制度变迁类型而言,合理调节收入分配和加快经济发展方式转变的政策必须由政府制定和实施,因而属于强制性制度变迁。这种强制性制度安排意味着要在各种经济主体中重新分配财富、收入和权力,从而决定了新的制度安排是一个与抉择有关的政治经济学过程。在这一安排过程中,既得利益集团会联合起来组成一个相对紧密的压力和游说集团,采取集体行动,使新制度偏离原定方向或者使新制度有利于自己,而与最初的设想相去甚远,致使出台的制度一开始就是非适宜性的。

① H.培顿·扬:《个人策略与社会结构——制度的演化理论》,王勇译,上海三联书店、上海人民出版社 2004 年版,第 16 页。

第十章 改善收入分配和加快转变经济发展方式的适宜性制度构建

在马克思看来,按劳分配是经济社会发展到一定阶段的产物,具有内生性。据此,当按劳分配被引入一种不满足其内生条件的经济社会时,就会产生适宜性问题。对此,可以运用机制设计理论加以定性分析。就中国来说,按劳分配在我国的实施,既存在信息成本巨大的问题,也存在激励兼容的问题,因而不能发挥其应有的作用。合理调节我国收入分配的着眼点,应是发展和壮大劳动者组织,增强劳动者在要素收入分配中的谈判地位,政府则注重二次收入分配中的宏观调节。

工业革命以来的经济史表明,国家的适宜性制度安排可以促进经济发展方式转变。反之,则不然。制度安排的非适宜性可分为可预见的和不可预见的,前者是指那些从机制理论角度来看就存在缺陷,从而不可能发挥作用的制度安排,后者是指由于政府本身的有限理性而无法完全考虑到其他互补性制度,致使实施成本巨大甚至发生逆转的制度安排。对于前者,可以经过理论分析事前避免。针对后者,可以以满意实现为目标,借助于试错式学习来构建。

第一节 按劳分配的现实困境及其启示

一、按劳分配的目的及现实困境

改革开放以前,我国从法律上规定了按劳分配的分配制度。但实践表明,按劳分配在实施过程中遇到了很多困难,实际选择的是平均主义分配方式。

平均主义分配方式不仅对社会公平产生了明显的负面影响,而且还严重阻碍了人们生产积极性的提高,进而导致整个经济效率低下。

改革开放以来,随着经济社会的转型,我国的法定分配制度也不断地进行改革。在确立了"以公有制为主体、多种所有制经济共同发展"的基本经济制度和市场经济取向的经济体制改革目标后,"坚持和完善按劳分配为主体、多种分配方式并存的分配制度"成为法定的分配制度,其目的就在于注重社会公平,促进共同富裕。这是因为,在正常情形下,每个劳动者的劳动生产率与其工作能力有关,而后者又与各个劳动者的智力水平有关。很明显,就整个社会来说,人们的智力水平分布当然呈现正态分布。因此,由按劳分配决定的收入分布也自然呈正态分布,也即常说的稳定和谐的橄榄型收入分配结构。

问题是,近年来我国的地区之间、城乡之间、居民之间的收入差距在迅速扩大,一部分居民生活水平下降,贫富悬殊的问题越来越严重。由此可以认为,改革开放前后,按劳分配作为我国分配制度中的主体制度,并未在形成合理的收入分配方面起到应有的作用。

理想与现实的反差,是值得加以思考和分析的,其中有两点值得审视:其一,如果旨在合理调节收入分配的按劳分配作为一种制度安排没有产生预期效果的话,那么,就需要考虑按劳分配是否是可实施的,是否是与参与人的动机兼容的,即是否是一种适宜性制度安排。其二,如果一种机制为了达到某种社会目标被设计出来却无法自我实施,那就可能需要附加一种额外的实施机制。[①] 但这样一来,又可能会产生新的问题,因为为了使实施机制行之有效,一方面,实施者必须被给予适当的激励,使其忠于职守;另一方面,实施机制的运行消耗社会资源,从而相应减少直接为社会目标作贡献所需的资源。其结果是,最初的社会目标的实现程度将不得不大打折扣。[②] 可以说,按劳分配在中国正处于这样一种困境。

---

① 青木昌彦:《比较制度分析》,周黎安译,上海远东出版社2001年版,第7页。
② 青木昌彦:《比较制度分析》,周黎安译,上海远东出版社2001年版,第8页。

二、收入分配制度的内生演化及按劳分配的实施条件

（一）收入分配制度的内生演化

生产决定分配是马克思主义政治经济学的一条基本原理。"一定的生产决定一定的消费、分配、交换和这些不同要素相互间的一定关系。"①所谓生产决定分配，不仅是生产决定分配的对象，而且指生产决定分配的结构、分配的基本形式或基本原则。在马克思看来，分配是指产品的分配，产品的分配是由生产条件即生产要素的分配决定的。"这种分配包含在生产过程本身中并且决定生产的结构，产品的分配显然只是这种分配的结果。"②而生产条件既包括物质生产条件，也包括人身生产条件。其中，物质生产条件的分配是生产资料所有制问题。这是决定产品分配的一个根本性因素。生产资料归谁所有，建立在该种生产资料所有制基础上的生产也就为谁的利益服务，从而必然产生有利于生产资料所有者的分配原则或分配形式。当然，任何一种分配原则或分配形式，都不是生产资料所有制单独决定的，还取决于人身生产条件的分配状况，即劳动力所有制是决定产品分配的另一个重要因素。简而言之，收入分配制度是由生产关系决定的。

但生产关系并不是分配制度的最终决定因素，因为生产关系取决于经济社会的生产力发展水平。"人们在自己生活的社会生产中发生一定的、必然的、不以他们的意志为转移的关系，即同他们的物质生产力的一定发展阶段相适合的生产关系。这些生产关系的总和构成社会的经济结构，即有法律的和政治的上层建筑竖立其上并有一定的社会意识形式与之相适应的现实基础。"③因此，收入分配制度最终取决于生产力发展水平。

由于"无论哪一个社会形态，在它所能容纳的全部生产力发挥出来以前，是决不会灭亡的；而新的更高的生产关系，在它的物质存在条件在旧社会的胎胞里成熟以前，是决不会出现的。所以人类始终只提出自己能够解决的任务，

---

① 《马克思恩格斯选集》第 2 卷，人民出版社 1995 年版，第 17 页。
② 《马克思恩格斯选集》第 2 卷，人民出版社 1995 年版，第 14 页。
③ 《马克思恩格斯选集》第 2 卷，人民出版社 1995 年版，第 32 页。

因为只要仔细考察就可以发现,任务本身,只有在解决它的物质条件已经存在或者至少是在生成过程中的时候,才会产生。"①显然,生产力发展水平不发生本质性变化,生产关系也就不会发生本质性变化,收入分配制度也就不可能变革。从这一点上说,可以认为,马克思的收入分配理论是一种内生分配理论,即任何一种具体的收入分配制度都具有内生性。

但经济社会形态并不是一成不变的,"社会经济形态的发展是一种自然历史过程。不管个人在主观上怎样超脱各种关系,他在社会意义上总是这些关系的产物。"②因此,从动态的角度看,马克思又认为收入分配具有演化特性,即收入分配制度会随着经济社会形态的演进而发生变革。人类社会的发展历史也证明了这一点。在原始公有社会,生产力水平低下,其基本特征是建立在血缘关系之上的人的联合体和经济联合体,实行的是原始的共产制,氏族成员共同劳动、平均分配。原始社会解体过后的奴隶社会,奴隶没有人身自由,是奴隶主的私有财产,整个社会的收入归奴隶主所有。当奴隶社会过渡到封建社会后,大部分收入为拥有主要生产资料即土地的土地所有者占有,拥有少部分土地或根本无地的多数人只获得收入的绝少部分。当人类社会进入到生产力水平较高的资本主义社会后,其分配制度又发生了变化,是一种按生产要素分配的分配制度。③ 综合起来,马克思的收入分配理论是一种内生演化分配理论。

因此,收入分配具有内生演化特性是马克思收入分配理论的本质特征,而对马克思所提出的按劳分配制度的设想也必须从这一点来阐释。

(二)按劳分配的实施条件

按劳分配作为马克思的收入分配理论的一个重要组成部分是有特定内涵与规定性的。从生产关系的角度来看,实施按劳分配需要具备两个基本前提

---

① 《马克思恩格斯选集》第 2 卷,人民出版社 1995 年版,第 33 页。
② 《马克思恩格斯全集》第 23 卷,人民出版社 1972 年版,第 12 页。
③ 需要说明的是,按生产要素分配和价值的来源是两个不同的概念。按生产要素分配并不表明资本和土地创造了价值。劳动力以外的其他要素之所以能参与收入的分配,是因为这些要素提供了创造价值的生产条件。

条件:一是生产资料为社会公共所有,"除了自己的劳动,谁都不能提供其他任何东西,另一方面,除了个人的消费资料,没有任何东西可以转为个人的财产。"①从而排除了凭借生产资料剥削他人劳动的权力,只能通过向社会提供劳动来换取相应的生活资料;二是不存在商品经济和市场交换关系,计划是配置资源的唯一和行之有效的手段。"设想有一个自由人联合体,他们用公共的生产资料进行劳动,并且自觉地把他们许多个人劳动力当做一个社会劳动力来使用……这个联合体的总产品是一个社会产品。这些产品的一部分重新用做生产资料。这一部分依旧是社会的。而另一部分则作为生活资料由联合体成员消费。因此,这一部分要在他们之间进行分配。这种分配的方式会随着社会生产机体本身的特殊方式和随着生产者的相应的历史发展程度而改变。仅仅为了同商品生产进行对比,我们假定,每个生产者在生活资料中得到的份额是由他的劳动时间决定的。这样,劳动时间就会起双重作用。劳动时间的社会的有计划的分配,调节着各种劳动职能同各种需要的适当的比例。另一方面,劳动时间又是计量生产者在共同劳动中个人所占份额的尺度,因而也是计量生产者在共同产品的个人消费部分中所占份额的尺度。"②"社会劳动日是由全部个人劳动小时构成的;各个生产者的个人劳动时间就是社会劳动日中他所提供的部分,就是社会劳动日中他的一份。他从社会领得一张凭证,证明他提供了多少劳动(扣除他为公共基金而进行的劳动),他根据这张凭证从社会储存中领得一份耗费同等劳动量的消费资料。"③

从上面所引述的马克思的设想中,至少以下三点是可以明确的:一是未来社会的生产资料是公有的;二是未来社会的个人劳动都是社会所需要的;三是在未来社会所有的个人劳动贡献能用他们的个人劳动时间来衡量。也就是说,按劳分配的最本质前提条件是"个人劳动的社会性"。而这个条件,按照

---

① 《马克思恩格斯选集》第3卷,人民出版社1995年版,第304页。
② 《马克思恩格斯文集》第5卷,人民出版社2009年版,第96页。
③ 《马克思恩格斯选集》第3卷,人民出版社1995年版,第304页。

马克思的理解只能在以"公有制"为基础的"计划经济"条件下才能具备。"公有制"、"计划经济"、"按劳分配"也就成为马克思所构想的社会主义的基本特征，它们缺一不可，构成一个相辅相成的有机统一体。马克思按劳收入分配理论的严密性也正在于此。

此外，需要特别指出的是，马克思所设想的未来社会是生产力已经得到充分发展的社会，这是公有制、计划经济和按劳分配得以实施的物质基础。

三、按劳分配为何在改善收入分配中的作用乏力：机制设计理论的视角

改革开放前的按劳分配之所以会蜕化成平均主义分配模式，以及改革开放以来，特别是现阶段的按劳分配之所以没有制约收入差距日益扩大，就是因为没有注意到其内生性。

对比现实，无论是在以前的社会主义计划经济时期，还是随后的社会主义市场经济时期，我国的生产力发展水平都远远落后于世界上的发达资本主义国家，更不用说达到未来共产主义社会所要求的高度发展的生产力水平了。很明显，由我国现实的生产力发展水平所决定的生产关系也就不可能提供实施按劳分配所需要的内生条件。

而在按劳分配的内生条件没有得到满足的情形下，法定的按劳分配制度就会只是一个良好愿望。对此，可以运用机制设计理论加以理论解释和逻辑分析。在机制设计理论中，经济学家通常认为一个好的经济制度应满足三个要求：它导致了资源的有效配置、有效利用信息及激励兼容。[①]

就有效利用信息来说，按劳分配首先要解决的是"劳"的衡量问题。按照马克思的按劳分配原则，"劳"的标准是指劳动时间或者说显然是指"抽象劳动"。但是实践表明，以劳动时间或"抽象劳动"作为按劳分配的依据，会导致"磨洋工""大锅饭"等出工不出力现象；而以劳动能力等"潜在形式的劳动"

---

① 可参见（1）Myerson R. B.，"Incentive Compatibility and the Bargaining Problem"，*Econometrica*，1979，Vol. 47，No. 1，pp. 61－73.（2）Myerson R. B.，"Mechanism Design by an informed Principal"，*Econometrica*，1983，Vol. 51，No. 4，pp. 1767－1797.

作为分配依据,同样会引起劳动者不关心劳动成果以及出工不出力等劳动效率低下现象;至于以劳动成果这一"凝固形式的劳动"为分配依据,则存在劳动的成果和质量难以科学鉴定等一系列操作问题。以上种种问题的根源在于,在现实社会中,不同劳动者之间的劳动不但存在量的不同,还存在质的差异。而根据 Hurwicz 的"真实显示偏好"不可能性定理①,劳动者则又不可能给按劳分配实施者提供自己真实的劳动信息,反而还会出现"搭便车"的现象。也就是说,按劳分配之所以在中国得不到真正实施,是由于在现实社会中设计者无法有效收集和处理各个劳动者的"劳"的信息,即存在非常高的信息成本,从而解决不了"劳"的衡量问题。这一点可以解释,改革开放以前,我国分配并没有严格而有效地贯彻按劳分配原则,实际选择的是平均主义分配方式。

改革开放以来,市场经济的引入不但没有解决计划经济时期业已存在的,按劳分配的依据难以确定的问题,而且还出现了按劳分配的前提条件越来越被弱化的问题。这是因为,在公有制经济中,市场经济的引入使按劳分配主体发生了变化,由社会按照统一的标准直接向劳动者进行分配,变为由公有制企业对职工进行分配。② 同时,按劳分配的范围也受到了限制,由全社会范围的同工同酬变为只能在企业内部的同工同酬。③ 由于在不同公有制部门、不同公有制企业之间,经济效益上存在差异,④因而需要设计者有效收集和处理这些企业的"劳"的信息,而这如同前面所述的有效收集和处理劳动者的"劳"的信息一样,也是信息成本巨大。这样一来,按劳分配就更难实施了。其根本原因就在于,市场经济本质上是一种信息分散化机制。

---

　　① Hurwicz, L. , "Optimality and Informational Efficiency in Resource Allocation Processes", In Arrow and Karlin S. eds. , *Mathematical Methods in the Social Sciences*, Stanford University Press, 1960.

　　② 在传统计划经济体制下,企业相当于社会大工厂中的车间或班组,不过是具体的执行者。在市场经济条件下,企业是独立经营、自负盈亏的经济实体。

　　③ 既然企业成了分配主体,自然要把职工个人收入与企业经济效益挂钩。

　　④ 这种经济效益上的差异,不单是由劳动决定的,而是由多种因素决定的。比如,企业占有的自然条件的优劣,生产资料的好坏,技术水平的高低,承担风险的大小,经营者的管理水平,市场供求和价格状况等。

　　就激励兼容来说,马克思所强调的生产资料公有制下的按劳分配实际上解决了两大生产要素,即资本和劳动之间的分配激励问题。因为生产资料公有制从根本上保证了每一个劳动者都是平等的资本所有者,从而在资本要素的分配中具有平等的决定权。因此,按资分配和按劳分配的冲突不再存在。对比现实,在改革开放前的计划经济时期,生产资料公有制实际上演变成了国家所有制(需要提及的是,在马克思的自由联合体中,国家已经被消灭),从而产生了委托—代理问题,政府最终拥有公有制企业的处置权。这样一来,就必然会导致政府和劳动者在分配上的矛盾,即存在按劳分配与政府利益之间的激励不兼容问题。① 而且,由按劳分配蜕化而来的平均主义分配方式,不仅从根本上否认了按劳分配本身所具有的激励作用,相反,还对社会公平产生了明显的负面影响,严重阻碍了人们生产积极性的提高,进而导致整个社会经济效率低下。

　　改革开放以来,一个值得注意的现象是非公有制经济的发展和壮大。而非公有制经济,由于不满足生产资料公有制条件,按劳分配的实施也就无从谈起。这是因为在非公有制经济中,分配的主导权掌握在资本所有者手中,资本所有者必然要求在分配中占有新增价值的绝大比例,从而与按劳分配存在冲突。而如果强制在非公有制经济中实施按劳分配,必然会与企业主即资本所有者产生激励不兼容问题,进而影响经济效率。可以预见的是,随着非公有制经济的壮大和非公有制经济就业人口的增加,按劳分配的实施难度将会加大。当然,在计划经济时期没有解决的公有制企业中存在的政府利益和按劳分配之间的冲突,在转型经济中依然存在。

　　这样一来,寄希望于按劳分配来维护社会收入分配呈正态分布的预期就会落空。与此同时,如果国家没有新的有效的收入再分配制度安排,那么,整

---

　　① Shleifer 和 Vishny 的"掠夺之手"政府模型认为,政治家们的目标并不是社会福利的最大化,而是追求自己的私利。参见 Shleifer A. and Vishny R. W. *The grabbing hand*: *government pathologies and their cures*, Harvard University Press,1998, p. 109。而把政府的行为和经济人的行为在本质上都视为是机会主义的看法,可能更为接近现实。参见钱颖一:《政府与法治》,《比较》2002 年第 5 辑。

个社会的收入分配就取决于该社会的内生收入分配制度。已有研究表明,中国转型过程中的收入差距是不断扩大的。①

最后,如果我们注意到前文所提到的,马克思意义上的按劳分配需要具备的两个条件:"生产资料为社会公共所有"和"不存在商品经济和市场交换关系"在现实中无法得到满足,那么,按劳分配制度在现阶段(这里暂且假定前文所指出的,现阶段实施按劳分配制度所存在的"有效利用信息"和"激励兼容"两大问题可以解决)实现有效配置资源的作用也就无从谈起。原因在于,几十年来的经济社会发展实践证明,生产资料的完全社会所有尤其是消灭商品经济和市场交换的前提条件难以具备。② 也正是因为如此,党的十六大明确指出,我国分配制度的改革方向是进一步"确立劳动、资本、技术和管理等生产要素按贡献参与分配的原则"。党的十六大第一次将劳动要素与非劳动要素,以及劳动要素的分配与资本、管理等非劳动要素的分配问题放到了相同的层次进行表述。在党的十七大报告中进一步指出,要"健全劳动、资本、技术管理等生产要素按贡献参与分配的制度"。

综上可以得知:当按劳分配的内生条件得以满足时,按劳分配就是一种内生的收入分配制度,会产生其应有的绩效。相反,当按劳分配的内生条件没有得到满足时,反而强制实施时即作为一种外在分配制度时,其绩效就不可能令人满意。

第二节　内生演化视角下我国现阶段收入差距拉大的解释

已有研究表明,基于家庭人均收入的中国总体基尼系数自 1992 年以来一

① 程永宏:《改革以来全国总体基尼系数的演变及其城乡分解》,《中国社会科学》2007 年第 4 期。
② 许成安、王家新:《按劳分配:现实还是趋势——兼评关伯春和姚家祥两位先生的学术争论》,《经济评论》2007 年第 1 期。

直在 0.4 以上,并持续上升;①若把各种非法非正常收入考虑进来,结果会进一步升高②。这一情形说明,我国的收入差距已进入警戒水平③,超过这一水平,就可能因差距过大而陷入社会危机,正如拉美国家当前的社会危机与他们的过高收入差距不无关系。基于此,党的十七大报告指出,合理的收入分配制度是社会公平的重要体现。从收入分配内生演变的角度,对我国现阶段收入差距不断拉大的原因进行探究具有重要意义。④

就一般情形而言,经济社会中的收入差距来自于家庭在拥有的各类资产(人力的或物质的)数量及其报酬率上的差异。这样一来,衡量收入差距的总体基尼系数就可以分解为作为 n 个要素基尼系数之和,即有如下的分解方程:⑤

$$G_y = \varphi_1 R_1 G_1 + \varphi_2 R_2 G_2 + \cdots + \varphi_n R_n G_n \qquad (10.2.1)$$

式(10.2.1)中, G_y 为总体基尼系数, $G_i(i = 1, 2, \cdots n)$ 、 $\varphi_i(i = 1, 2, \cdots n)$ 和 $R_i(i = 1, 2, \cdots n)$ 分别为第 i 个要素基尼系数、第 i 个要素基尼系数的权重和等级系列相关性。

当非线性误差很小时(即 $R_i \rightarrow 1$),式(10.2.1)可简化为:

---

① 程永宏:《改革以来全国总体基尼系数的演变及其城乡分解》,《中国社会科学》2007 年第 4 期。

② 陈宗胜:《经济发展中的收入分配》,上海三联书店、上海人民出版社 1994 年版,第 278 页。

③ 按照大多数学者认同的标准(参见徐宽:《基尼系数的研究文献在过去八十年是如何拓展的》,《经济学季刊》2003 年第 2 卷第 4 期),通常所说的警戒线一般是针对个人收入基尼系数超过 0.4 而言的。由于贫穷家庭人口一般多于富裕家庭,个人收入的基尼系数一般高于家庭人均收入的基尼系数。因此,在家庭基尼系数超过 0.4 时,个人收入的基尼系数会更高地超过 0.4。

④ 这一分解方程是由 Fei、Ranis 和 Kuo 首先提出来的。参见 Fei, J. C. H. , Ranis, G. and Kuo, S. "Growth and the Family Distribution of Income by Factor Components", *Quarterly Journal of Economics*, 1978, Vol. 92, No1. pp. 17 - 53.

⑤ 实际上,改革开放以来我国收入差距不断扩大的原因一直是学术界关注的热点。比如,曾国安分析了工业化过程中导致城乡居民收入差距扩大的自然因素和制度因素,参见曾国安:《论工业化过程中导致城乡居民收入差距的自然因素与制度因素》,《经济评论》2007 年第 3 期;陈美衍从微观角度讨论了市场经济内生导致收入分配差距扩大的机理,参见陈美衍:《市场化收入差距:变化机理与政策含义》,《经济学家》2006 年第 6 期。

$$G_y = \varphi_1 G_1 + \varphi_2 G_2 + \cdots + \varphi_n G_n \tag{10.2.2}$$

改革开放以来,我国经济社会演化最大的特点是转型,体现在两个方面:一是体制转型,即从计划经济体制向市场经济体制转型;二是发展转型,即从农业社会向工业社会转型。在这一经济社会转型过程中,内生的收入分配制度也必然随之演化。据此,将(10.2.2)式作如下的分解:

$$G_y = \varphi_A G_A + \varphi_X G_X \tag{10.2.3}$$

式(10.2.3)中,G_A 为来自农业收入的基尼系数,G_X 为来自非农业收入的基尼系数,φ_A 为农业收入份额,φ_X 为非农业收入份额,并满足 $\varphi_X + \varphi_A = 1$。而且,$G_X$ 还可进一步分解为:

$$G_X = \varphi_C G_C + \varphi_W G_W \tag{10.2.4}$$

在式(10.2.4)中,G_C 为非农业收入中的财产收入基尼系数,G_W 为非农业收入的工资收入基尼系数,φ_C 为资本份额在非农业收入中的权重,φ_W 为劳动力份额在非农业收入的权重,并且,$\varphi_C + \varphi_W = 1$。

将式(10.2.3)两边对时间求导,可得:

$$dG_y/dt = R + D + B \tag{10.2.5}$$

其中,R 反映了由再配置效应(指资源和劳动力由农业部门转移到非农业部门)引起的总体基尼系数变化,D 反映了由功能性分配效应引起的总体基尼系数变化,B 反映了要素基尼系数效应引起的总体基尼系数变化,它们的具体表达式如下:

$$R = (G_A - G_X) d\varphi_A/dt \tag{10.2.6}$$

$$D = \varphi_X (G_W - G_C) d\varphi_W/dt \tag{10.2.7}$$

$$B = \varphi_A dG_A/dt + \varphi_X \varphi_W dG_W/dt + \varphi_X \varphi_C dG_C/dt \tag{10.2.8}$$

由式(10.2.5)可以看出,R、D 和 B 的增大均会引起总体基尼系数 G_y 的增大,即收入差距的拉大。下面对引起 R、D 和 B 变化的因素进行逐一分析。

首先,当经济重心由农业部门转移到工业部门时(工业化),φ_A 即农业收入占总收入的份额会不可避免地降低。也就是说,$d\varphi_A/dt < 0$。因此,式(10.2.6)所表明的再配置效应 R 对总体的收入分配的影响取决于 $(G_A - G_X)$ 的符号。具体而言,当农业收入的分配要比非农业收入分配更平等时,工业化

过程引起的再配置效应将会导致收入差距拉大。就我国的情形来说,农村土地的集体所有性质导致的土地使用权上的比较均等性,以及农业生产率的趋同性决定农业收入分配差距比较小。非农业部门则不同,我国的市场化改革进程中,既出现了由财产所有权所引起的财产性收入差异,又存在由人力资本所引起的工资性收入差异,因此相对农业收入分配而言,我国的非农业收入分配不平等程度更高。综合起来,在我国改革开放以来的体制转型过程中,再配置效应会引起收入差距拉大。我国的东、中、西部地区差距不断拉大、城乡居民收入差距不断拉大,以及农村居民差距不断拉大都可由此得到解释。

其次,在非农业部门中,一般来说,由工资性收入引起的收入分配不平等要小于由财产性收入引起的收入分配不平等,即 $(G_W - G_C) < 0$。因此,式(10.2.7)所表明的功能性分配效应 D 引起的总体基尼系数变化方向取决于 $d\varphi_W/dt$。具体来说,当非农业部门的劳动收入份额不断下降时,经济增长过程引起的功能性分配效应将会导致收入差距不断拉大。实证研究表明,改革开放以来我国国民总收入分配中已经呈现出劳动所得比重下降和资本所得比重上升的趋势[①],城市居民收入差距拉大的现象可由此加以解释。

最后,在土地市场化改革过程中,农村土地的被征用与未被征用,以及被征用农村用地的补偿差异必然会影响农业收入基尼系数的变化即式(10.2.8)中的 $dG_A/dt > 0$,这一点可以看做是对农村居民收入差距扩大的补充解释。此外,改革开放以来投资比重偏大和非公有制经济的不断壮大,无疑会导致财产性收入的基尼系数增大,即式(10.2.8)中的 $dG_C/dt > 0$,从而导致居民收入差距拉大。同时,当注意到改革开放以来,我国教育、医疗的市场化改革倾向,社会保障体系建设的滞后对人力资本获得的负面影响,以及劳动力市场上的歧视,无疑也会增加劳动力收入的不平等分配,即式(10.2.8)中的 $dG_w/dt > 0$。总括起来,改革开放以来,我国的要素基尼系数效应 B 也呈现出增大的趋势,进而引起总体基尼系数增加即总体收入差距的不断扩大。

---

① 卓勇良:《关于劳动所得比重下降和资本所得比重上升的研究》,《浙江社会科学》2007年第3期。

第三节　改善收入分配的政策建议

任何国家要保持经济持续增长,必须有一个稳定的社会环境。很明显,收入分配不公是社会稳定的一个潜在威胁。原因在于,人们从事经济活动的一个主要目的是为了获取相应的报酬,如果能力越强,工作越努力,获取的报酬越多,那么,人们就会自然而然地抓住一切经济机会,并不断通过提高自己的能力,来获得更多的财富。因此,如果社会上的收入不平等产生于人们之间的能力差异,那么,人们就会很少归罪于社会不公平,并且,政府也比较容易通过宏观层面的收入再分配,来缩小收入差距,从而缓和经济社会问题。也就是说,由市场经济本身引起的收入差距过大所导致的经济社会问题比较容易解决。然而,收入分配不公所产生的社会经济问题则大不一样。不难想象,如果人们的努力成果被私人据为己有(我国国有企业转制过程中,部分国有资产流失到私人手中,就属于这种情形),如果私人可以利用行政干预市场的权力,进行权钱交易,获取经济利益,如果私人可以利用转型过程中市场体制的不完善、不规范牟取暴利(在证券市场上通过虚假陈述、内幕交易、庄家操纵轻易聚敛巨额财富,是这种情形的典型反映),那么,社会经济将会陷入一种无序状态,同时,也会激起人们对社会的不满,从而可能引发经济社会危机。当然,也更无从谈起经济增长所需的稳定社会环境。更为棘手的是,如果这些收入分配不公的产生与政府密切相关,减少或消除将会遇到的难以克服的阻力,需要借助于内部压力和外部压力的推动。

当然,对于一个还处于转型过程中的中国,其收入差距过大,既有市场经济本身的因素,还有不公平的非市场经济因素。因为转型本身就包含着制度的转型,需要一个过程。很明显,这一过程的存在也就意味着收入分配不公的存在。这是其一。

其二,虽然收入差距过大在一个国家的转型过程中可能是不可避免的,但政府不能无所作为,因为收入差距过大特别是收入分配不公引起的差距过大,如果任其发展下去,不但制约经济增长,而且极有可能引发社会政治危机,而其后果也可能比由市场经济因素引起的收入差距过大所带来的后果更为严重,在极端的情形下,可能会引起社会崩溃和经济大衰退。

梳理马克思的收入分配理论及其关于按劳分配制度的论述,可以认为按劳分配制度是一种内生制度,只有当经济社会发展到一定阶段,按劳分配制度的内生条件得到满足,才有可能成为一种适宜性制度。其在现实中的适宜性可以应用机制设计理论来分析。就中国而言,按劳分配在中国的实施既存在信息成本巨大问题,也存在激励兼容问题。

而对中国现阶段收入差距扩大的分析表明,收入分配具有内生演化特性,它根源于经济社会的生产力发展水平所决定生产、交换、流通和分配过程。而我国法定的按劳分配制度之所以未发挥出有效作用的原因就在于,它与经济社会所要求的内生分配制度存在着冲突。只有着眼于改革开放以来我国内生收入分配制度是如何形成、如何演化的,如何决定总体收入分配,才能把握住我国现阶段收入差距不断拉大的深层次原因。

实际上,20世纪90年代以来,发展经济学家们在总结历史经验和反思传统理论的基础上,对发展和收入分配的关系有了新的认识。托达罗(Todaro)认为,富人和穷人相比并不必然把其收入中相当大的部分用于在真正经济学意义上的国内生产性储蓄和投资,因而以大规模和日益扩大的收入不均等为基础的增长战略实际上是一种"反发展战略"。相反,穷人低的收入和生活水平会导致他们恶劣的健康、营养和教育状况,降低他们的劳动生产率,进而拖延经济的增长,而提高穷人的收入水平会刺激需求的增加,从而创造出经济迅速增长的条件。也就是说,较为均等的收入分配会刺激经济健康发展。①

费景汉(H. Fei)和拉尼斯(Ranis)认为成功发展必须通过增长对减轻贫困、调整收入分配、不断改善人类生活质量的贡献来衡量,他们不仅指出了生产函数、资本密集度、技术变迁、资产结构、私人公共储蓄模型,以及劳动力从农业向非农业活动再配置等增长因素对收入分配的影响,而且也指出了收入分配以及

---

① 迈克尔·P.托达罗:《经济发展》(第六版),任安达译,中国经济出版社1999年版,第165页。

来源于收入的公共品的提供,如果有利于通过健康状况改善、文化水平提高等形式表现出的人类发展,那么它就会通过提高劳动力生产率,增强企业融资以及研发发展的效率等,来对下一阶段的经济发展起到积极反馈作用①。

日本经济学家速水佑次郎指出平均收入或人均产值的增长是有形资本和无形资本共同作用的结果,认为借用技术的资本利用、劳动节约的程度越高,资本收入份额就越大。也就是说,依赖于资本积累的经济增长通常是收入分配不平等加剧联系在一起的。②

面对日益扩大的收入差距,合理调节中国的收入分配已是刻不容缓。党的十七大报告明确提出,要"深化收入分配制度改革,增加城乡居民收入……逐步提高居民收入在国民收入分配中的比重,提高劳动报酬在初次分配中的比重。着力提高低收入者收入,逐步提高扶贫标准和最低工资标准,建立企业职工工资正常增长机制和支付保障机制"。并指出,"合理的收入分配制度是社会公平的重要体现"。基于按劳分配的实施条件及其现实绩效,合理调节收入分配的着眼点应是以下两点:一是基于按劳分配的理念,发展壮大劳动者组织,并通过劳动者组织与厂商协商、谈判等博弈形式,增加劳动者的劳动收入在微观经济层面的第一次分配所占比重;二是基于按劳分配的理念,政府注重和加强对收入的宏观调节即收入的二次分配。具体而言,应从以下几方面入手:

其一,建立和完善各级工会组织,并使工会组织真正发挥其作为包括工人在内的劳动者代言人和利益诉求者的作用,以增强劳动者在同厂商谈判的地位,真正维护劳动者权益,同时达到提高经济效率的目的。

其二,国家在宏观上控制个人或家庭的可支配收入,以解决自组织分配过程的收入差距过大问题,达到防止两极分化,实现共同富裕的目标。比如,通过经济立法、经济政策,运用税收、金融、行政等调节干预手段,有效调节过高收入,坚决取缔非法收入,加大转移支付力度增加公共服务,健全社会保障体

---

① 费景汉、古斯塔夫·拉尼斯:《增长和发展:演进观点》,洪银兴、郑江淮译,商务印书馆2004年版,第372、393、421页。

② 速水佑次郎:《发展经济学——从贫困到富裕》,李周译,社会科学文献出版社2003年版,第198—207、260、267页。

系等形式使中低收入者的收入间接地得到提高。

其三,构建法治社会,积极营造一个公平、公正、公开的竞争环境,是决定内生分配方式得以有效发挥作用的重要保证。建立法治社会,才能对政府形成有效约束,防止"按权分配"即政府部门或政府官员凭借权力攫取其他公众的利益,解决政府分配和公众分配可能存在的冲突。同时,国家通过主动介入,出面进行反垄断和不正当竞争,营造一个公平、公正、公开的竞争环境,才能保证分配效率。也就是说,政府在解决收入分配不公及失衡的可行作为是,在进行经济市场化转型的同时,不失时机地推动社会向政治民主化、治理法制化的政治文明社会转型,从而建立起民主法治型市场经济国家。

第四节　加快转变经济发展方式的制度适宜性问题及适宜性制度构建路径

一、我国转变经济发展方式历程回顾及启示

从内涵上说,转变经济发展方式是转变经济增长方式的广化和深化。在这种意义上,如果我们关注一下新中国成立以来的经济史,就可以发现中国一直受到转变经济发展方式的困扰。改革开放前,采用苏联式的"社会主义工业化路线",更是把投资驱动增长的做法推到了极端。[①] 这种属于"赶超战略"的传统经济增长方式,虽然在毛泽东的《论十大关系》提出后有过短暂的纠正,但由于主导思想没有实质性改变,一直持续到改革开放之初。

从改革开放至今,党和政府针对传统经济增长方式的弊端采取了许多政策和措施加以纠正。1981 年正式提出"走出一条速度比较实在、经济效益比较好、人民可以得到更多实惠的新路子"的方针;1987 年党的十三大要求,"注重效益、提高质量、协调发展、稳定增长";20 世纪 90 年代,在制定"九五"计划时,党和政府针对当时投资过热、投资效率低下、低水平扩张严重的问题,明确提出要实现经济增长方式从粗放型向集约型转变这一战略思想,强调依

---

①　吴敬琏:《中国增长模式抉择》,上海远东出版社 2006 年版,第 105 页。

靠科教兴国和提高劳动者素质,走质量效益型经济增长的路子。"十五"时期,进一步强调对经济结构进行战略性调整,提高经济增长的科技进步效益和优化效益,重视资源和环境问题。在"十一五"规划中更是提出要把节约能源作为基本国策,发展循环经济,保护生态环境,加快建设资源节约型、环境友好型社会,促进经济发展与人口、资源、环境相协调。尽管如此,中国转变经济发展方式速度仍然极其缓慢。① 因此可以说,现行的旨在加快转变经济发展方式的制度安排并没有产生预期效果,或者说与预期结果还存在相当大的差距。

加快转变经济发展方式已经刻不容缓。从世界范围和历史看,转变经济发展方式是人类社会永恒的主题,②只不过在工业革命之前的传统社会,经济发展方式的转变是以一种自然工业演化方式进行的,速度极其缓慢③。工业革命以来,包括英、法、德、美、日在内的发达市场经济国家的投入结构发生了由"资本投入驱动→技术进步→知识管理创新"转变,主导的产业结构经历了"第一产业→第二产业→第三产业"的升级,④转变速度明显加快。最早开始

---

① 顾海兵、沈继楼:《近十年我国经济增长方式转变的定性与量化研究》,《经济学动态》2006 年第 12 期。

② Feuerwerker 将历史上的经济增长方式概括为三种,即"广泛性增长"(Extensive Growth)、"斯密型增长"(the Smithian Growth)和"库兹涅茨型增长"(the Kunzetsian Growth)。"广泛性增长"是近代以前主要的经济增长方式,这种增长方式只有经济总量的增加而无劳动生产率的提高;"斯密型增长"发生在革命以前的"近早期",这种经济增长方式既有经济总量的增加,也有劳动生产率的提高,其驱动力来自劳动分工和专业化生产;"库兹涅茨型增长"则是工业革命的产物,在这种经济增长方式中,经济总量的增加和劳动生产率的提高,主要依靠技术进步和组织创新。参见李伯重:《历史上的经济革命与经济史的研究方法》,《中国社会科学》2001 年第 6 期。

③ 例如,"从狩猎到农业的转变是一个漫长的渐进过程,这一过程在全世界许多地方是独立发生的"。参见斯塔夫里阿诺斯:《全球通史:从史前史到 21 世纪》(第 7 版修订版)(上册),吴象婴等译,北京大学出版社 2006 年版,第 26 页。

④ 日本经济学家速水佑次郎更详细地总结了西方国家工业革命以来的经济增长类型变迁,认为 1800—1855 年和 1855—1890 年两个早期阶段属于马克思类型,第三阶段(1890—1927年)和第四阶段(1922—1960 年)属于库兹涅茨类型,1970 年以来的第五阶段则属于介于马克思类型和库兹涅茨类型的混合类型。参见速水佑次郎:《发展经济学——从贫困到富裕》,李周译,社会科学文献出版社 2003 年版,第 142—146 页。

向现代经济发展方式转变的英国,从 15 世纪末开始算起,转变过程持续了四百多年。而曾作为追赶型国家的法、美、德、日,则分别从 18 世纪中期和 19 世纪中期开始,只花了约 175 年、174 年、112 年和 102 年达到了现在的先进经济发展方式,①转变速度更快。其中,国家的作用功不可没。先行发达国家在转变经济发展方式过程中,政府的角色经历了"直接数量型干预→市场化价格调节→扩大与人口质量相关的公共支出"的转化,②只不过曾作为追赶型国家的法、德、美、日,其国家干预程度更大③。当然,一个国家或地区在一定时期的经济发展方式,是以这个国家或地区当时的生产力发展水平为基础,并不能人为地超越。④ 但这并不意味着,一个国家或地区不可以通过努力来缩短转变经济发展方式的时间。20 世纪 60 年代以来东亚国家的超越型经济发展方式就是一个有力的证明。比如,同英国相比,韩国只花了 40 年的时间就达到了发达国家的经济发展方式。中国台湾地区从 1950 年开始的进口替代型发展方式到 1980 年开始的科技导向型发展方式的转变,也只花了 30 年的时间。⑤

在速水佑次郎看来,东亚经济增长模式是一种政府干预的范围很大,但市

---

① 曾繁华:《中国经济增长方式战略转变的阶段划分与目标定位》,《中国工业经济》1996 年第 10 期。

② 中国经济增长与宏观稳定课题组:《干中学、低成本竞争和增长路径转变》,《经济研究》2006 年第 12 期。

③ 对"'制造活动的内在价值'的强调是所有曾经成功地对领先国家实施追赶战略的国家经济政策的有机组成部分。只有当追赶被完成的时候,现在的工业化国家才接受了古典/新古典经济学传统"。参见埃里克·S. 赖纳特、阿诺·曼·达斯特:《替代性教规:文艺复兴经济学史——论以非物质和生产为基础的教规在经济思想史和经济政策史中的作用》,埃里克·S. 赖纳特、贾根良主编:《穷国的国富论——演化发展经济学论文选》(上卷),高等教育出版社 2007 年版,第 11 页。

④ 经济学一般都把生产行为作为分析的出发点或着眼点。但是,在唯物史观看来,人只能以历史形成的"既得的"物质生产力为前提进行社会性的生产(参见《马克思恩格斯选集》第 4 卷,人民出版社 1995 年版,第 532 页)。因此,"社会经济形态的发展是一种自然历史过程。不管个人在主观上怎样超脱各种关系,他在社会意义上总是这些关系的产物"。(《马克思恩格斯全集》第 23 卷,人民出版社 1972 年版,第 12 页)

⑤ 中国经济增长与宏观稳定课题组:《干中学、低成本竞争和增长路径转变》,《经济研究》2006 年第 12 期。

场机制仍然起作用的体制,政府的稳定的宏观经济管理、有秩序的金融体系的保持和公共基础设施的供给,增加了市场中私有业主生产活动的赢利机会,这是金融危机后,东亚经济能迅速恢复增长,并继续保持高速增长的主要原因。[①] 而一些采取“进口替代工业化政策”的发展中国家迄今一直依赖初级产品生产和出口,则是一个负面的例子。[②]

以上的经济史考察表明,并不是所有的国家在引导经济社会实现经济发展方式转变方面都达到了预期效果。原因何在? 一个可能的答案是,那些成功引导经济发展方式转变的国家,其制度安排是适宜的,相反,那些没有达到预定目标的国家,则可能需要检讨其制度安排的适宜性。

就中国而言,也同样需要我们探究适宜的制度安排。[③] 那么,怎样的制度安排才是适宜的呢? 对此,机制设计理论为我们提供了一种判别视角。

机制设计理论认为一个好的制度安排应满足三个要求:它导致了资源的有效配置、有效利用信息及激励兼容[④]。有效资源配置要求资源得到有效利用(这也正是加快转变经济发展方式的目标之一),有效利用信息要求制度在设计上具有尽可能少的信息成本,激励兼容要求个体理性和集体理性一致。

显然,旨在引导加快转变经济发展方式的制度安排没有产生预期效果的原因,需要从其过程中去寻找,但现有的关于制度方面的文献大都将分析重点集中在制度变迁的动力学上,即制度变迁为什么会发生,而对制度从旧形态到新形态确立的过程则关注很少,这是新古典经济学的研究方法所致。正如 H.

---

① 速水佑次郎:《发展经济学——从贫困到富裕》,李周译,社会科学文献出版社 2003 年版,第 267 页。

② 速水佑次郎:《发展经济学——从贫困到富裕》,李周译,社会科学文献出版社 2003 年版,第 260 页。

③ 国务院发展研究中心课题组:《加快结构调整和增长方式转变》,《管理世界》2007 年第 7 期。

④ Hurwicz L. ,"Optimality and Informational Efficiency in Resource Allocation Processes", In Arrow and Karlin S. , eds. , *Mathematical Methods in the Social Sciences*, Stanford University Press, 1960.

培顿·扬所指出的，新古典经济学描述的是一旦尘埃落定世界看上去会怎样。[1]　显然，如果我们对尘埃是如何落定感兴趣，就需要引入过程分析。

二、制度在设计和实施过程中的非适宜性问题

一个国家的经济发展方式表面看来是宏观层面的问题，实质上是微观领域——企业和家庭行为方式的综合表现，制度则规定了企业和家庭在行为方式上的选择范围。显然，就制度变迁类型而言，加快转变经济发展方式的制度安排是由政府引入和实行的，因而属于强制性制度变迁。[2]　这种强制性制度安排意味着要在各种经济主体中重新分配财富、收入和权力，从而决定了新的制度安排是一个与抉择有关的政治经济学过程。在这一制度安排过程中，既得利益集团会联系起来成为一个相对紧密的压力和游说集团，采取集体行动，使新制度偏离原定方向或者使新制度有利于自己，而与最初的设想相去甚远。这样一来，出台的制度一开始就是非适宜的。显然，加快转变经济发展方式的适宜性制度安排需要克服出现在制度设计过程中的这种惰性。[3]

这是因为，加快转变经济发展方式是一项复杂的系统工程，任何与此相关的制度安排必然引起经济主体的行为变化，而作为有限理性的政府是不可能对这种变化作出完全和正确预测的。政府之所以是一个有限理性政府，是因为它所面对的经济社会是一个开放的复杂巨系统，政府对它的认知是有限度的，这种限度来自于政府获取信息所需的能力是有限的，政府处理信息的能力是有限的。这种有限理性会使政府在制定政策时具有一定的局限性，不可能考虑到方方面面，以及对政策实际效果的预测具有不确定性，从而有可能偏离加快转变经济发展方式的目标并带来风险。正如罗兰所指出的，在总和的和

---

[1]　H.培顿·扬：《个人策略与社会结构——制度的演化理论》，王勇译，上海三联书店、上海人民出版社2004年版，第3—4页。

[2]　林毅夫：《关于制度变迁的经济学理论：诱致性变迁与强制性变迁》，《财产权利与制度变迁：产权学派与新制度学派译文集》，上海三联书店、上海人民出版社1994年版，第371—403页。

[3]　这里所谓的惰性，是指新制度安排取代旧制度安排这一过程的预期等待时间。

个别的层面上,结果的不确定性都是改革的关键特征。[①] 政府的制度安排和实施也不例外。显然,这种不确定性的存在无疑会增加设计加快转变经济发展方式的适宜性制度安排的难度。制度不但在设计过程中存在非适宜性问题,在实施过程中也存在非适宜性问题,即其在实施过程中也可能会遭遇诸如实施成本巨大、与其他制度不兼容等问题。

就实施成本而言,主要是由实施加快转变经济发展方式的制度安排所带来企业和地方政府的收益和损失不确定性引起的,因为实施加快转变经济发展方式的制度安排意味着企业相应加快转变其生产方式,其收益和损失也将随之发生变化,而企业的收益和损失则关系到地方政府的收入和政绩。[②] 对此,可以作一简要分析。

假定在初始状态贴现率为 δ。所有参与方从所面对的制度安排中获益的事前概率为 p,收入的净现值为 $g > 0$,从制度安排中受到的损失的概率为 $1 - p$,损失为 $l > 0$。不确定性是针对单个经济主体的,因此在总体足够大的情形下,由于大数定理的作用,p 也是制度安排的事后获益者的百分比。如果失败者回到现状,则其付出的成本是 ξ,并且假定 $l > \xi$,即失败者总是愿意回到现状即逆转。简单起见,假定维持现状的收益为 0。显然,如果 $pg - (1 - p)l < 0$,则考虑地方总和收益和损失的地方政府根本就不会去实施制度安排(图 9-1 已表明国家层面的制度安排是由各级政府去实施的)。而如果 $p < 1/2$,则大多数参与方总是事后愿意逆转,这样一来,旨在通过制度安排使大多数企业改变生产方式以达到转变经济发展方式的预期就会落空。更糟糕的是,即使 $pg - (1 - p)l > 0$,如果参与方知道制度安排无法实施而逆转,只要 $[pg - (1 - p)l]/(1 + \delta) - \xi < 0$,即制度安排的收益比维持现状的收益 0 更差,制度安排也必然无法实施。这一点类似于 Fernandez 和 Rodrik 在分析转

---

① 热若尔·罗兰:《转型与经济学》,张帆、潘左红译,北京大学出版社 2002 年版,第 25 页。

② 与欧美发达市场经济国家不同,中国的政治经济体制有其特定性。这种特定性就体现在现实中的中国的政治体制是政治集权下的地方经济分权体制。参见许成钢:《政治集权下的地方经济分权与中国改革》,《比较》2008 年第 36 辑。张军称之为中国的分权财政与向上负责的政治体制。参见张军、高远、傅勇:《中国为什么拥有了良好的基础设施》,《经济研究》2007 年第 3 期。

型经济学时所提出的反对改革的现状偏好情形(status quo bias)。①

就制度安排的互补性来说,它涉及两个方面的内容,一是所有加快转变经济发展方式的制度安排之间的互补性,二是加快转变经济发展方式的制度安排与其他制度安排之间的互补性。对于前者,可以以存在互补性的两项制度安排来分析。

假定制度安排 1 给 p_1 比例的参与方带来净现值为 $g_1 > 0$,给 $1 - p_1$ 比例的参与方,带来损失为 $l_1 > 0$。类似地,假定制度安排 2 给 p_2 比例的参与方带来净现值为 $g_2 > 0$,给 $1 - p_2$ 比例的参与方,带来损失为 $l_2 > 0$。考虑两种情形。

第一种情形:假定加快转变经济发展方式的制度安排以制度安排 1 开始,结束后才进行制度安排 2,并且,在这种串行制度安排中,假定制度安排 1 由于缺乏制度安排 2,其收益被减少 γ 来模拟互补性。如果两种制度安排均得到实施即为适宜性的,则串行制度安排下的预期结果必须满足:

$$E_1 = p_1g_1 + (1 - p_1)l_1 - \gamma + [p_2g_2 + (1 - p_2)l_2]/(1 + \delta) > 0$$

$$(10.5.1)$$

第二种情形:假定加快经济发展方式的制度安排 1 和制度安排 2 同时实施的。

显然,在这种并行制度安排中,不存在制度安排之间的互补性问题。如果两种制度安排得到实施,则并行制度安排下的预期结果必须满足:

$$E_2 = p_1g_1 + (1 - p_1)l_1 + p_2g_2 + (1 - p_2)l_2 > 0 \qquad (10.5.2)$$

比较式(10.5.1)和式(10.5.2)可以看到,串行制度安排由于存在互补性,其预期结果比并行制度安排结果绝对地差。也就是说,并行制度安排的适宜性要优于串行制度安排。

更值得注意的是,由于互补性的存在,在串行制度安排中,当实施制度安排 1 以后还有可能出现回到原状即存在逆转现象。事实上,即使式(10.5.3)得到满足,只要 $p_1 < 1/2$、$p_1(g_1 - \gamma) > \xi_1$ 和 $p_2g_2 - l_1 - (1 - p_2)l_2 - \xi_1 < 0$ 同

① Fernandez R. and Rodrik,D.,"Resistance to Reform:Status Quo Bias in the Presence of Indivdiual Specific Uncertainty",*American Economic Review*,1991,Vol.81,No.4,pp.1146 - 1155.

时成立,就会出现逆转情形。

对于加快转变经济发展方式的制度安排与其他制度安排之间的互补性,可尝试通过一个简单模型来分析,该模型建立在 Migrom 和 Roberts 发展的超模博弈论(theory of Super-modular game)的基础上。[①]

记与经济发展方式有关的制度安排域为 E ,与经济发展方式无关的制度安排域为 NE ,并考虑所有经济主体均参与两个域的博弈。假定域 E 的参与方的策略为接受加快转变经济发展方式的制度安排(记为 Γ_1)或维持现状即接受现有的制度安排(记为 Γ_2),域 NE 的参与方的策略为接受新的制度安排(记为 Λ_1)或维持现状即接受现有的制度安排(记为 Λ_2),并且,

$$u(\Gamma_1, \Lambda_1) \geqslant u(\Gamma_2, \Lambda_2) \geqslant u(\Gamma_2, \Lambda_1) \geqslant u(\Gamma_1, \Lambda_2) \qquad (10.5.3)$$

$$v(\Gamma_1, \Lambda_1) \geqslant v(\Gamma_2, \Lambda_2) \geqslant v(\Gamma_2, \Lambda_1) \geqslant v(\Gamma_1, \Lambda_2) \qquad (10.5.4)$$

式(10.5.3)和式(10.5.4)意味着,任一参与方只有在其他参与方改变现状时,改变现状才有利。

显然,式(10.5.3)和式(10.5.4)式满足以下的所谓超模条件(互补条件):

$$u(\Gamma_1, \Lambda_1) - u(\Gamma_2, \Lambda_1) \geqslant u(\Gamma_1, \Lambda_2) - u(\Gamma_2, \Lambda_2) \qquad (10.5.5)$$

$$v(\Lambda_1, \Gamma_1) - u(\Lambda_2, \Gamma_1) \geqslant u(\Lambda_1, \Gamma_2) - u(\Lambda_2, \Gamma_2) \qquad (10.5.6)$$

式(10.5.5)意味着,当域 E 的参与方面临的制度环境是 Λ_1 而不是 Λ_2 时,他们选择 Γ_1 而不是 Γ_2 的"边际"收益有所增加;式(10.5.6)意味着,当域 NE 的参与方面临的制度环境是 Γ_1 而不是 Γ_2 时,他们选择 Λ_1 而不是 Λ_2 的"边际"收益有所增加。也就是说,域 E 和 NE 是制度互补的,即 Γ_1 和 Λ_1 以及 Γ_2 和 Λ_2 在制度上互相补充,而当不同域存在制度互补时,帕累托低劣的整体制度安排有可能出现和延续,也有可能存在无法进行帕累托排序的多重制度安排。[②] 因此,与其他制度不兼容的制度安排也是非适宜性的。

----

① Migrom P. and Roberts, J., "Rationalizability, Learning, and Equilibrium in Games with Strategic Complementarities", *Econometrica*, 1989, Vol. 59, No. 4, pp. 1255 – 1277.

② 青木昌彦:《比较制度分析》,周黎安译,上海远东出版社 2001 年版,第 232 页。

三、适宜性制度构建路径

很明显,在实际过程中如何构建适宜性制度显得更为重要,这里尝试从有限理性假说出发,探讨政府适宜性制度安排的构建途径。对于有限理性政府来说,要引导经济社会加快转变经济发展方式,就必须尽可能减少或规避与此相关的非适宜性制度安排以及由此引起的风险性,这就要求政府采取合适的实施方式,即合理抉择。由于有限理性政府可能仅仅具备有关制度安排备选方案的不完全信息,也无力计算最佳制度安排方案,并且对所选取的具体方案的后果仅仅有着非常不完全的了解。[①] 因此,有限理性政府在设计加快转变经济发展方式的制度安排过程中,其行为的目标即合理抉择不应该是寻求最优,而是寻求满意,即寻找令人满意的制度安排。[②]

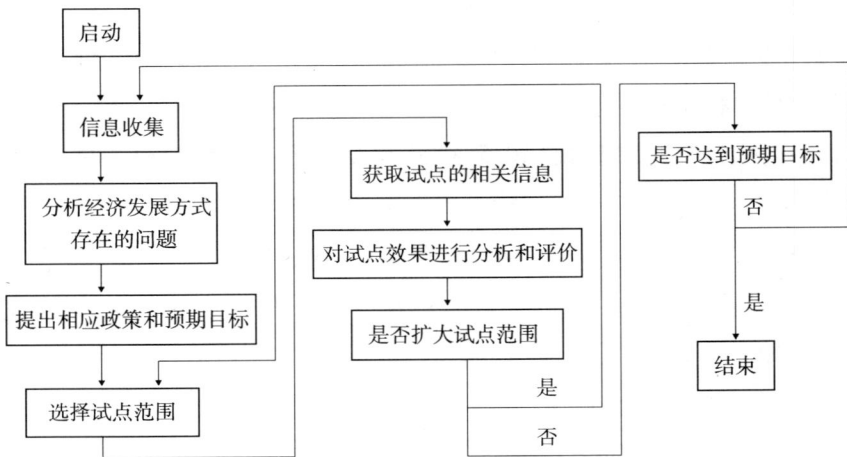

图 10-1 构建适宜性制度的试错式逻辑路径框图

这种政府抉择过程可以大致概括如下:首先,判定问题,并确定所需要解决的问题;其次,形成能解决问题的一些制度安排;再次,从满意的角度进行制

---

① 郝伯特·西蒙:《现代决策理论的基石——有限理性说》,杨砾、徐立译,北京经济学院出版社 1989 年版,第 12 页。

② 这里隐含的假设政府对于应当寻找一个好到什么程度方案,已经形成了某一欲望水平。

度安排选择,并作出决定,予以实施;最后,在执行过程中先小范围试验,总结其中的经验教训,再作下一步打算。这里把这种通过试错方式,以求获得解决经济社会中存在的问题的制度安排的办法称为试错式制度构建路径。构建适宜性制度安排的试错式逻辑路径框图如图10-1所示。从图10-1可以看出,政府在进行决策时,首先必须对经济社会的经济发展方式状况有一个粗略的了解,这种了解是通过信息收集和分析这一环节来完成的。一旦发现当经济社会的经济发展方式存在问题时,就需要提出相应的、能解决问题的制度安排。从适宜性的角度考虑,所提出的制度安排必须在理论上是适宜的,因为如果所提出的制度安排在理论上都不是适宜的,就不可能在实施过程中适宜。但并不是说,理论上适宜的制度安排在实施过程中就一定适宜。原因就在于,前面已述及的政府是一个有限理性而不是完全理性的政府。因此,这里所说的理论上的适宜性制度安排是指政府在自己收集的信息范围内,充分发挥自己信息处理能力情形下所能提出的适宜性制度安排。其他环节的含义在图10-1中已清晰地表示出来,不再赘述。很明显,以上所述的试错式制度构建过程是一个不断试错的过程和不断学习的过程,从而可以最大限度地减少或规避非适宜性制度安排以及由此带来的风险性,达到使经济社会实现平稳转变经济发展方式的目的。因为正如西蒙所指出的,学习理论对所观察到的行为所作的解释,看来要比理性行为理论的解释更好些。[①]

第五节　加快转变我国经济发展方式的适宜性制度:实证的角度

一、投入结构优化的经济学内涵及适宜性制度安排

长期以来,中国经济发展过多地依靠增加物质投入,致使现有的经济发展方式与资源、环境的矛盾越来越尖锐,自然资源枯竭、环境污染已经成为制约

[①]　郝伯特·西蒙:《管理行为——管理组织决策过程的研究》,杨砾、韩春立、徐立译,北京经济学院出版社1988年版,第29页。

中国经济全面协调可持续发展的主要障碍。

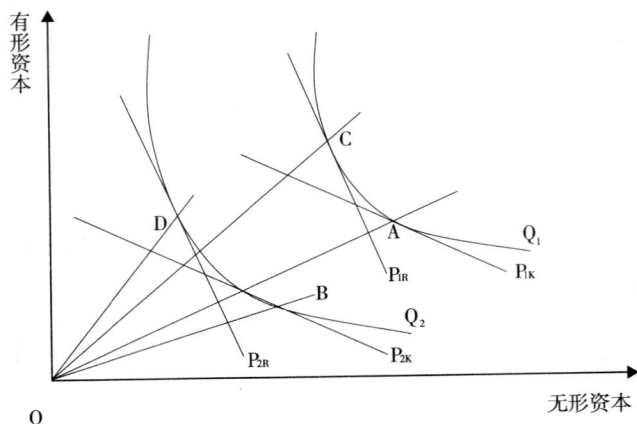

图 10 - 2　投入结构优化的经济发展方式模型

　　从经济学的角度来说,在经济增长过程中,实现主要依靠增加物质资源消耗向主要依靠科技进步、劳动者素质提高、管理创新转变是一种投入结构的优化,可以概括为促进无形资本(包括科技进步、劳动者素质提高、管理创新等)即对有形资本(包括自然资源、厂房和设备之类的实物资本等)的替代,如图10 - 2所示。图10 - 2反映的是一种典型的以无形资本提高为基础的投入结构转变模型。在图10 - 2中,按生产单位产品有形资本、无形资本之比,企业被分为有形资本密集型企业和无形资本密集型企业两类。① 其中,假设有形资本、无形资本之比大于1的企业为有形资本密集型企业,有形资本、无形资本之比小于1的企业为无形资本密集型企业。对应于第1时期的单位等产量曲线 Q_1,有形资本密集型企业的成本线是 P_{1R},因而其生产成本最小化的点是C点。而对于无形资本型企业来说,其成本线则是 P_{1K},对应的生产成本最小化的点是A点。图10 - 2中OC的斜率要比OA的斜率大,即反映了有形资本密集型企业的有形资本无形资本比要高于无形资本密集型企业,其原因就在

――――――――――

　　① 这里假设经济社会之所以存在有形资本密集型企业和无形资本密集型企业两种不同类型企业是由历史条件形成的。

于它们的成本线存在差异,是现有制度安排的必然结果。而且,无形资本的提高意味着可以用更少的投入生产出单位产出,所以可以表示为单位等产量曲线向原点的移动,如 Q_1 移动到 Q_2。显然,同第 1 时期相比,第 2 时期生产单位等产量时,无论是有形资本密集型企业(图 10－2 中的 B 点比 A 点)还是无形资本密集型企业(图 10－2 中的 D 点比 C 点),其投入的有形资本与无形资本都要少。

因此,要加快转变中国现阶段的投入结构使之达到优化,存在两种可能性路径:一是促使有形资本密集型企业的成本线 P_{1R} 向无形资本密集型企业的成本线 P_{1K} 移动,即图 10－2 中第 1 时期的 C 点向 A 点移动和第 2 时期的 D 点向 B 点移动;二是促使无形资本的提高。对有形资本密集型企业来说,无形资本的提高意味着由图 10－2 中第 1 时期的 C 点向第 2 时期的 D 点移动,而对无形资本密集型企业来说,无形资本的提高意味着由图中第 1 时期的 A 点向第 2 时期的 B 点移动。

对于第一条可能性路径,人们可能会首先考虑价格机制,但实际上并不现实。首先,从制度之间的互补性来说,价格机制要有效发挥作用,资源产权明晰是一个重要前提。就中国资源产权制度现状而言,水、土地、矿山、森林、草原、湿地、海洋等国土资源的所有权只有全民所有和集体所有两种形式。这种国土资源的全民所有和集体所有,同国有企业的国有资产一样也存在产权不清晰问题,进而产生了委托—代理问题。最终的现实是,各级地方政府对国土资源具有事实上的处置权,并且,行政权力越大,其处置权也随之增大。这样一来,国土资源的市场价格机制失去了本来的作用,从而为廉价甚至无偿使用资源提供了制度温床。也就是说,政府对资源的处置权可能会使价格信号被扭曲。而资源产权制度改革和国有企业改革也不是一件容易的事:其一,资源产权制度改革和国有企业改革与关于公有制上残存的意识形态似乎还存在着冲突;其二,相关利益集团也会反对以上两项改革,因为政府官员能通过现有的资源产权制度和国有企业的垄断、管制获取好处,掌握权力或者索取贿赂。按照第三节的分析,这样的制度安排显然与利益相关者的激励和约束是不兼容的,因而是非适宜性的。

其次,价格机制要有效发挥作用,所有企业的行为市场化也是一个重要前提。但现实是,许多大型国有企业在公用事业、重工业和金融业占据着支配地位。这就意味着这些政府扶植型企业会存在物质资源使用上的软预算约束。① 就是说,即使提高资源价格,政府扶植的企业仍可以通过非市场途径获得低价的资源。

再次,如果在资源产权制度没有得到根本性解决的前提下,贸然提高资源价格,除了无助于投资结构优化外,还可能影响社会稳定。其一,资源价格的提高无疑增加了家庭的支出,而对低收入家庭来说,可能是一个不小的经济冲击,如果其承受力有限,社会震荡将在所难免。对此,虽然可以通过财政补贴这一互补性制度来减少对低收入阶层的冲击,但这种转移支付能否实现和到位又取决于国家的财政实力以及转移支付制度的完善程度。其二,物质资源价格的提高也考验着属于有形资本密集型的中小企业的承受力。原因在于,价格的提高意味着这些企业的成本增加,并且不能传递到所生产产品的价格(因为这些企业面临的是接近于完全竞争的市场环境)。这样一来,一些有形资本密集型的中小企业可能退出市场,进而影响整个社会的就业,这种冲击所带来的社会震荡可能是政府所不能看到的。同样,采用更为先进的标准和节约资源的技术也存在类似的情形。

由此看来,最优逻辑在这里不起作用,甚至与目标背道而驰。② 从这一点上说,通过约束和激励地方政府,再由地方政府约束和激励企业的资源使用行为,不失为一种适宜性制度。比如说,降低资源产出消耗比成为衡量地方政府和中央企业的政绩指标,对实现降低资源—产出消耗比的企业实施各种优惠

---

① 需要指出的是,一个国家或地区的人均资源量并不构成企业资源选择时的约束,真正约束企业资源选择的是企业能够从经济社会中获得资源的能力和代价。

② 中国的乡镇企业是这方面的一个明显例子。乡镇企业是中国改革开放过程中的一项制度创新,但乡镇企业的正式所有权既不属于私人所有,也不属于中央政府所有,是当地集体所有(乡或镇)。从最优改革的视角来看,这些企业是值得怀疑的,如果我们的目标是激励私人投资和企业家精神,实行私有化(像苏联和其他东欧转型国家那样)可能是更可取的。但事实恰好相反。到 20 世纪中期,乡镇企业一直是中国经济增长的动力,最优逻辑在这里陷入了困境。参见丹尼·罗德里克(Dani Rodrik):《诊断法:构建增长战略的一种可行方法》,《比较》2007 年第 33 辑。

政策(包括税收优惠、补贴、贷款时的差别利率等)等。

　　而就第二条可能性路径即促使无形资本的提高来说,知识产权制度、自主创新和管理创新鼓励制度、九年义务制教育制度、高中及大学的贫困生援助制度、劳动者的教育培训制度等都属于值得考虑的制度,但是否适宜则需作进一步分析。其中,有些制度与其他制度存在冲突。比如,地方保护主义与知识产权制度、自主创新和管理创新鼓励制度之间就可能格格不入。有些制度与其他制度存在互补。比如,劳动者的教育培训制度需要户籍制度改革、劳动力市场更加具有弹性。

二、产业结构协同的经济学内涵及适宜性制度

　　从经济学的角度来说,在经济增长过程中,由主要依靠第二产业带动向主要依靠第一、第二、第三产业协同带动转变是一种产业结构的优化,如图10-3所示。

　　图10-3中,PPF$_1$表示第1时期的整个社会的生产可能性曲线,PPF$_2$表示第2时期的整个社会的生产可能性曲线。很明显,从第1时期到第2时期,经济发生了增长。图10-3中,第1时期经济社会的实际产出结构是E点,第2时期经济社会的实际产出结构增长到G点,而第1时期的产业间协调的产出结构是F点,即生产可能性曲线PPF$_1$与产业的社会需求无差异曲线(其经济含义是,最优的市场与政府的结合方式下,经济社会对三大产业的需求偏好)I$_F$相切的点。同样,对应于第2时期,产业间协调的产出结构是H点,即生产可能性曲线PPF$_2$与产业的社会需求无差异曲线I$_H$相切的点。因此,可以认为从第1时期的E点到第2时期的G点的增长主要是由第二产业带动,而从第1时期的F点到第2时期的H点的增长则是由第一、第二、第三产业协同带动的。需要提及的是,从第一时期的E到第二时期的G点也存在产业结构优化,但不是令人满意的优化。这是政府主导型经济增长的必然结果。

　　无论是社会主义计划经济时期还是社会主义市场经济时期,实现高速增长都是党和政府的首要目标,也是党和政府的承诺。国家的长期发展战略、中期计划(五年计划)和短期计划(年度计划)是这一目标的具体体现。地方也

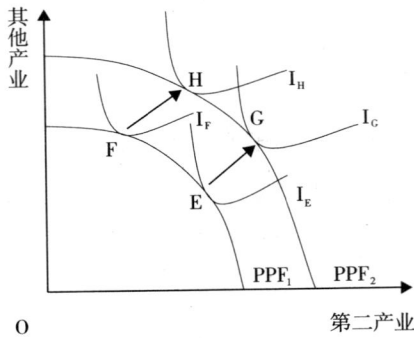

图10-3　产业结构优化的经济发展方式模型

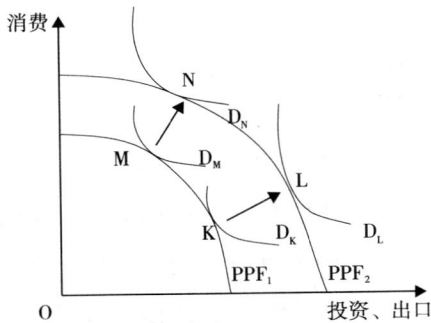

图10-4　需求结构优化的经济发展方式模型

是如此。地方的长期发展战略、中期计划(五年计划)和短期计划(年度计划)集中反映了这一点。而在政府看来,第二产业是最能促进经济增长的产业,其原因有三:一是第二产业的产业关联性强,它既是第一产业的下游产业,又是第三产业的上游产业。二是第二产业的分布领域广,即专业化分工强。三是第二产业是资本密集型最强的产业①,能够满足政府通过快速的资本积累来

---

① 第一产业是一种典型的以资源和技术进步为基础的产业,第三产业特别是现代服务业则是以人力资本为基础的产业,而无论是技术进步的获得还是人力资本投资都是一个长期过程,因而很难满足政府短期内实现快速增长的目标。

实现短期高速经济增长的目的。① 也就是说,政府干预使得图 10－3 中的产业的社会需求无差异曲线(I_F、I_H)不能正常地发挥作用。

因此,改变各级官员追求单一的 GDP 增长目标,是促进经济增长主要由第二产业带动向三大产业结构协同带动转变的关键。这需要加快政府自身改革,合理界定政府与市场的关系来完成,远非把多重目标综合为一个目标来取代过去的单一 GDP 目标那么简单。原因在于,多重目标常常存在冲突,有些指标比其他指标容易衡量,例如与市场相关的指标就比与非市场相关的指标要容易衡量得多。当各级官员面临多重任务时,官员之间的竞争会使得他们将工作重心集中在那些容易衡量的指标上,GDP 又会重新受到更多的重视。当然,希望政府主动地进行自身改革并不是一件轻而易举的事,Shleifer 和Vishny 的"掠夺之手"政府模型表明,政府官员的目标并不是社会福利的最大化,而是追求自己的私利。② 因此,政府的行为和经济人的行为在本质上可以看做是机会主义的,可能更为接近现实。③ 因此,加快政府自身改革需要对各级官员同意改革实行压力机制和激励机制。

而逐步改革各级官员的任用和选拔制度,由现阶段的上级任命逐步过渡到地方民众直选制度可以值得考虑。在民众直选制度下,各级官员必须努力处理好自己所承担的经济社会多重目标问题,否则就会落选,因为民众对自己所在地区的经济社会、对本地政府有最清楚的了解。也就是说,民众直选能够解决各级官员的目标导向问题,只有选举才能保证各级官员关注的目标是选民关心的一揽子目标,而不是上级制定的目标。

就具体的制度安排而言,可以在现有中央政治集权的体制下,通过中央政府的权威,在现有的村级选举的基础上,将地方选举的范围扩大到乡镇一级,以后进一步扩大到县市一级。在具体操作上,可以通过试错式改革来进行。在这一过程中,首先试点地区的官员都享有同等的权利,不需要与个人的势力

① 实际上,把资本积累作为经济增长的发动机是自亚当·斯密以来的经济学传统。

② Shleifer A. and Vishny R. W., *The grabbing hand : government pathologies and their cures*, Cambridge, MA : Harvard University Press,1998,p.109.

③ 钱颖一:《政府与法治》,《比较》2002 年第 5 辑。

和关系挂钩,同时也把权利扩大到更广泛的社会阶层,从而实现诺斯等所提出的从有限准入秩序向开放准入秩序转型的入门条件,即精英阶层内部的非人格化交易。[①] 更为可能的是,随着民众直选制度的横向和纵向渗透,各级官员会发现这种良性竞争比维持现有的体制更有利。

三、需求结构协调的经济学内涵及适宜性制度

从经济学的角度来说,在经济增长过程中,由主要依靠投资、出口拉动向依靠消费、投资、出口协调拉动转变,是一种需求结构的优化,如图 10 - 4 所示。图 10 - 4 中,第 1 时期经济社会的实际需求结构是 K 点,第 2 时期增长到经济社会的实际需求结构 L 点,而第 1 时期协调的需求结构是 M 点,即生产可能性曲线 PPF_1 与消费投资品的社会需求无差异曲线(其经济含义是,最优的市场与政府的结合方式下,经济社会对消费、投资的需求偏好)D_M 相切的点。同样,对应于第 2 时期,协调的需求结构是 N 点,即生产可能性曲线 PPF_2 与经济社会的需求无差异曲线 D_N 相切的点。因此,可以认为从第 1 时期的 K 点到第 2 时期的 L 点的增长主要是由投资需求和出口需求拉动的,而从第 1 时期的 M 点到第 2 时期的 N 点的增长则是由三大需求协调拉动的。前者正是中国现阶段经济发展方式在需求结构的一个写照,原因在于,相当一部分家庭的收入水平增长落后于 GDP 的增长,致使依靠居民消费拉动经济增长缺乏坚实基础。这就预示着要保持经济高速增长,除了投资驱动和出口拉动之外别无他法。而体制结构中以 GDP 为主的政绩考核机制和财政分权体制两种制度安排则使地方政府在发展地方经济具有主动性。而地方政府对土地、税收、基础设施建设能进行直接干预的隐性制度安排,则使地方政府的主动性成为现实。这样一来,从经济增长的需求结构来看,就表现为主要依靠投资需求和出口需求来拉动。

因此,要促进经济增长由主要依靠投资、出口拉动向依靠消费、投资、出口

　　[①]　道格拉斯·诺斯、约翰·瓦利斯、斯蒂芬·韦伯、巴里·温加斯特:《有限准入秩序——发展中国家的新发展思路》,《比较》2007 年第 33 辑。

协调拉动转变,可以从两方面入手:一是构建促进居民消费的适宜性制度,二是转变政府通过政府投资拉动经济增长的行为方式。对于后者,同样需要政府自身改革。对于前者,关键在于提高居民的收入,增强居民的消费意愿。从静态的角度来看,进一步完善个人所得税的征收和监管以及政府的转移支付是其中两项最基本的措施,以提高低收入者的可支配收入在国民总收入所占的比重,这里由于涉及政府的行为,因此政府自身改革的配套也是必不可少的。从动态的角度而言,建立农民增收减负长效机制,解决下岗职工和大学毕业生就业问题,健全最低工资制度,完善工资增长机制是值得考虑的一些措施。当然,这些制度安排也需要其他制度安排的配套。其一,中国作为一个发展中人口大国,其二元就业结构,意味着必然存在大量的相对过剩的农村劳动力供给,如何扩大农民工就业门路,从而拓宽农民增收途径的制度安排需要在实践中探索;其二,就农村内部来说,加强农业基础设施建设,改变靠天吃饭的基本格局,开发农业多种功能,转变农业生产经营方式,调整农业经济结构,从而稳定和提高农民的农业收入的适宜性制度安排同样需要在实践中探索;其三,下岗职工的再就业则需要适宜的职业培训制度,而大学毕业生就业问题则涉及高等教育和职业教育体系改革,以适应市场经济的发展。

此外,增强居民的消费意愿,还需要完善教育、医疗、养老、住房等制度安排,健全社会保障体系,改善消费环境,从而稳定居民收入和支出预期,增强消费信心,引导居民扩大现期消费。

第六节　总　结

中国现阶段正处于改革和发展的关键时期。从适宜性制度安排这一概念出发,改善收入分配和加快转变经济发展方式的政策建议,不能仅直接提出中国收入分配问题和经济发展方式问题的严峻性和采取行动的必要性,而不顾可行性与否,也即只讲政府的责任和义务而不顾能力和激励,或者把能力和激励问题视为理所当然的前提,这将在政策上缺乏建设性,在措施上缺乏针对性,在经济逻辑上也是不完整的。①

　　另外,需要说明的是,机制设计理论在本书中只是被用来作为判别适宜性政策的标准,而没有被用来作为设计适宜性政策的工具。原因有三:其一,在机制设计理论中,无论是纳什实施、精练纳什实施、近似纳什实施还是贝叶斯实施,对信息都有着特定的要求。其中,纳什实施、精练纳什实施、近似纳什实施假定各个参与者知道其他参与者的经济特征,尽管机制设计者不需要知道所有参与者的经济特征。而贝叶斯实施则假定每个参与者知道其他人的经济特征的概率分布。也就是说,机制设计理论原封不动地继承了博弈论关于参与人拥有博弈客观结构的完备知识的假设。而"行为主体打算做到理性,但现实中却只能有限度地实现理性",可能更适合描述转型经济中人们的行为。他们最有可能的是通过学习即反复的交互作用以及其他人的交互作用的经历来形成对于其他人如何行为的预期,进而确定自己的行为模式②。无疑,建立在完全理性和贝叶斯决策规则之上的标准博弈论,是不适合进行此类分析的工具。③

　　其二,尽管机制设计理论小心翼翼地与哈耶克所诟病的唯理建构论保持距离,但从其内容来看,仍然显得演绎的成分过多而演化的成分过少。这样一来,某些参与者通过归纳推理或从其他地方学习最优经验,进而能够意识到一个"更好"的均衡的可能性,实施该项抉择的活动就被排除在外,而包括政策制定在内的制度变迁恰恰涉及参与人的策略所赖以建立的行动集合的改变和创新。

　　其三,未能很好处理机制本身对偏好的内生性的影响也是机制理论的一个不足之处。实际上,机制设计者本身也是博弈参与者,它有自己的动机,其

---

① 蔡昉、都阳、王美艳:《经济发展方式转变与节能减排内在动力》,《经济研究》2008年第6期。
② 郝伯特·西蒙:《现代决策理论的基石——有限理性说》,杨砾、徐立译,北京经济学院出版社1989年版,第4页。
③ 实际上,实验经济学已发现,参与者在博弈中的实际选择总是偏离标准博弈论的纳什均衡,并且这种偏离是系统性的。

推理、说服其他参与者和控制自己行动后果的能力也都有限。政府尤其如此。也就是说,把政府视为一个完全理性角色或社会福利最大化的当然代表者是存在问题的。为此,本书从有限理性角度,根据中国改革开放 30 多年来的经验总结,提出通过试错式学习过程寻求满意的适宜性制度安排的观点。

　　最后,需要指出的是,对加快转变经济发展方式的合乎义理性的观念,也能淡化机会主义行为,增强经济主体的个人理性与社会理性的契合程度。如果我们把这种观念视为一种意识形态的话,那么,观念的作用就会体现得更为明显。因为"意识形态是一种节省的方法,个人用它来与外界协调,并它提供一种'世界观',使决策过程简化"①。因此,从这一点上说,在观念层面,中央和各级地方政府都宣称要贯彻科学发展观的指导思想,以及新闻媒体对此的关注和深入报道,这无疑将对整个社会的收入分配改善和经济发展方式转变有所裨益。

---

　　① 　道格拉斯·C.诺思:《经济史上的结构和变革》,厉以平译,商务印书馆 1992 年版,第 50 页。

后　记

　　本书是笔者 2003 年以来对中国经济增长研究的一个拓展。2003—2006年，笔者师从中共中央党校特级教授王珏先生期间，曾以《中国转型时期的经济增长原理——经济系统演进角度的分析》作为博士论文题目，尝试运用复杂适应系统（CAS）理论解释 1978 年以来中国持续高速的经济增长，并分析这种增长的可持续性。当时，之所以运用 CAS 理论作为研究工具，是因为笔者在研究过程中发现，虽然学者们注意到了影响经济增长的因素众多，但没有系统地将它们有机结合起来，并考虑这些众多因素之间的相互影响，比如本书所涉及的收入分配，实现经济增长的手段即经济发展方式，等等。然而，在研究过程中，笔者也发现，这种系统研究的方法可能可行，但费时费力，非一篇博士论文所能囊括，因此只好先进行一种初步梗概式的研究，更为细致深入的研究留待将来。为此，2006 年 7 月笔者博士毕业进入中国计量学院工作后，开始对中国经济增长问题进行专题式思考，而收入分配对经济增长的影响，以及经济增长的实现手段即经济增长方式则是第一个专题，并在 2007 年以《收入分配对经济增长方式的影响研究》申请教育部人文社会科学青年基金项目，获得了资助。本书就是这一项目的最终成果。其中的一些思考和研究成果曾以论文方式在《数量经济技术经济研究》、《浙江社会科学》、《经济问题探索》、《消费经济》等刊物发表，这些研究成果略作数据更新和逻辑编排改动后成为本书的一些章节，以使笔者在不同文章中所表达出的思考连成整体，并反映笔者在研究中国经济增长问题过程中的一些思考脉络。

　　应该指出的是，由于笔者水平所限，本书理论分析可能漏洞百出，实证检验可能挂一漏万，虽然尽了很大的投入和努力，但这还是一个有待完善的成果。笔者会继续对收入分配和经济发展方式的关系问题进行更为细致、深入、系统的研究,并期待读者的批评与指正。

最后,在本书出版之际,衷心感谢为我写作和出版本书提供帮助,并为我创造了启发思维的环境和良好研究条件的单位和个人:教育部人文社会科学青年基金项目"收入分配对经济增长方式的影响研究"(07JC790041)的资助和中国计量学院浙江省高校人文社科研究基地"标准化与知识产权管理"的资助,使本项研究得以完成;中国计量学院科技处、笔者所在单位中国计量学院经济与管理学院和笔者所在学科中国计量学院经济与管理学院应用经济学科的领导和同事们对笔者三年来从事本项研究所给予的支持和帮助;笔者的博士同窗张怀海学台,出版事宜承蒙费力;人民出版社的全力支持和帮助,特别是本书的责任编辑严谨认真的工作态度和高质量的工作效率,给笔者留下了深刻的印象;教育部人文社会科学青年基金项目"收入分配对经济增长方式的影响研究"课题组其他成员的通力合作,他们是邹小华、刘强、鲁统宇、邝小文。

段　先　盛
2011 年春于杭州中国计量学院

图书在版编目(CIP)数据

收入分配对经济发展方式的影响:理论与实证/段先盛 著.
－北京:人民出版社,2011.6
ISBN 978－7－01－010208－5

Ⅰ.①收…　Ⅱ.①段…　Ⅲ.①收入分配-影响-经济发展-发展方式-研究-
中国　Ⅳ.①F124

中国版本图书馆 CIP 数据核字(2011)第 175599 号

收入分配对经济发展方式的影响:理论与实证
SHOURU FENPEI DUI JINGJI FAZHAN FANGSHI DE YINGXIANG:LILUN YU SHIZHENG

段先盛　著

人民出版社 出版发行
(100706　北京朝阳门内大街 166 号)

北京市文林印务有限公司印刷　新华书店经销
2011 年 6 月第 1 版　2011 年 6 月北京第 1 次印刷
开本:710 毫米×1000 毫米 1/16　印张:18.75
字数:278 千字

ISBN 978－7－01－010208－5　定价:38.00 元

邮购地址 100706　北京朝阳门内大街 166 号
人民东方图书销售中心　电话 (010)65250042　65289539